匆匆时事如许

——报人读史札记七集

田东江 著

·广州·

版权所有　翻印必究

图书在版编目（CIP）数据

匆匆时事如许：报人读史札记七集/田东江著. —广州：中山大学出版社，2018.7

ISBN 978 - 7 - 306 - 06402 - 8

Ⅰ. ①匆… Ⅱ. ①田… Ⅲ. ①中国历史—古代史—文集 Ⅳ. ①K220.7 - 53

中国版本图书馆 CIP 数据核字（2018）第 166173 号

出 版 人：王天琪
责任编辑：裴大泉
封面设计：林绵华
责任校对：佟　新　赵　婷
责任技编：黄少伟
出版发行：中山大学出版社
电　　话：编辑部 020 - 84111996，84113349，84111997，84110779
　　　　　发行部 020 - 84111998，84111981，84111160
地　　址：广州市新港西路 135 号
邮　　编：510275　　　　　传　真：020 - 84036565
网　　址：http://www.zsup.com.cn　　E-mail:zdcbs@ mail.sysu.edu.cn
印　刷　者：佛山市浩文彩色印刷有限公司
规　　格：880mm×1240mm　1/32　12.5 印张　292 千字
版次印次：2018 年 7 月第 1 版　2018 年 7 月第 1 次印刷
定　　价：48.00 元

如发现本书因印装质量影响阅读，请与出版社发行部联系调换

序：作为公共史学的写作

吴重庆

东江是我少见的勤读书勤写作的朋辈，他阅读范围之广，是我望尘莫及的。他早年在中山大学读的是人类学，从本科到硕士，连读七年。田野参与式观察，深度访谈，对"他者"与多元文化的研习体认，这些都是人类学的必修课。他毕业后从事编辑工作，阅读兴趣集中在历史方面。也许与他人类学科班训练有关，他尤其关注历史中的日常世界。对他来说，历史远不只是官方编修的正史、不只是王朝更迭、不只是民族国家的宏大叙事，历史的主体还包括文人雅士、凡夫俗子、引车卖浆者流，历史生动的身影更多地闪现于志怪、传奇、杂录、琐闻、传记、随笔、诗文、信札之中，而这，也构成了东江读史的范围。

东江是个读书人，也是个写作家。用手不释卷、笔耕不辍来形容他，一点也不为过。读书与写作已经成为他的一种生活方式。尤其值得赞誉的是，在他那里，读书与写作是合二为一的，读书激发写作，写作推动读书，二者相辅相成。他读史，也写史。他把自己的这一类写作命名为"报人读史札记"。

报人读史写史的特别之处在哪？翻阅这一册《匆匆时事如许》，发现其选题多为从媒体报道的新闻切入，这些新闻并非惊天动地、步步进逼的焦点事件，而是当下市井间的一些寻常事物。正因此，东江方可不为舆论绑架，得以从容说事、观景、品物、拾趣，挥洒其烂熟于心、成竹在胸的史料、史识、史观。

东江以寻常时事作为引子,娓娓道来时事的今生前世,自然而然地给读者大众开启了历史的维度,将当下日常生活中历史纵向延续的一面展示了出来。东江将其报人读史札记的四、五、六集分别命名为《无雨无风春亦归》《了无痕》《天淡云闲》,书名流露的正是此番况味。

在东江笔下,时事并非什么新鲜事,时事毋宁是历史与传统文化的余绪。表面上时事转瞬即逝,而事实上是没入历史长河,甚至沉淀于历史河床。所以,时事固然匆匆,但也未必就见得短促。在此,与其说是时事激活了历史,让历史如此年轻(东江报人读史札记二集《历史如此年轻》),不如说历史也激活了时事,让昙花一现的时事获得了一个历史的坐标,可谓青山依旧在(东江报人读史札记三集《青山依旧》)。这是我对东江此类写作以及《匆匆时事如许》这一书名的解读。

时事如潮,涨涨退退,像日出日落,用不着一惊一乍,争先恐后大加炒作。有史家在,太阳底下就更是没有什么新鲜事了。

东江的报人读史札记也许容易让一些人想到借古讽今的杂文,其实二者之间大不相同。前者是以时事为引子,从容说史;后者往往略略引用一两条史料之后,落力抨击时弊,并且是攻其一点,不及其余。我早年在中山大学读书时,也号称是写杂文的,并承蒙上个世纪 80 年代中国杂文界前辈老烈先生举荐,得以以学生身份加入广东省作协杂文组。时过境迁,上个世纪 90 年代起,自己即与杂文渐行渐远。究其原因,应该是个人心态起变,逐渐欣赏不了杂文字里行间的猛烈之风甚或偏狭之气。

那么,东江的"报人读史札记"又该如何归类?我认为其与方兴未艾的"公共史学"(public history)最为契合。"公共史学"肇始于 1970 年代的美国加州大学圣塔芭芭拉分校(University of California at Santa Barbara)历史系,美国史学界于 1978 年创办了专业期刊《公共历史学家》(*The Public Historian*),全国公共史学委员会(National Council on Public History)亦于 1980 年成立。加州大学圣塔芭芭拉分校历史系教授、公共史学创始人之一的罗伯特·凯利(Robert Kelley)在 1978 年《公共历史学家》创刊号上首创"public history"(公共史学)概念,并对其作如下阐释：公共史学是指历史学家在学术体制外，如在政府部门、私有企业、媒体、地方历史协会和博物馆，甚至于在其他私有领域中所使用的史学方法。公共历史学家凭借自己的专业特长而成为"公共进程"（public process）的一部分，并在"公共领域"中发挥作用。总之，公共史学不是人们印象中"躲进小楼成一统"的传统史学，而是"公共领域中的史学"（history in public）。东江的"报人读史札记"从时事新闻入手，引出相关的历史世相，加深公众对时事的历史纵向理解，让公众在轻松的阅读过程中穿越时空，激活公众的历史意识与文化传统意识，我认为这是典型的、有效的、在当代中国社会尤为短缺的公共史学写作。

展读东江的"报人读史札记"系列，每每惊叹于其潇洒自如进出往返于历史宝库，得心应手调动运用史料的高超能力。有经验的读者应能明白，东江信手拈来的史料，绝非靠关键词就可以"百度"或"谷歌"到的。也许有人会以为这大概是作者超一流的记忆能力所致，而事实上，作者平日里在大量的反复阅读与笔记积累过程中所下的苦功并不为人所知。正好东江在这册集子里有一则写到"记忆力"，他说："不少人刻意强化钱锺书先生'照相机般的记忆'，杨绛先生便撰文指出，他本人并不以为自己有那么'神'。他只是好读书，肯下功夫，不仅读，还做笔记；不仅读一遍两遍，还会读三遍四遍，笔记上不断地添补，所以他读的书虽然很多，也不易遗忘。钱先生的笔记手稿，商务印书馆 2011 年将中文部分影印成了 20 册，2015 年将外文笔记影印成了 48 册，洋洋大观。因此，我们看待大师，不要一味盯着他们先天禀赋的一面，更要看到他们后天刻苦治学的一面。"这番话，大可视为东江的夫子自道。据我了解，东江平时还是习惯于使用传统的活页资料卡片，手写，分类，上架，方便随时检索。他的历史宝库里的库存，总是条分缕析、秩序井然。倘若是一团老麻，纵使学富五车，也不可能有如此高产高质的"报人读史札记"系列问世。我与东江交往多年，深知他是一个做事情极有计划性的人，但又不失生机活泼。在他那里，时间有把控，行事有节奏，目标明确，兴趣盎然，这成就了他为人为文的从容有度。

东江平时还以"潮白"为笔名撰写新闻时评（不同于"报人读史札记"的另外一个系列），"潮白"得名于他家乡的京郊潮白河。2013年孟秋时节，我和友人驱车在京津塘高速上，猛然间，秋日秋风下，一条宽阔明晃的大河奔流而来，我不由得打开"百度地图"定位，居然这就是潮白河。我兴奋地跟东江拨通电话，现场报告了我对潮白河的感受，健美有力，果真是一条北方的河！

2018年5月29日于康乐园

目　录

序：作为公共史学的写作（吴重庆）　　I
翻译　1
五言诗　5
腊八粥　9
广州雪　13
回南天　17
除夕之"卖"　20
猴　23
马骝・马留、马流　27
走百病　31
庙会　34
海昏侯　37
化妆　41
工匠精神　45
细腰　49
连环画　52
虐食者　56
目有疾　60
"愤青"外交　63
结社　67
同性恋　71
斗笠　75

名家就好　79
小满　83
龙舟　86
画家　90
向日葵　94
狗屠　97
打屁股　101
磕头　104
蝉　108
竹子　111
小大暑　115
书札　118
立秋　121
夕阳　124
中元节　127
汤显祖　131
《牡丹亭》　134
猕猴桃·苌楚　137
罗浮山　140
教授　143
炒栗子　146
乌鸦　150
温泉　154
柿　158
胡雪岩旧居　161
钱王　165
桂花　168
蓝　171
小大雪　175
鹓雏　179
木瓜　182
小目标　185
吃瓜　189

饕餮　193
校对·校雠　197
音乐会　200
读白字　203
针灸　206
铠甲　210
小大寒　213
修文·龙场　217
知行合一　221
致良知　224
诗词大会　227
记忆力　230
惊蛰　233
颐和园　236
会馆　240
春分　243
朗读　246
少年　249
宣德炉　252
石敢当　255
遗民　258
武艺　262
立夏　265
蚝　269
铁马　273
人心无算处，国手有输时　276
野游　279
赌博　282
石榴　285
夏至　288
江湖　292
香港　296
香港（续）　300

虎门　304
沙面　308
美术　312
琥珀　316
粥　320
马戏　324
猫头鹰　328
潮白河　331
龙脉　335
广寒宫　339
寒露　342
兔儿爷·玉兔　346
霜降　349
道路洒水　353
市井之声　356
素食　359
甘蔗　363
换头术　367
魔芋·蒟蒻　371
傩戏　374
狗尾草　377
驿道　380
舞蹈　384

后记　387

翻译

12月28日上午,浙江文艺出版社发出微博宣布:从即日起在全国各大书店及网络平台下架引起极大争议的由冯唐翻译的泰戈尔《飞鸟集》。引起了什么争议呢?综合所见报道的说法,主要在于:对比郑振铎、冰心的译本,许多人认为冯唐的译句粗俗,不仅歪曲亵渎了泰戈尔,也暴露了其本人以及时代文化的恶趣味。从例句"世界解开裤裆""大地变得很骚"一类来看,的确如此。

翻译,是把一种语言文字转换为另一种语言文字。《礼记·王制》已云:"中国、夷、蛮、戎、狄,皆有安居、和味、宜服、利用、备器,五方之民,言语不通,嗜欲不同。达其志,通其欲,东方曰寄,南方曰象,西方曰狄鞮,北方曰译。"孔颖达疏曰:"通传北方语官谓之曰译者,译,陈也,谓陈说外内之言。"贾公彦疏《周易》说得更明确:"译即易,谓换易言语使相解也。"《说文解字》则释"囮"为"译"。为什么"从'口','化'声"?因为"率鸟者系生鸟以来之,名曰'囮'"。钱锺书先生说,南唐以来,"小学"家都申说"译"就是"传四夷及鸟兽之语"。也就是说,前人对翻译的定义,骨子里流露出的是居高临下的姿态。

通过翻译,不同的语言之间得以相互沟通,尤其是与异民族地区的交流交往。《汉书·董贤传》载,22岁的董贤已成哀帝宠臣,百官要"因贤奏事",必须通过他。匈奴单于来朝,发现了这一点。"怪贤年少,以问译",怎么这么年轻就当了这么大的官?"上令译报"回答。颜师古注"译"曰:"传语之人也。"表明上述对话一来一往,都是通过翻译。《汉书·平帝纪》载:"元始元年春正月,越裳氏重译献白雉一,黑雉二,诏使三公以荐宗庙。"重译,即辗转翻译。颜师古又说话了:"译谓传言也。道路绝远,风俗殊隔,故累译而后乃通。"

异民族建立的政权更需要翻译。比如元朝官方通用汉文、蒙古文和回回文三种文字;清朝通用汉满两种文字,今天我们游览故宫,牌匾上还能见到。《魏书·吕洛拔传》载,代人吕洛拔的大儿子文祖,"以旧语译注《皇诰》,辞义通辩,超授阳平太守"。《皇诰》是什么?《魏书·文明皇后冯氏传》云:"太后以高祖富于春秋,乃作《劝戒歌》三百余章,又作《皇诰》十八篇。"高祖,即推动北魏改革的孝文帝拓跋宏(元宏)。有学者指出,《皇诰》是改革的纲领性文件;"旧语"即鲜卑语,以旧语译注《皇诰》,系用汉字记录相应的鲜卑语音。吕文祖因为翻译得好,得到了元宏的父皇——献文帝拓跋弘的破格提拔。王恽《中堂事记》记忽必烈继位之后的中央行政架构,其中有"通译使四人"和"回回译史一人",前四人分别是阿里和之、道奴大哥、王合剌、王炳,回回译史叫麦术丁。麦术丁"其所译簿籍,捣治方厚尺纸为(业)[叶],以木笔挑书普速蛮字,该写众事。纸四隅,用缕穿系,读则脱而下之"。《中堂事记》又云,忽必烈曾"呼金齿蛮使人问其来庭之意及国俗、地理等",也是"言语侏离,重译而后通"。

今天的翻译在旧时被称为译人。《宋史·张方平传》载,张方平徙益州,"未至,或扇言侬智高在南诏,将入寇,摄守亟调兵筑城,日夜不得息,民大惊扰"。方平认为这一定是有人在散布恐慌,"适上元张灯,城门三夕不闭,得邛部川译人始造此语者,枭首境上,而流其余党,蜀人遂安",果然是土人的一个翻译在造谣传谣。有趣的是,宋朝不仅有"译语官",而且有"润文官"。《云麓漫钞》云:"本朝有译经院,凡得西域书,令晓蕃语、通文义人充译语官,译从华言讫,僧鉴义等删定译经润文,便与之润色。"译经院,翻译佛经的场所。宋敏求《春明退朝录》云:"太平兴国中,始置译经院于太平兴国寺,延梵学僧翻译新经。"润文官也列举了好多位。梅尧臣《题译经院同文轩》诗,描述了译人工作的情形:"有书无异文,有车无异轨。贝多得旁行,白马来万里。清轩延高僧,一岁译几纸。译罢坐焚香,庭章洒寒水。"此前,如唐朝的玄奘取经归来之后,我们知道他是在长安大慈恩寺(今之大雁塔)里译经。

钱锺书先生有篇《林纾的翻译》,读之令人莞尔。林纾大约算是合"译语官"与"润文官"为一体的奇特人物。钱先生说文学翻译的最高标准是"化"。把作品从一国文字转变成另一国文字,既能不因语文习惯的差异而露出生硬牵强的痕迹,又能完全保存原有的风味,那就算得入于"化境"。"译本对原作应该忠实得以至于读起来不象译本",但是,"一国文字和另一国文字之间必然有距离,译者的理解和文风跟原作品的内容和形式之间也不会没有距离,而且译者的体会和他自己的表达能力之间还时常有距离。从一种文字出发,积寸累尺地度越那许多距离,安稳到达另一种文字里,这是很艰辛的历程。一路上颠顿风尘,遭遇风险,不免有所遗失或受些损伤",而"坏翻译会发生一种消灭原作的效力"。因此,有一类翻译"不是居间,而是离间,摧灭了读者进一步和原作直接联系的可能性,扫尽读者的兴趣,同时也破坏原作的名誉"。

钱先生的先见之明令人拍案叫绝,冯唐翻译的《飞鸟集》不是正被戳中要害吗?

2016年1月6日

五言诗

又到了全国各地的"两会"时间。去年年初有则关于山西运城盐湖区的相关报道,说2014年他们的人大常委会报告采用了"五言诗"形式,"首开文风创新的先河,在社会上引起很大反响"。2015年他们又再接再厉或如法炮制,盐湖区人大常委会主任李治所作的人大常委会报告,仍然沿用此种形式。相关报道对此用了这样一些溢美之词:"洋洋洒洒6000言,文风清新,诗韵依然,听起来耳目一新,读起来琅琅上口。"

五言诗,就是由五字句所构成的诗体,那是古典诗歌的主要形式之一。《诗品·序》云:"五言居文词之要,是众作之有滋味者也。"盐湖方面的人大工作报告为什么要选用这种形式,也许看中的正是这种说法吧。于是他们摒弃"现在,我受××人大常委会委托,向大会报告工作,请予审议"的惯常表述不用,来了个另辟蹊径,以"时移人未换,尽责又一年。报告心里话,工作开新篇"取而代之。

有一种说法是:五言诗起于汉代。韩愈《荐士》诗云:"五言出汉时,苏李首更号。东都渐弥漫,派别百川导。"韩愈所荐的士是孟郊,苏李即西汉的苏武、李陵,托名二人赠答的五言古诗,被称为"苏李体"。在曹丕眼里,他们那时候五言诗写得最好的是"建安七子"之一的刘桢,在《与吴质书》中这样评价:"公干有逸气,但未遒耳。其五言诗之善者,妙绝时人。"不过,汉代说也早就被提出了质疑,南北朝的刘勰就是其中之一,质疑的理由是汉成帝诏命刘向校录歌诗三百余篇,"朝章国采,亦云周备;而辞人遗翰,莫见五言"。他接着指出,以四言为主的《诗经》中,已有五言的句子,如"《召南·行露》(谁谓雀无角,何以穿我屋?谁谓女无家,何以速我狱?),始肇半章;孺子《沧浪》(《孟子·离娄上》'沧浪之水清兮,可以濯我缨。沧浪之水浊兮,可以濯我足'),亦有全曲"。在刘勰看来,五言诗的产生,历史要比汉悠久得多。

不理它的起源吧。五言诗由五个字构成,不错,这是最起码的外在形式,但是并非五个字排在一起,就可以称之为"五言诗"。细分的话,有五言古诗、五言绝句、五言律诗、五言排律等等,对五个排在一起的文字,分别有平仄、声韵等的不同要求。

五言古诗,每篇字数不拘,用韵既可以隔句押也可以句句押,既可以押平声韵也可以押仄声韵,既可以一韵到底也可以换韵,不用讲究对仗、平仄等格律。《昭明文选》收录的《古诗十九首》,是文人五言诗初步成熟的标志,《文心雕龙》称之为"五言之冠冕"。这方面的代表作,还有《孔雀东南飞》等。

五言绝句、五言律诗就不同了。前者每首四句,二、四句押韵,可平可仄;后者每首八句,双句押韵,通常平韵,平仄要求严格,中间两联必须对仗。经典的五绝、五律数不胜数,前者如孟浩然《春晓》、王之涣《登鹳雀楼》、柳宗元《江雪》,后者如杜甫《春夜喜雨》、张九龄《望月怀远》、王勃《送杜少府之任蜀州》,等等。清朝诗人施补华说:"五绝只二十字,最难为工。"毛泽东在《写给陈毅同志谈诗的一封信》中说:"我对五言律,从来没有学习过,也没有发表过一首五言律。"

五言排律就更不得了，为五言律诗的铺排延长，每首至少十句，除首尾两联外，中间各联都要求对仗。在清朝学者赵翼眼里，隋朝薛道衡《昔昔盐》诗（暗牖悬蛛网，空梁落燕泥），为五言排律之滥觞。由于限制过多，容易显得堆砌死板，所以五言排律历来极少名篇。

从这些分类来看，盐湖的"五言诗"报告倒是与五言古诗相近。但是像"用功抓学习，学用紧相连。业务和法规，以需来排安"这类句子，不仅毫无诗味，而且为了押韵还斧劈刀削，硬生生把正常的"安排"弄成了莫名其妙的"排安"。高适《送浑将军出塞》有"李广从来先将士，卫青未肯学孙吴"，钱锺书先生说，这是"牵于对仗声调，遂强以霍去病事为卫青事"。因为《史记》里明明记载："天子尝教之（霍去病）孙、吴兵法，对曰：'顾方略如何耳，不至学古兵法'。"再看"国际金融港，吸引眼球转。周边老百姓，安置不用谈"。这个"不用谈"应当何解？拆迁问题是当今中国矛盾最尖锐的问题之一，因之而发生的流血、死亡事件此伏彼起，盐湖这里难道是对百姓诉求根本不睬，要拆就拆？"用功抓学习"不错，但"下功搞监督，费功建制度，实功交建议，真功下基层，硬功促文化，软功育干部，巧功建机关，全功励代表"，这几个硬凑在一起的"功"究竟成什么话？

古代汉语以单音节构词法为其特点，最常见的是一音一字一词，那么每一字的容量、内涵就比较大，可以表达一个独立的意念，这就为运用较少文字来表达较多思想以及情感提供了条件。三字经、千字文的出现诚非偶然。现代汉语已经失去了这些特点，沿用古代汉语的表达方式无异于削足适履。像"盐湖今天壮，流有代表汗。盐湖明天美，代表心血换。语少意深远，大家品详端。盐湖追梦人，续好追梦篇"，说是五言古诗还真有些对那诗体不恭,充其量是五言顺口溜而已吧。因此,这种报告不仅"文风创新"根本无从谈起,用一句"不伦不类"来定性倒算不上冤枉,可以已矣。

2016 年 1 月 9 日

腊八粥

今天是农历十二月初八,就是通常所说的"腊八",传统习俗要喝腊八粥。就节日食品而言,正像正月十五对应元宵、五月初五对应粽子、八月十五对应月饼一样,腊八对应的则是腊八粥。

腊八粥的出现,与佛教相关。南朝宗懔《荆楚岁时记》云:"十二月八日为腊日。……村人并击细腰鼓,戴胡头,及作金刚力士以逐疫。"虽然这一天,"并以豚酒祭灶神",但"金刚力士"这个"世谓佛家之神"的出现,多少能说明问题。作为食品,腊八粥目前公认始于宋朝。陶穀《清异录》云,东京城阊阖门外"张手羹家"专卖节令食品,"水产陆贩,随需而供,每节专卖一物",腊八这天卖的是"法王料斗"。有人考证,"料斗"有可能就是"腊八粥"的原始名称。而"法王",也是出于佛教用语。

北宋孟元老的《东京梦华录》"十二月"条,明确了"腊八粥"的名称:"初八日,街巷中,有僧尼三五人作队念佛,以银铜沙罗或好盆器,坐一金铜或木佛像,浸以香水,杨枝洒浴,排门教化。诸大寺作浴佛会,并送七宝五味粥与门徒,谓之腊八粥。都人是日各家亦以果子杂料煮粥而食也。"这里说的是京城的情形,两宋之际庄绰的《鸡肋编》云:"宁州腊月八日,人家竞作白粥,于上以柿栗之类,染以众色为花鸟象,更相送遗。"宁州,即今之甘肃宁县,表明腊八粥的传播范围已经非常之广。南宋吴自牧的《梦粱录》讲的是南宋都城临安,"(十二月)八日,寺院谓之腊八。大刹等寺,俱设五味粥,名曰腊八粥"。周密《武林旧事》讲的则是杭州,"(十二月)八日,则寺院及人家用胡桃、松子、乳蕈(小蘑菇)、柿、栗之类为粥,谓之腊八粥";与此同时,"医家亦多合药剂,侑以虎头丹、八神屠苏,贮以绛囊,馈遗大家,谓之腊药"。腊八粥的出现,因与僧尼寺院关联,所以也叫佛粥。陆游《十二月八日步至西村》,即有"今朝佛粥交相馈,反觉江村节物新"句。

《明史·礼志》载,明朝对腊八非常重视,与立春、元宵、四月八日、端午、重阳等同看待,成祖年间,这些节日要"俱于奉天门赐百官宴,用乐"。永乐之后仪式稍有简化,"皆宴于午门外,不用乐",但阵势依然可观,弘治朝吴宽有《腊八日赐宴》诗:"诏遣长筵列凤池,人间节序九重知。食传内饔真成例,坐接同官易得诗。雪里高寒瞻玉宇,风前微动识朱旗。十年左掖频分席,深愧黄封酒满卮。"有意思的是,腊八这天的赐宴食品却不是腊八粥,而是腊八面,届时宴席"俱设午门外,以官品序坐",郑重其事地吃。沈德符《万历野获编》"赐百官食"条云:"立春则吃春饼,正月元夕吃元宵、圆子,四月八日吃不落夹,五月端午吃粽子,九月重阳吃糕,腊月八日吃腊面。"当然了,民间仍然是腊八粥魅力不减,明末成书的《帝京景物略》说,斯时"家效庵寺,豆果杂米为粥,供而朝食,曰腊八粥"。与此同时,"有先期凿冰方尺",到腊八这天,"纳冰窖中,鉴深二丈,冰以入则固之,封如阜",干什么呢?用于储存水果。

到清代,顾禄《清嘉录》记载的是苏州岁时节日:"(十二月)八日为腊八,居民以菜果入米煮粥,谓之'腊八粥'。或有馈自僧尼者，名曰'佛粥'"。又引他著云："杭俗，腊八粥一名七宝粥，本僧家斋供，今则居室者亦为之矣。"《燕京岁时记》说的自然是北京了，"腊八粥者，用黄米、白米、江米、小米、菱角米、栗子、红豇豆、去皮枣泥等，合水煮熟，外用染红桃仁、杏仁、瓜子、花生、榛穰、松子及白糖、红糖、琐琐葡萄，以作点染"。在我少年时生活的京郊顺义县，每年腊八这天都有些隆而重之，基本上必喝腊八粥。

作为一个从传统习俗演变而来的节日，腊八的主旋律肯定是欢乐祥和的。但《清嘉录》所引李福《腊八粥》诗，道出了骨感现实的另一面。"腊月八日粥，传自梵王国。七宝美调和，五味香糁入。用以供伊蒲，藉之作功德。僧民多好事，踵事增华饰。此风未汰除，欢岁尚沿袭。今晨或馈遗，啜之不能食。吾家住城南，饥民两寺集。男女叫号喧，老少街衢塞。失足命须臾，当风肤迸裂。怯者蒙面走，一路吞声泣。问尔泣何为，答言我无得。此景亲见之，令我心凄恻。荒政十有二，蠲赈最下策。悭囊未易破，胥吏弊何极。所以经费艰，安能按户给。吾佛好施舍，君子贵周急。愿言借粟多，苍生免菜色。此志虚莫偿，嗟叹复何益。安得布地金，凭仗大慈力。瞵焉对是粥，跂望蒸民粒。"诗不难懂，不必多言，不难看出的是，李福流露出的杜甫"安得广厦千万间"那样的悲悯情怀。

《红楼梦》第十九回，宝玉诌了个故事开黛玉的玩笑，说什么"扬州有一座黛山，山上有个林子洞……林子洞里原来有群耗子精。那一年腊月初七日。老耗子升座议事。因说：'明日乃是腊八，世上人都熬腊八粥'"，然后派小耗子们去偷熬粥的果品。偷香芋的小耗子说他先变身香芋，"滚在香芋堆里，叫人瞧不出来，却暗暗儿的搬运"，大家叫它演示，它却"变了最标致美貌的一位小姐"，说盐课林老爷的小姐才是真正的"香玉"。气得黛玉要拧宝玉的嘴。这里的"世上人",不知包括韩国与否,包的话,倒要提防他们拿去申遗了。借此也开他们一个玩笑。

2016 年 1 月 17 日

广州雪

今天早上据说广州城区下了小雪。微信圈里的广州友朋都在发布各自的见闻，可惜昨天去了珠海，回来时已经错过了也许百年一遇的气象。朋友圈中，"见"的有照片为证，大抵在各自所在或拍车头车窗，或翻转雨伞变遮为盛，千方百计要证明雪花确实有。"闻"的则泥沙俱下。尤其是一帧PS的貌似积雪中书写的"白云山欢迎你"，引发了大量广州市民前去"赏雪"，结果扑了一空。总之，零星的可能是雪花类的天降之物，几乎成了一场全城狂欢。打个绝无恶意的比方，恰如"蜀犬吠日"，因为实在太新鲜了。

在广州"下雪"的同时，便有气象部门出面科普，说那不是雪而是"霰"。什么叫霰？就是固态水在下落时来不及融化，就以小冰粒的形态出现。如果气温较高，就会以降雨的形式出现。那种小冰粒，叫作霰。后来又有气象部门说，早晨下的是霰，中午下的是雪，这种极端天气在新中国成立之后还是头一回遇到。瞧瞧，究竟是不是雪，连专业人士也莫衷一是，市民更"任尔东西南北风"，认定了那就是雪。有意思的是，清人屈大均已讲过类似问题，他说广州这里天气暖和，"有霜而无雪，然霜亦微薄不可见"；又说，"即或有微冰，辄以为雪，或有微雪，以为冰。人至白首有冰雪不能辨者",活了一辈子,冰和雪也照样分不清楚。不管怎么说,霰,也许像霾、$PM_{2.5}$一样,从此走进人们的视野,由陌生到熟悉。

古人早就知道霰。《诗·小雅·頍弁》即有"如彼雨雪,先集维霰"。东汉郑玄注释说:"将大雨雪,始必微温。雪自上下,遇温气而抟,谓之霰,久而寒胜,则大雪矣。"抟,把东西揉弄成球形。就是说,本来是要下雪,因为气温的缘故而变得似雪非雪,接下来可能会有大雪。这个我所演绎的绕口令式的见解和今天气象部门的说法差不多吧。《诗》中说这些,当然不是为了科普,而是铺垫,为了形象地说出后面的本意,即修辞学上的所谓比拟。用唐朝孔颖达《毛诗正义》中的说法,该诗"言王政教暴虐,如彼天之雨下大雪,其雪必先集聚,而抟维为小霰,而后成为大雪。是雪有渐也"。此中的"王",为周幽王。所以这首诗的创作本意是:"以兴幽王之为恶,亦初为小恶,而成为大恶,亦恶有渐也。王渐益恶,今则大甚。"虽是孔颖达的一家之言,"子非鱼,安知鱼之乐?"但孔颖达毕竟是对中国经学具有总结和统一之功的大经学家,后人还真得重视他的一家之言。况且,孔氏地下有知,或会搬出《庄子》中那句名言:"子非我,安知我不知鱼之乐?"

我们今天都知道,广州城区纬度低,靠近北回归线,这是其不大可能下雪的主因。不过从前的一些人不这么看,他们不大瞧得起岭南,说什么"天蛮不落雪"。岭南到唐宋之时,也确实还是瘴疠之乡,"到海只十里,过山应万重"(寇凖语),是个左迁官员的地方。但这种歧视性的观点只是一说而已,广州应该是下过雪的,不少网友在周日都在纷纷转发唐朝宋朝某年广州曾经下雪的记载,时间大抵真的是百年一遇。这里还想拈出一例。比如唐代诗人许浑有《冬日登越王台怀旧》,其中说到"河畔雪飞扬子宅,海边花盛越王台"。其中的"河",指珠江;扬子,指东汉杨孚,他的家就在今天海珠区中山大学旁边的下渡路那一带,从前是下渡村,现在还留有一口"杨孚井"。冼玉清先生考证,广州珠江南岸被市民习惯称为"河南",即源于杨孚。杨孚曾在京师洛阳为官,致仕后带回洛阳松树移植宅前,恰巧当年冬天异常寒冷,松树上发现了积雪。至于"河畔雪飞",自然是诗人的夸张了。许浑还有一首《王秀才自越见寻不遇,题诗而回,因以酬寄》,"烟深扬子宅,云断越王台"云云,又将"扬子宅"与"越王台"并列,或许表明唐朝时二者同为广州名胜,给他留下了深刻印象。许浑在唐文宗时入岭南节度使卢钧幕府,对广州的情况想必是有相当了解的,他的另一首《登尉佗楼》,不仅概括了广州历史,而且对广州文化予以了高度评价:"刘项持兵鹿未穷,自乘黄屋岛夷中。南来作尉任嚣力,北向称臣陆贾功。箫鼓尚陈今世庙,旌旗犹镇昔时宫。越人未必知虞舜,一奏薰弦万古风。"

前面说到的屈大均,是明末清初的番禺人,他"考方舆,披志乘,验之以身经,征之以目睹",写就了《广东新语》,对家乡的气候、地理、名胜以及物产民俗进行了全方位介绍。其中《天语》中的部分内容,谈的正是广州气候,"大抵三冬多暖,至春初乃有数日极寒,冬间寒不过二三日复暖。暖者岭南之常,寒乃其变,所以者阳气常舒,南风常盛",说的和我们寻常年景的感觉不差。有一些自然也是不能让人苟同的,比如广州为什么也会有"凛烈惨妻之气,在冬末春初殊甚",是因为北方人来了的缘故,"盖地气随人而转,北人今多在南,故岭表因之生寒也"。这一点无需专业人士科普,稍微具备一点儿常识的人都知道是无稽之谈。

这两天,广州的气温低则低矣,但百年一遇的"小雪花"却给市民带来了无穷欢乐,得到热捧,恐怕在哪里都不曾享有这般待遇。对"小雪花"而言,也真是不辜负此行了。

2016 年 1 月 24 日

回南天

上个周日下雪之后,广州终于"入冬",加上阴雨连绵,24日早晨从化温泉镇大岭山林场录得全市最低气温-4.8℃,广州城区录得最低气温1.7℃。这一下,先前不断调侃"入冬失败"的老广可是笑不出来了,终于不再把入冬当作美事。虽然昨天起天气放晴,温度回升,却又开始潮湿,摆明是"回南天"来了。

回南天一般正出现在春季,主要是冷空气走后,暖湿气流迅速反攻,致使气温回升,空气湿度加大乃至饱和,一些冰冷物体的表面便容易产生水珠。回南天的形成原理跟露水的形成原理大致相当,或者干脆可以说就是"露水"结在了屋子里,这时候,家里的玻璃窗、瓷砖墙,不是都要淌水吗?没有亲眼看到、亲身体验的人,很难想象那是怎样一种令人不堪忍受的情形。当此之时,物品或食品也特别容易受潮,稍不注意就会霉变。浓雾也是回南天最具特色的天气现象之一,秦少游在郴州作的《踏莎行》,"雾失楼台,月迷津渡。桃源望断无寻处。可堪孤馆闭春寒,杜鹃声里斜阳暮"云云,一种观点认为他说的就是回南天时的大雾天气。

岭南早有"炎土""炎方""炎州"之谓,大约回南天概念的出现是在当代。实际上,比"炎"更可怕的是"潮"、是"湿",回南天的特点尤其在后者。广东番禺的屈大均,对家乡天气的这一点自然深有感触,其《广东新语·天语》云,南粤"平常则多南风,然南风煖,利于物而不利人……煖风所至,百腊蠕蠕,铁力木出水,地蒸液,墙壁湿润生咸,衣裳白醭,书册霉默"。醭,是酒、酱、醋等因败坏而生的白霉,也泛指一切东西因受潮而生的霉斑。杨万里《风雨》诗有"梅天笔墨都生醭,棐几文书懒拂尘",说的是长江中下游一带梅雨天气到来时的景象。梅尧臣《梅雨》亦云:"三日雨不止,蚯蚓上我堂。湿菌生枯篱,润气醭素裳。"屈大均说的"默",则有黑斑、污垢的意思。清朝官修的《渊鉴类函》引《武昌记》云:"夏至有梅雨,沾衣皆默。"回南天与梅雨在导致后果上的用字并无两样,都是衣裳发霉,书册出斑,可见二者本质上的相似。不过,开玩笑说,回南天却远远没有梅雨那么"著名"。不仅是原本的"霉雨"因为梅子成熟而摇身一变为"梅雨",字面上要美感得多,而且历来的诗人对梅雨的吟咏远远多过回南天,不乏朗朗上口的名句,像"一川烟草,满城风絮,梅子黄时雨"(贺铸句),"梅雨霁,暑风和。高柳乱蝉多。小园台榭远池波。鱼戏动新荷"(周邦彦句)云云,何其诗情画意?

今天应对回南天,尽管有空调、抽湿机等现代装备可以开足马力,但终不及北风轻轻拂过,所以回南天期间不免令人心烦气躁,心绪不佳,纯粹以身体抵御自然的古人,那感受是可想而知的。而贬谪岭南、不免带着情绪的官员,就更加郁闷不已了。从他们留下的诗文中可窥一二。

比如北宋苏东坡。其在惠州时与钱济明书云:"某到贬所,阖门省愆之外,无一事也。瘴乡风土,不问可知,少年或可久居,老者殊畏之。惟绝嗜欲、节饮食,可以不死。此言已书之绅矣,余则信命而已。"东坡贬惠州的时候已经57岁,显然是"殊畏之"了,除了闭门思过,没什么事可干,抱着听天由命的态度。在海南时又云："岭南天气卑陋，地气蒸溽，而海南尤甚。秋夏之交，物无不腐坏者。人非金石，其何以能久？"不过此番他话锋一转，"然儋耳颇有老人，年百余岁者，往往而是，八九十岁者不论也。乃知寿夭无定，习而安之，则冰蚕火鼠，皆可以生"。这就等于承认卑湿水土同样可以养人，关键在于自己要身土相适，习服环境。一旦心胸开朗，无论什么地方都不会是让人惊惧不安的生死场。实际上，在惠州的时候，他就多少有些想通了。"罗浮山下四时春，卢橘杨梅次第新。日啖荔枝三百颗，不辞长作岭南人"，在这首脍炙人口的名句中，东坡流露出的心态无疑是达观的。

又比如南北宋之交的吕本中。其《岭外怀宣城旧游》诗云："中原未敢说归期，却忆宣城近别离。叠嶂雨来如画里，敬亭秋入胜花时。每憎卑湿尤多病，苦爱风光屡有诗。今日衰颓那可说，鬓须经瘴总成丝。"宣城，位于安徽东南部；岭外，就是岭南了。柳宗元"十年憔悴到秦京，谁料翻为岭外行"，是他给好友刘禹锡在衡阳的"分路赠别"诗，斯时柳宗元结束被贬永州十年的屈辱刚刚回到长安，又给贬去柳州。《宋史·吕本中传》载："本中与秦桧同为郎，相得甚欢。桧既相，私有引用，本中封还除目，桧勉其书行，卒不从。"但吕本中可能不是贬谪而来，其《连州阳山归路》"稍离烟瘴近湘潭，疾病衰颓已不堪。儿女不知来避地，强言风物胜江南"云云，点明是"避地"。不管是怎么来的吧，在宣城就"每憎卑湿"，在岭南更不用说了，何况风物还不堪一提。

回南天气时，湿度大，雾气重，人容易感到体倦力乏甚至会身体不适，用屈大均的说法是，"头面四肢，倏然瘇痒"。广东人喜欢煲汤祛湿与回南天不无关联，由此诞生的饮食之道，算是"失之东隅，收之桑榆"的一种了。

2016 年 1 月 30 日

除夕之"卖"

后天是腊月廿九,今年没三十,廿九就是除夕。除夕,传统节日中堪称最重要的一个。

从前的好多岁时民俗极有趣味。比如正月初五有"送穷",虽然各地叫法、方式不一,但是目的殊途同归:希冀自己在新的一年与"穷"无染,富贵有余。除夕的民俗就更多了,有一个与"送穷"相映成趣,那就是广东一些地方的"卖懒"。在不太久远的过去,广州还在传承着这种习俗。欧阳山名作《三家巷》写到了1925年的旧历除夕:周榕"在陶街碰上一群逛街卖懒的少年人",就是区桃、周炳、陈文婕他们八个。周榕去陈家说了半天话,那八个小孩"一直在附近的横街窄巷里游逛卖懒,谈谈笑笑,越走越带劲儿",一路走还一路唱:"卖懒,卖懒,卖到年卅晚。人懒我不懒!"卖懒,把身上的懒惰卖掉,自然是希冀新年勤奋。当真也罢,有口无心也罢,在除夕的喜气氛围中,"这八个少年人快活得浑身发热,心里发痒"。

土生土长于广州的著名学者黄天骥先生认为,卖懒的习俗在清初已有记载,原本是"卖冷"。屈大均《广东新语》云,广州人除夕"以苏木染鸡子(即以红水染鸡蛋)食之,以火照路,曰卖冷"。在黄先生看来,粤语里"冷""懒"音近,久而久之,"卖冷"被讹成

"卖懒"。因为三百年前广州的冬天很冷,"卖冷"反映了先辈对温暖的祈盼;又因为先辈觉得不卖也罢,春天总是要来,便让孩子们卖起"懒"来,"这一改,点铁成金,体现了广州人的智慧"。黄先生的此番见解,似乎臆断成分居多,只能聊备一说。实际上,放眼清初之前,比如上溯至宋朝,我们会发现吴中地区的除夕之"卖"与岭南的"卖懒"颇有神似之处,很可能是同一民俗事象在不同区域的不同变体。

周密《武林旧事》是追忆南宋都城临安(今杭州市)城市风貌的著作,在讲到除夕时说:"如饮屠苏、百事吉、胶牙饧、烧术、卖懵等事,率多东都之遗风焉。"东都,即建康府(今南京市),高宗建炎三年(1129)曾作为行都。卖懵,即卖懵懂,犹言卖痴呆。范成大《腊月村田乐府十首》记录的是吴中地区的民俗,其第九首《卖痴呆词》序云:"分岁罢,小儿绕街呼叫云:'卖汝痴!卖汝呆!'"范成大认为,"世传吴人多呆,故儿辈讳之,欲贾其余,益可笑"。还是不要笑,民俗就这样,后人看来怪异之事,却正是前人"三观"的真实映射。到了元朝,高德基《平江纪事》还说:"吴人自相呼为呆子,又谓之苏州呆。每岁除夕,群儿绕街呼叫云:'卖痴呆,千贯卖汝痴,万贯卖汝呆,见卖尽多送,要赊随我来。'"《西游记》中八戒每被代以"呆子",悟空呼八戒往往也是"呆子"不离口,或许正与籍贯江苏淮安的吴承恩将家乡的民俗照搬过来相关。

卖者,出售也。卖懒、卖痴呆,实际上是单方面的转嫁行为,这种一厢情愿自然只具象征性,与"送穷"异曲同工。然而,痴呆不是一件视之有物、能够拿之在手的东西,却又怎么个卖法呢?呼叫;一旦应答,就是卖了。陈元靓《岁时广记》引《岁时杂记》云:"元日五更初,猛呼他人,他人应之,即告之曰:'卖与尔懵懂。'卖口吃亦然。"《西游记》孙悟空大战金角大王、银角大王时,似可参照。那二怪有五件宝贝,其中的红葫芦和玉净瓶能够把人装进去,如果"底儿朝天,口儿朝地,叫他一声,他若应了,就装在里面",如果再"贴上一张'太上老君急急如律令奉敕'的帖子",装进去的人"就一时三刻化为脓了"。孙悟空了解到了底细,便自称"者行孙"来叫战。对方叫他,他一开始仍然犯嘀咕:"若是应了,就装进去哩。"对方激他:"你怎么不应我?"他拖时间:"我有些耳闭,不曾听见。你高叫。"然后"在底下掐着指头算了一算",心里想:"我真名字叫做孙行者,起的鬼名字叫做者行孙。真名字可以装得,鬼名字好道装不得。"然后就忍不住,应了他一声,结果"飕的被他吸进葫芦去"。原来妖怪的宝贝,"那管甚么名字真假,但绰个应的气儿,就装了去也"。卖痴呆之类的原理想必正是如此,一旦应承,痴呆就是你的。

范成大《卖痴呆词》全文,更把吴中地区的这一民俗写得十分幽默风趣:"除夕更阑人不睡,厌禳钝滞迎新岁;小儿呼叫走长街,云有痴呆召人买。二物于人谁独无?就中吴侬仍有余;巷南巷北卖不得,相逢大笑相揶揄。栎翁块坐重帘下,独要买添令问价。儿云翁买不须钱,奉赊痴呆千百年。"意思非常清楚:痴和呆,谁人没有,你卖给谁去?有老翁自是戏耍一下小儿了,我买,多少钱?小儿也不含糊,不用钱,赊着就行了,你老人家赊上千百年也没问题。

从以上比较中可以看出,广州的卖懒与吴中的卖痴呆等实在如出一辙:时间都是除夕,主角都是儿童,所"卖"的东西有异但实质相同,目的都是要去除身上的惰习或不利于己的成分,寄托了对新年的美好期冀。"卖冷"呢,则完全关乎自然。正如送穷,尽管虔诚地"沥酒再拜早离去",结果往往仍然"老穷方走新穷临"。不过,从前的节日是那样地使人快慰,从除夕之"卖"中可窥一斑。

2016 年 2 月 5 日

猴

农历丙申猴年到了。

猴,是我们都非常熟悉和喜爱的动物,在传统文化中它是机智、活泼且顽皮的代表,"家僮若失钓鱼竿,定是猿猴把将去"。齐天大圣出现后,它又被赋予了勇敢、忠诚、疾恶如仇的内涵。在现有动物中,猴跟人一样归属灵长目,因而无论生理结构还是思维行为,二者都有十分相似的一面,生活中也常常等而论之。比如民间说一个人机灵,就说跟猴儿似的;形容一个人急着想干什么或者很焦急的样子,就说猴儿急猴儿急的。在我的故乡,小孩子如果撒泼,大人会调侃:看耍猴儿的嘿。成语也有"朝三暮四""沐猴而冠""杀鸡儆猴"等,那是告诫成人的。

真正耍猴儿的,时至今日也每每为不少地方街头的一景,前两年我在广州新港西路中山大学附近还看见过。2月4日有则消息,年关将至,河南新野县的耍猴人又逐渐忙碌起来,抓紧时间驯猴,准备在春节期间外出表演。如今,新野耍猴已成河南非物质文化遗产保护项目,也是当地农民增收的一种特色产业。摄影师马宏杰去年出了本"史诗级别的人文摄影纪实作品"《最后的耍猴人》,主要就是跟拍新野耍猴人在中国内地及中国边境地区如何行走江湖,图文方式记录了"耍猴"这一民间艺术在当下中国的发展情况、耍猴人的真实生存处境,虽然"最后的"这一定语有武断之嫌。

关于耍猴,正野史中不乏记载。北宋编纂的《太平广记》,记录了五代时的杨于度如何耍猴。老杨大小养了十余只,那些猴"会人语,或令骑犬,作参军行李,则呵殿前后,其执鞭驱策,戴帽穿靴,亦可取笑一时",表明这些猴的训练已到了炉火纯青的地步,完全可以模仿人。比如装作喝醉了,倒在地上怎么也不肯起来,老杨假装喊"城管(街使)来啦",猴子不理睬;又喊"管官儿(御史中丞)的人来啦",猴子也不理睬;小声说一句"侯侍中来了",猴子赶紧爬起来走开,同时还"眼目张惶,佯作惧怕"。侯侍中,即侯弘实。侯弘实是谁?五代后唐官员,虽然他"敬奉三宝,信心无怠",很虔诚地信佛,但是"临戎理务,持法御下,伤于严酷",所以没人不怕他。耍猴已经成熟到这个份上,可见其历史一定可以上溯很远。北宋孟元老的《东京梦华录》描述彼时元宵佳节也说道:"更有猴呈百戏,鱼跳龙门,使唤蜂蝶,追呼蝼蚁。"

后来的记载中,耍猴的就更多了。《虞初新志》云:"吴越间,有鬈髶丐子,编茅为舍,居于南坡。尝畜一猴,教以盘铃傀儡,演于市以济朝夕。每得食,与猴共,虽严寒暑雨,亦与猴俱。相依为命,若父子然。"《在园杂志》云:"有弄猴为戏者,教习极熟,登场跳舞皆合拍。或更挈一犬,猴乘犬背,若人驰马,近惟丐者为之。"《燕京岁时记》记京城年节时分百戏之胜,其中"耍猴儿者,木箱之内藏有羽帽乌纱,猴手自启箱,戴而坐之,俨如官之排衙。猴人口唱俚歌,抑扬可听"。《扬州画舫录》说扬州虹桥一带有凤阳人耍猴,"令其自为冠带演剧,谓之猴戏"。《清嘉录》说苏州玄妙观一带也有凤阳猴戏,"为猴之乘,能为《磨房》《三战》诸出,俗呼'猢狲撮把戏'"。《清稗类钞》也说到"凤阳韩七能弄猴",十多只,"大小毕具,且不施羁勒。每演剧,生旦净丑,鸣钲者,击鼓者,奔走往来者,皆猴也,无一不备,而无一逃者"。这些神乎其神的耍猴,自然要姑妄听之,但凤阳耍猴于今湮没无闻,不知何故中断了传统,倒是令人惋惜之事。

近朱者赤,近墨者黑。环境对人的影响如此,人对猴的影响也是如此。《南村辍耕录》有一则"猴盗",说优人杜彦明在旅店遇到一个穿着怪异的人,"具酒肴延款,问以姓名履历,客具答甚悉,初不知其为盗也"。次日,客回请,"邀至其室,见柱上锁一小猴,形神精狡,既而纵使周旋席间,忽番语遣之,俄捧一碟至,复番语詈之,即易一碗至"。后来才知道,"此人乃江湖巨盗,凡至人家,窥见房室路径,并藏蓄所在,至夜,使猴入内偷彼则在外应接"。故事同样很神,又出自优人之口,但同样合乎逻辑。且前人亦有"不知其人,观其狗"的说法,概狗的情绪、作为完全受其主人的影响。狗且如此,更不要说四肢灵活、头脑简单、可以"教唆"的猴了。其实,猴而能扮生旦净末丑,不过正是借猴对人的"高仿真"来借题发挥罢了。

这几年每一生肖主角登场,人们都照例大做文章。"猴"与"好",在广州白话里同音,于是"猴赛雷"(好厉害)一类原本局限于方言区里的语词有向全国普及的趋势。新野耍猴人自然要格外忙碌起来,但不知他们如今出去巡演的境遇如何。我们都记得,2014年7月9日,新野耍猴人鲍凤山等4人在黑龙江牡丹江市街头表演,被该市森林公安局民警以没带野生动物运输证为由带走,6猴被扣。接着,一审判决4人犯有"非法运输珍贵野生动物罪",只是免予刑事处罚。二审虽以其"情节显著轻微,危害不大",改判无罪,但此事在全国造成的恶劣影响尚待时日消除。然而,问题仅仅在于传承的非物质文化遗产在现实面前遇到了严峻挑战吗?

2016年2月10日

马骝·马留、马流

很早以前我就有一个困惑不解的问题,为什么广州白话把猴子叫作"马骝"?因此,浏览"陈年流水簿子"时不免格外留意。猴年来了,不免深入钻研一下。初步结论是,这种称呼是语言学方面"文化残存"的一个例证。白话中的"马骝",与典籍中的"马留""马流"存在关联。

典籍中有许多"马留""马流"字样。一种说法认为,这与东汉著名的开国功臣、伏波将军马援密切相关。段成式《酉阳杂俎》云:"马伏波有余兵十家不返,居寿泠县,自相婚姻,有二百户。以其流寓,号马流。衣食与华同。山川移易,铜柱入海,此民为识耳,亦曰马留。"马援在岭南打过许多次仗,平定"二徵"之后,曾立铜柱以为汉朝南边疆界的标志,"铜柱入海"说的就是这件事。《新唐书·南蛮传下》讲到"西屠夷"时也说:"(马)援还,留不去者,才十户,隋末孳衍至三百,皆姓马。俗以其寓,故号'马留人'。"这些记载至少有两点是清楚的:其一,"马"得之于马援,原本他们是马援的部下。"马留",说他们是马援留下的;"马流",说他们是流落他乡。"留"与"流",都说得通。其二,无论"马留"还是"马流",都还无关猴子。

至少从宋朝开始就不是这样了。赵彦卫《云麓漫钞》云:"北人谚语,目胡孙为马流。"胡孙,即猢狲,众所周知是猴子的别称。《西游记》里孙悟空二调芭蕉扇时与牛魔王交手,牛魔王就一口一个"猢狲"。邵博《邵氏闻见后录》云:"今世猴为'马留',与其人形似耳。"赵、邵二人都引用了马援的典故,邵博还认为"马留人"不是马援的部下,而是其"南征留之不诛者",是那些土著。至于马留或马流关联了猴子,邵博认为是因猴子长得像人,赵彦卫则认为隔离太久了,那些人"语言啁哳,故取譬云",听不懂他们说什么,给比方成了猴子。这种带有轻蔑色彩的结论,显然出其臆断。但一句"北人谚语",首先表明时人已约定俗成,其次表明"马流"并非岭南特色词语。

在宋朝的野史笔记里,可以大量见到马留或马流。张师正《倦游杂录》云:"京师优人以杂物布地,遣沐猴认之,即曰:'着也马留'。"这是民间艺人耍猴表演的一种,通过让猴子辨认东西来取悦观众,不同于利用狼狗的鼻子,而是靠猴子的眼睛。"着也马留"大抵是说:去呀,猴子。宋仁宗时状元叶祖洽有次赴宴,席间有个下第进士作诗曰:"着甚来由去赏春,也应有意惜芳辰。马蹄莫踏乱花碎,留与愁人醉作茵。"这首藏头诗藏的就是"着也马留"。那么,落第进士显然是在感慨自己参加科举形同被当成猴给戏耍了。

胡仔《苕溪渔隐丛话》引《桐江诗话》云,宋哲宗元祐年间,"东平王景亮,与诸仕族无成子,结为一社"。结社干什么呢?无聊,专门给人取外号。"士大夫无问贤愚,一经诸人之目,即被不雅之名,当时人号曰猪嘴关"。有一次他们取到了权臣吕惠卿头上,吕"察访京东",因其"天资清瘦,语话之际,喜以双手指画",他们就叫他"说法马留";觉得不过瘾,又凑了个上联:说法马留为察访。过了一年,邵箎因为上殿时放屁而贬官,"出知东平",因"邵高鼻鬓髯",他们终于对出了下联:凑氛狮子作知州。但吕惠卿知道自己的外号后,恨透了,"讽部使者发以它事,举社遂为虀粉"。不过,又瘦又好动,倒真是符合猴子的习性。

在猴子何以成马骝、马留、马流的众多说法中,王小盾先生的《汉藏语猴祖神话的谱系》最有说服力。文章从语言学角度考察了汉藏语猴祖文化的谱系,认为作为猴祖的猱、夒,在上古同音,读如mlu,马骝等实际上是mlu古音的遗留。王先生指出:"汉文献中所见的猴图腾,正是以'夒'或'mlu'的名义出现的,此字在甲骨文中写为猴形,既代表殷人的某位'高祖',也代表猕猴和神祇。"这一研究,还不足以揭开谜团吗?关于"夒",一般会想到龙形异兽或蛇状怪物,而许慎《说文解字》释"夒"云:"贪兽也。一曰母猴,似人。"并且,读如"奴刀切",意味着不仅上古,即便到东汉也与"猱"同音,同时换了声韵母而已。

明朝成书的《西游记》中,"马流"干脆就是猴子。第三回,孙悟空忧虑花果山没有军械兵器,"正说间,转上四个老猴,两个是赤尻马猴,两个是通背猿猴",献计去傲来国那里取。悟空从海底如愿得到金箍棒后,"将两个赤尻马猴唤做马流二元帅,两个通背猿猴唤做崩芭二将军"。第十五回,孙悟空因为不满被骗戴上了紧箍咒,对观音菩萨大发雷霆:"你这个七佛之师,慈悲的教主,你怎么生方法儿害我!"菩萨马上教训他:"我把你这个大胆的马流,村愚的赤尻!我倒再三尽意,度得个取经人来,叮咛教他救你性命,你怎么不来谢我活命之恩,反来与我嚷闹?"而《西游记》的作者吴承恩是江苏淮安人,也不是岭南人。

所以,猴子为"马骝"的"文化残存"意味就在这里。曾经的普遍存在,如今却只是保留在广州白话中,成为初级文化阶段的生动见证或活的文献。推而论之,说不定在哪种方言里,猴子还被叫做"赤尻"或"崩芭"哩。

2016 年 2 月 14 日

走百病

昨天是农历正月十六,传统上一些地方有"走百病"的习俗。用明朝张宿的诗句说,就是"白绫衫照月光珠,走过桥来百病无。再过前门钉触手,一行直得一年娱"。上个周日例牌在家门口的海珠湖行走,不知人为什么比过年时还多,因而在微信圈里说了句"没到正月十六走百病嘛"。在四川阆中工作的一位同学看到,旋问那里也有这个习俗吗?因为阆中在2013年的时候已将"正月十六'游百病'"成功申报为"中国体育非物质文化遗产",概明清时的《阆中县志》记载:"上元后一日,锦屏山游人如蚁,谓之游百病。"

广州已经没有这种习俗了,但不远处的佛山还有,他们叫"行通济",就是去走通济桥。今年正月十五,报道说有70万人提着生菜、拿着风车走过通济桥。"行通济"做什么呢?民谣道出了其中奥妙:"行通济,冇闭翳。"冇,方言字,"没有"的意思。记得上世纪70年代末第二轮简化字表公布的时候,大量汉字变得"缺胳膊短腿",其中"有"就被简化成了"冇",省了里面的"二",在别的地方好说,但在意思大相径庭的广州白话这里,一旦施行还真不知怎么办才好,好在那个字表非常短命。闭翳,方言词,大抵是忧愁、衰气的意思。那么,"行通济"的寓意就非常清楚了:祈愿身体健康。用本地方言来表述，就是"咩衰气都赶走晒"。看了一些资料，似乎都认为佛山"行通济"是本地"独立起源"的结果，如桥头9级、桥尾13级石阶，反映出"九出十三归"的意念云云。客观地说，应该与其他地方是存在因果关联的，不排除文化传播。

　　放眼全国来看看。谢肇淛《五杂组》说的是明朝时的山东，"齐鲁人多以正月十六夜游寺观，谓之走百病"。刘侗、于奕正《帝京景物略》说的是明朝时的北京，"（正月）八日至十八日，集东华门外，曰灯市。贵贱相遝，贫富相易贸，人物齐矣。妇女着白绫衫，队而宵行，谓无腰腿诸疾，曰走桥"。徐珂《清稗类钞》说的是清朝时的东北，"正月十六日，妇女步平沙，曰走百病；或连袂打滚，曰脱晦气，入夜尤多"。顾禄《清嘉录》说的是清朝时的苏州，"元夕，妇女相率宵行，以却疾病。必历三桥而止，谓之走三桥"。又引其他志书云："上元，妇女走历三桥，谓可免百病。"再加上阆中，无须以所见推所不见，也可以看到东西南北中，"走百病"在全国是一个全方位的存在。使之与"行通济"进行比对的话，不难发现二者本质上的相似，区别只在于个别元素；且这区别，即使在同名"走百病"的民俗中也一样存在。这里需要舍末逐本。

　　这里的"本"是什么呢？时间、地点、功能。综合起来可见，正月十六、桥、祈福，为各地此一民俗所共有。有篇报道告诉我们，佛山的"行通济"从前也正是在正月十六进行，近年才为地方政府改为正月十五，所以那些"老佛山"仍然坚持正月十六"行通济"，这无疑是传统文化呈现出的韧性一面。即便只是正月十五也不要紧，像明朝北京那样干脆还是一个范围，正月初八到十八，然而都属于"元宵民俗"的本质一面。这里的"末"又是什么呢？那就是各地元宵民俗相异的另一面。比如有的地方只有妇女参与其中；有的地方要走三座桥；有的地方还要"至城各门，手暗触钉，谓男子祥,曰摸钉儿",以祈求添丁,就是生个儿子,还要"击太平鼓无昏晓,跳百索无稚壮,戴面具耍大头和尚"……这些"末"的细节,实则是在以"本"为基础的文化传播过程中融合了地方特色的产物。因而"本"的源头虽然已不可考,但是正如龙之九子,面貌虽异,"万变不离其宗"。佛山的"行通济"如此,成为国家体育非遗的阆中"游百病"、成为吴江本地非遗的"走三桥",同样如此。

明朝周用有一首《走百病行》:"都城灯市春头盛,大家小家同节令。姨姨老老领小姑,撺掇梳妆走百病。俗言此夜鬼穴空,百病尽归尘土中。不然这年且多病,臂枯眼暗偏头风。踏穿街头双绣履,胜饮医方二钟水。谁家老妇不出门,折足蹒跚曲房里。这年走健如去年,更乞来年天有缘。蕲州艾叶一寸火,只向他人肉上燃。"昔日"走百病"的盛况和功能,由此可窥一斑。老老少少,梳妆打扮,出去走,把病给他走丢啊。把脚上的花鞋走坏了有什么要紧,好过吃药啊。谁还在屋里犹豫,不愿出门?别这么傻,赶紧出门去走,明年生病的就是别人而不是你啊。"蕲州艾叶一寸火,只向他人肉上燃",何其趣味盎然?

"细娘分付后庭鸡,不到天明莫浪啼。走徧三桥灯已落,却嫌罗袜污春泥。"陆伸的这首《走三桥词》,谐谑之中,道出的也是"走百病"民俗在昔日的魅力。我们的许多传统节日内涵都十分丰富,极具参与性与娱乐性,而这正是传统节日得以传承、光大的前提要素。传统节日的衰落,实际上是节日民俗的衰落。节日来临之时,人们往往成了旁观者。而西方的情人节、万圣节、圣诞节等等所以日益受到国人尤其是年轻人的青睐,在于节日中贯穿的情趣被他们仍然传承着,人们乐在其中。因此,振兴传统节日,必须从振兴民俗入手。

2016 年 2 月 24 日

庙会

为期七天的第六届广府庙会今天闭幕了。此中"广府"是个定语,修饰的是"庙会"。广府人,即以粤语为母语、以珠玑巷同迁汉人为民系认同的人群,这一人群叫作广府民系,其所关联的文化叫作广府文化。既曰××文化,饮食、语言、风俗和建筑势必都有自己的独特风格。不过,广府展示的庙会,还是属于文化共性的那一面。庙会不仅非为广府文化所独有,相反更可能是从他处借鉴而来。

庙会,也叫庙市,现在各地的做法属于复苏,从前就是在寺庙内或附近的定期集市。按照赵世瑜先生的观点,中国传统的、功能比较齐全的庙会,大致起源于隋唐时期,最初的功能主要是娱神,然后逐渐增加了娱人的以及经济的功能。庙会的出现大抵要满足两个条件,一个是宗教繁荣,寺庙广建,而且宗教活动日益丰富多彩;另一个是商品货币经济的发展使商业活动增加,城镇墟集增加。在传统社会中,第一个条件南北各地都普遍具备,城隍庙、土地庙、关帝庙、龙王庙、东岳庙、真武庙、文昌庙等遍地皆是,因而庙会也成为中国传统社会中少有的全民性活动之一,不同阶级、不同阶层、不同等级的人,不同职业、不同性别(尤其是妇女)、不同民族、不同地域的人,都可以不受限制地参加这类活动,尽管他们参加的程度、范围、态度等未必完全相同。

对庙会的记载同样比比皆是。明朝刘侗、于奕正《帝京景物略》里有"城隍庙市",说的是北京城西依托城隍庙的庙会。每月搞三天,分别是"月朔望,念五日",初一、十五、廿五。规模呢,"东弼教坊,西逮庙墀庑,列肆三里"。从卖的东西来看,这个庙会有"高大上"的一面,不仅"图籍之曰古今,彝鼎之曰商周,匜镜之曰秦汉,书画之曰唐宋,珠宝、象、玉、珍错、绫锦之曰滇、粤、闽、楚、吴、越者集",而且还满眼都是宣德炉。明末进士黄景昉逛的时候,写了首《城隍庙市》,算是全景式的。"黄金百如意,但向燕市趋。燕市何所有?燕市何所无"云云,揣着钱来吧,好东西什么都有,就看你的囊中羞涩与否。因此,"好物好售主,大家各欢娱",自然是庙会上的主旋律,但"一客独憔悴,似复是吾徒",也进入了黄景昉的眼帘,或者他杜撰此一情景以抒发自身的感慨也说不定:"探囊无一物,手但捋髭须。终日空摩挲,为彼所揶揄。归来自怨怒,自悔身为儒。"实际上,多数人是看热闹的,《帝京景物略》已说了,"市之日族族,行而观者六,贸迁者三,谒乎庙者一"。在万历年间的汪逸笔下,印证了逛庙会的人物三六九等,来自四面八方,"官虽屏从犹遮扇,客匪祈神亦住骖。廊庑肯容存隙地,工商求售厌空谭。看多异巧睛为眩,听各乡音耳讵谙"。

沈德符《万历野获编·畿辅·庙市日期》也说到了城隍庙市,不吝赞美:"陈设甚夥,人生日用所需,精粗毕备。羁旅之客,但持阿堵入市,顷刻富有完美。"但是他对庙市上的书画古董则不甚感冒,以为"真伪错陈,北人不能鉴别,往往为吴侬以贱值收之"。而对买那些"予为吐舌不能下"的东西,他更表示并不认可:"盖皆吴中儇薄倡为雅谈,戚里与大估辈,浮慕效尤,澜倒至此。"胡应麟《少室山房笔丛》提到了庙会卖书,"凡燕中书肆,多在大明门之右,及礼部门之外,及拱宸门之西。每会试,举子则书肆列于场前"。这是平时,到了城隍庙市的日子,"则徙于城隍庙中……至期百货萃焉,书其一也"。古董,算是属于文化范畴吧,然而毕竟铜臭气浓了一些,书摊的出现,无疑提升了庙会一定的文化品位。

　　清朝富察敦崇《燕京岁时记》讲到不少其他庙的庙会,以及各自的特点。如"土地庙"条云,"在宣武门外土地庙斜街路西。自正月起,凡初三、十三、二十三日有庙市。市无长物,惟花厂鸽市差为可观"。如"小药王庙、北药王庙"条云,"小药王庙在东直门内路北,北药王庙在旧鼓楼大街。自正月起,每朔日、望日有庙市,市皆妇女零用之物,无甚可观"。如"北顶"条云,"北顶碧霞元君庙在德胜门外土城东北三里许。每岁四月有庙市,市皆日用农具,游者多乡人。东顶在东直门外,与北顶同"。如"中顶"条云,"中顶碧霞元君庙在右安门外十里草桥地方,每岁六月初一日有庙市。市中花木甚繁,灿如列锦,南城士女多往观焉"。当然,也少不了"都城隍庙"条,"在宣武门内沟沿西,城隍庙街路北。每岁五月,自初一日起,庙市十日。市皆儿童玩好,无甚珍奇,游者鲜矣"。与前面几个城隍庙市的记载比对,可窥其变迁了。

　　广府庙会主会场也是依托城隍庙广场,近年才由广州市越秀区搞的一项活动,庙则是前几年因为南越王宫原址博物馆的修建才重露面目的。报道说,主办方希望通过庙会的方式,打造独特的广府民俗文化特色活动品牌。独特的可能性似乎不大,相反,倒是很容易想起一二十年前的一种普遍做法:文化搭台,经济唱戏。本次广府庙会期间,共开展项目70多个、活动280多场,吸引游客超过500万人次。这些津津乐道的数字,已在客观上佐证了这一点。

2016 年 2 月 28 日

海昏侯

南昌海昏侯墓出土文物正在首都博物馆与北京观众见面。开幕式上,墓主人的身份也正式揭晓:西汉第一代海昏侯刘贺。海昏侯墓自发现到发掘,一直吸引着公众的眼球。拿到北京展出的文物共有441组件,然该墓迄今已出土文物1万余件(套),其中青铜器、金银器和铁器等就有3000余件,玉器包括宝石、玛瑙、绿松石等500余件,漆木器3000余件,陶瓷器500件,竹简、木牍数千枚……

如果不是这些"丰富无匹"的出土文物,刘贺注定仍然只是浩如烟海中的历史典籍中的寻常人物。因为陪葬品引发了轰动效应,似乎"人"以物贵,要另眼相待了。概因该墓考古发掘专家组组长说:"目前出土文物表明,刘贺的真实形象与《汉书》记载的'荒淫无道'的形象有差距。"理由呢?"刘贺做昌邑王时驻守山东,在孔孟之乡受过熏陶,从小就接受过儒学教育;此外,他兴趣广泛。刘贺的真实面貌还有待研究,但我认为,从目前资料来看,他绝对不是《汉书》中描述的那样。"考古发现诚然可以印证什么,不过,组长的话听来总是别扭,别扭在哪里一时还说不清。

刘贺是个什么人,在组长看来不大可靠的《汉书》中有这样几处记载。其一在《宣帝纪》。"元平元年(前74)四月,昭帝崩,毋嗣。大将军霍光请皇后徵昌邑王。六月丙寅,王受皇帝玺、绶,尊皇后曰皇太后"。未几,"光奏王贺淫乱,请废"。在这里,对"淫乱"还只是有定性无内容。元康三年(前63),"封故昌邑王贺为海昏侯"。

其二在《武五子传》。刘贺的爸爸是刘髆,武帝的六个儿子之一,刘髆的妈妈就是著名的"倾国又倾城"的李夫人;刘贺世袭了昌邑王的爵位。昭帝无后,霍光用太后的名义令刘贺火速来接班。诏书是夜里到的,刘贺并无任何准备,第二天中午才出发。因为赶得急,自愿跟着的人又多,"行百三十五里,侍从者马死相望于道",不得不劝说一些人回去。接下来这些事,后来都成了罪状:"到济阳,求长鸣鸡,道买积竹杖。过弘农,使大奴善以衣车载女子",买特产还好说,后面这件属于强抢民女。远远看到长安城后,手下告诉他,按照礼法,你得哭。刘贺说,我喉咙痛,哭不出来啊。到了未央宫的望楼,手下又告诉他,你这回必须得使尽哭,刘贺乃"哭如仪"。

其三在《霍光传》。在那封大家一致要求打倒刘贺的联名上书中,透露了其"淫乱"的具体内容,大致有这样一些。首先是来的路上,"不素食,使从官略女子载衣车,内所居传舍"。其次,"立为皇太子,常私买鸡豚以食"。第三,"引内昌邑从官驺宰官奴二百余人,常与居禁闼内敖戏"。玩儿些什么呢? 有郑重其事地写上要赐侍中君卿娶十个老婆,有"发乐府乐器,引内昌邑乐人,击鼓歌吹作俳倡"。第四,"召皇太后御小马车,使官奴骑乘,游戏掖庭中。与孝昭皇帝宫人蒙等淫乱,诏掖庭令敢泄言要斩"。第五,"发御府金钱、刀剑、玉器、采缯,赏赐所与游戏者。与从官官奴夜饮,湛沔于酒"……此外,刘贺在位这27天,还用皇帝的名义到处要东西,共有1127次之多,其直接后果是"荒淫迷惑,失帝王礼谊,乱汉制度"。

这就是《汉书》中的刘贺。无须出土文物佐证我们也知道,那就是个没有想当皇帝而当了皇帝、当了皇帝却又不知道该怎么当的纨绔子弟。虽然霍光没茬找茬的意味不小,但这样出身的人倘若不是"荒淫无道"倒是要有几分啧啧称奇。当然了,我们的史书向有"成王败寇"的传统,所谓"董狐笔"实际上也存在诸多异议。这都不要紧,问题在于海昏侯墓的出土文物能否对之证否,如何证否。我倒是觉得,出土文物越是丰富,帮的越是倒忙,恰恰提供了刘贺"荒淫无道"的佐证。并且,在孔孟之乡受过熏陶就一定是正人君子,又是谁家的道理?李渔早有句名言:"奸臣口里也说忠,逆子对人也说孝。"

从《汉书》中还可以发现,刘贺是霍光扶上来的,也是他亲手废掉的。此前,昭帝就已经是他的傀儡,他以"尽诛(上官)桀、(上官)安、(桑)弘羊、外人宗族"而"威震海内"。立、废刘贺,是他故技重施,因而从策划到执行,又是一场宫廷政变,只是刘贺糊里糊涂,不明白"我安得罪而召我哉",又不明白"我故群臣从官安得罪,而大将军尽系之乎?"政变当时,"太后被珠襦,盛服坐武帐中,侍御数百人皆持兵,其门武士陛戟,陈列殿下。群臣以次上殿,召昌邑王伏前听诏"。听诏,就是听霍光"与群臣连名奏王"的檄文。处理结果,"太后诏归贺昌邑,赐汤沐邑二千户"。昌邑群臣呢?"坐亡辅导之谊,陷王于恶,光悉诛杀二百余人"。行刑那天,他们"号呼市中",不是鸣冤,而是高喊"当断不断,反受其乱"。显然,他们早已认识到了霍光,后悔没有先下手为强。

海昏侯墓的发现,难免使人们会对那段刀光血影的一幕重温一过。然而正是这座海昏侯墓的发掘,让我们发现归邑后的刘贺过的仍然是滋润日子。虽然昌邑国废为山阳郡,昌邑王降为海昏侯，移居豫章，但是丝毫不妨碍他拥有巨量黄金；并且，终年只有33岁的他，拥有16个老婆、生了22个儿女。这些客观上的事实表明史书未必描黑了他，而"丰富无匹"的出土文物也没有道理就洗白了他。

2016年3月4日

化妆

这几天有人在微信朋友圈里发了一段视频。郑州有几对年轻夫妇包括一名外国女士,在自我介绍之后分别被化妆成老年时的模样。再一次两两相对,相互之间先激动不已,再感慨万分。查了一下,这是去年的新闻,是去年5月20日郑州搞的一个关于爱情的测试。520,被今人谐音为"我爱你"。这一测试旨在展示化妆师通过精准的化妆手法,让情侣之间感受彼此50岁、70岁、90岁时的容颜,以期回答一问:"当岁月沧桑,韶华逝去,你还爱我吗?"

这个视频很有创意,也很感人。当然,化妆的神奇在我们早已司空见惯。前几年范冰冰演《武媚娘传奇》,就是从武则天14岁演到82岁。对三十出头的"范爷"来说,既要化老还要扮嫩。有趣的是,生活中的武则天也正是喜欢扮嫩。《资治通鉴考异》转引《唐统纪》云:"太后善自粉饰,虽子孙在侧,不觉其衰老。及在上阳宫,不复栉颒,形容羸悴。上入见,大惊。"瞧,一旦没化妆,把自己儿子都吓了一跳。

更多的化妆众所周知是为了美。"著粉则太白,施朱则太赤",无需化妆而亮丽可人的,凤毛麟角。绝大多数人还是像韩非子所说的,"善毛嫱、西施之美,无益吾面,用脂泽粉黛,则倍其初"——赞许别人怎么漂亮,不会改变我的脸,但我要是化化妆,就会好很多。所以,战国时张仪游说楚王:"彼郑、周之女,粉白墨黑,立于衢间,非知而见之者以为神。"粉白墨黑或粉白黛黑,都是以粉傅面、以黛画眉,谓女子修饰容颜。同样众所周知的是,化妆并非女子的专利。"傅粉何郎"就是说何晏脸白得如同搽了粉一般,《旧唐书·张易之传》载,易之"兄弟俱侍宫中,皆傅粉施朱,衣锦绣服"。何晏与易之兄弟,皆为须眉。

至少到唐朝,化妆品还处于初级阶段。《开元天宝遗事》有"红冰"条,云"杨贵妃初承恩召,与父母相别,泣涕登车。时天寒泪结为红冰"。又有"红汗"条,云"贵妃每至夏月,常衣轻绡,使侍儿交扇鼓风,犹不解其热。每有汗出,红腻而多香,或拭之于巾帕之上,其色如桃红也"。这里的"红冰"与"红汗",有理由认为是由化妆品的品质所导致,今人化浓妆之后倘若流泪,也会流下两道黑痕,道理相近吧。这同时表明,唐朝女子的面颊不仅傅白粉,而且也傅红粉;再由"半额微黄金缕衣,玉搔头袅凤双飞"(裴虔馀句)、"额黄侵腻发,臂钏透红纱"(牛峤句)等来推断,她们的额头上可能还傅黄粉。

在追求美的化妆中,有一些妆容非常奇特。比如唐有"血晕妆"。《唐语林》载,穆宗时,京城妇人"去眉,以丹紫三四横约于目上下,谓之血晕妆"。比如五代有"醉妆"。《十国春秋》载,前蜀后主王衍谒陵后设宴怡神亭,"嫔妃皆戴金莲花冠,衣道士服,酒酣免冠,其髻髽然,更夹脸连额渥以朱粉,名曰醉妆"。又比如南唐有"北苑妆"。《清异录》载:"江南晚季,建阳进油茶花子,大小形制各别,极可爱,宫嫔缕金于面,皆以淡妆,以此花饼施于额上,时号北苑妆。"此外,光是唐朝就还有泪妆、啼妆、落梅妆等等,只是这些记载每过于简略,大抵只留下了名目。倒是辽的"佛妆",能得其详。

朱彧《萍洲可谈》云,他爸爸出使辽国时,"见北使耶律家车马来迓,氊车中有妇人,面涂深黄,谓之佛妆,红眉黑吻,正如异物"。庄绰《鸡肋编》云,燕俗"良家士族女子……冬月以括蒌涂面,谓之佛妆。但加傅而不洗,至春暖方涤去,久不为风日所侵,故洁白如玉也"。这两个人都是听说来的,哲宗元祐六年(1091)使辽的彭汝砺,则是亲眼见到的。惊讶无比之余,彭汝砺写了一首《妇人面涂黄而吏告以为瘴疾问云谓佛妆也》:"有女夭夭称细娘(彼俗所称女子),真珠络髻面涂黄。南人见怪疑为瘴,墨吏矜夸是佛妆。"为什么会有这么怪异的妆容?无他,气候条件过于恶劣所致。彭汝砺的另一首诗道得分明:"大小沙随深没膝,车不留踪马无迹。曲折多途胡亦惑,自上高冈认南北。大风吹沙成瓦砾,头面疮痍手皲折。下带长水蔽深驿,层冰峨峨霜雪白。狼顾鸟行愁覆溺,一日不能行一驿。"有研究指出,佛妆其实是较早出现的一种面膜,以期避免"头面疮痍手皲折"。庄绰所说的"括蒌"涂面(又作"栝楼"等),李时珍《本草纲目》认为正有"悦泽人面""面黑令白"的功效。在"面黑令白"条下开的药方就是:"栝蒌瓤三两,杏仁一两,猪胰一具。同研如膏。每夜涂之,令人光润,冬月不皴。"因此,"夏至年年进粉囊,时新花样尽涂黄。中官领得牛鱼鳔,散入诸宫作佛妆"(史梦兰句),在契丹就是非常正常的现象了,只是庄绰说一个冬天都敷着,脸也不洗,显见夸张了。

"也爱涂黄学佛妆,芳仪花貌比王嫱。如何北地胭脂色,不及南都粉黛香。"清人陆长春的这首《辽宫词》,流露出浓浓的文化中心主义倾向。朱彧也是这样,他还以为人家在标新立异,"或说人眉在眼上,设有眉在眼下者,众必骇见。使人人眉在眼下,而忽见眉在眼上者,其骇亦尔。故……要之世间事不可立异,且须通俗"

云云。倒是韩非子先前的借题发挥值得重视:"言先王之仁义,无益于治;明吾法度,必吾赏罚者,亦国之脂泽粉黛也。"虽然他把立法、执法比喻成脂泽粉黛不大贴切,但"临渊羡鱼,不如退而结网",显然是要阐述这个道理。

2016 年 3 月 6 日

工匠精神

今年全国"两会"《政府工作报告》说到,鼓励企业开展个性化定制、柔性化生产,培育精益求精的工匠精神,增品种、提品质、创品牌。"工匠精神"一词于是大热,成为会场内外议论的焦点话题之一。什么是工匠精神?假以时日,会有权威部门给出规范的释义。在当下,要突出的显然是对产品"精益求精"的精神。翻开历史看看,古代的杰出工匠应当说完美地诠释了这种精神。

欧阳修《归田录》载,汴京开宝寺塔"在京师诸塔中最高,而制度甚精,都料匠预浩所造也"。都料匠,工匠的总管或曰总工匠,柳公权《梓人传》的传主就是一名都料匠。预浩把塔建好后,却是"望之不正而势倾西北",成了斜塔。大家都奇怪这是怎么回事,预浩解开了谜团:"京师地平无山,而多西北风,吹之不百年,当正也。"意大利的比萨斜塔闻名于世,但至于为什么会倾斜,直到今天也不明所以,唯一可以肯定的是,并非设计者的初衷;而"年龄"远远大过比萨斜塔的开宝寺塔,则是在充分考虑到气候因素前提下的刻意之举。这样来看,不光前人要感叹预浩"用心之精盖如此",今天我们又如何不该伸出大拇指?"国朝以来木工,一人而已。至今木工皆以预都料为法",当之无愧,可惜预浩撰写的"《木经》三卷"已经失传,只在沈括《梦溪笔谈》中还能见到片段。

开封现今仍有开宝寺塔,为首批公布的国家重点保护文物之一,是否预浩建的那个不太清楚。太多的古代建筑都是这样,尽管建造技术十分高超,却没有留下工匠的名字。比如西安小雁塔,更有"三离三合"的神奇,即:三次地震时分裂,又三次自行"复合"。神奇的原理是什么呢?近代在修复小雁塔时发现,当时的工匠根据西安地质情况将塔基用夯土筑成了一个半圆球体,受震后压力会均匀分散,从而使塔身像"不倒翁"一样。这种绝妙构思便不知出自谁人。周密《癸辛杂识》云:"汴梁宋时宫殿,凡楼观、栋宇、窗户,往往题'燕用'二字,意必当时人匠姓名耳。"这倒未必,哪有一个工匠——都料匠也罢,能够包揽一切的道理?然无建造或制作者的姓名留下,确是遗憾。而历史上那些留下了姓名的工匠,又往往不能与作品进行对应。朱启钤等先生编辑、杨永生先生新编的《哲匠录》,便是一部关于古代工匠名录的书。书中"所录诸匠,肇自唐虞,迄于近代;不论其人为圣为凡,为创为述,上而王侯将相,降而梓匠轮舆,凡于工艺上曾着一事,传一艺,显一技,立个言若,以其于人类文化有所贡献",因此,举凡"营造,叠山,锻冶,陶瓷,髹饰,雕塑"等方面的能工巧匠,一概收录。不过,像圣字号的鲧、禹一类,将相级的曹操、萧何、杨素、韩琦一类,也"沦为"工匠,在他人看来或许有些屈尊吧。

工匠精神以其精湛工艺每令我们叹为观止,还有一种更要肃然起敬。明朝宋濂写过一篇齐桓公责备工师翰的寓言故事,工师翰就是一名工匠。宫殿坏了,建新的,工师翰全权负责,先去伐木、用木排运出山,然后"麾众徒,操剞劂斲之,运绳尺劚之"。五个月后,大功告成。桓公一看,"东阿之楹有樗者",东宫有根柱子是用臭椿树做的,不高兴了,责备说:"樗,散木也。肤理不密,浑液弗固,嗅之腥,爪之不知所穷,为柣为枨尚不可,况为负任器耶?"这种树一堆毛病,质地不密实,闻着还有臭味儿,做成门槛什么的都不合格,何况要承重?工师翰开始时显得委屈,别的地方都搞得那么好,"嘉木以为桯,文碼以荐址,画藻以奠井,坚垩以厚墉,陶甓以饰黝",梁柱缺了一根用臭椿来凑数,不成想会被责备。桓公讲道理了,宫殿就是靠柱子支撑的,"一楹蠹则倾隳",怎么能行呢?工师翰这时也讲道理了,国家稳固正如同宫殿稳固,如果"众壬进",奸臣当道,能行吗?桓公说肯定不行。工师翰说,那你只看到臭椿柱就是"察其小而遗其大"了,看看现在朝里掌权的,雍巫、夷鼓初、寺人貂、开方,这四个都是什么人,"皆蠹矣"。桓公恍然大悟,"于是解四子政而召管敬仲任之,齐国大治"。工师翰故意先露出破绽,然后以桓公之矛攻桓公之盾,逻辑如工艺般严谨,进谏效果也就自然可期。

如果说宋濂笔下的还只是寓言故事,那么宋朝李诫编撰的《营造法式》不仅是对建筑实践经验的理论总结,而且更有助力反腐防腐的社会价值。李诫即工匠出身,"其考工庀事,必究利害,坚窳之制,堂构之方,与绳墨之运,皆已了然于心"。但该书在技术层面之外,还明确了劳动定额,及运输、加工等所耗时间,对于编造预算、施工组织都有严格规定,相当于一套建筑工程的制度、规范,从而能够有效地用于防止物料的浪费和工程管理人员的中饱私囊。如李诫这样一种工匠精神,不是同样足令我们景仰吗?

当下为什么要提出培育工匠精神?出发点显然不是要打捞传统手工艺,而是旨在将传统手工艺中蕴藏的精益求精精神注入现代企业。这两年,我国游客走到哪个国家就在哪里"扫货"不是成为新闻吗?到日本不是先大量购买马桶盖电饭煲,然后是有什么买什么吗?究其原因,国人口袋鼓了是一方面,另一方面在于国货信誉日跌,通俗地说就是人们信不过。因此,这个时候提出培育工匠精神具有相当的战略用意。不过,纵观我们的一些企业,连起码的职业道德尚不具备,谈论工匠精神即便谈不上奢侈,也有对牛弹琴的感觉。

2016 年 3 月 10 日

细腰

继反手摸肚脐、锁骨放硬币之后,"A4 腰"又一夜爆红。所谓"A4 腰",就是比 A4 纸宽度还要窄的腰。于是我们看到,众多女性主要是女星,手拿 A4 纸,自豪地比划在腰前或腰后。A4 纸的宽度我们都知道,210 毫米,那么用数字来衡量,A4 腰就是不超过 210 毫米的腰。直白地说:细腰。

说到细腰,我们马上会想到从前那句著名的"楚王好细腰,宫中多饿死"。完整表述的话,前面还有"吴王好剑客,百姓多创瘢"。这两句俗语的历史相当悠久,《后汉书·马廖传》马廖上疏中,援引已经是那个时代之前的古籍。为了使自己的谏言能够更加说明问题,马廖还提到了一首当下民谣:"城中好高髻,四方高一尺;城中好广眉,四方且半额;城中好大袖,四方全匹帛。"这是说京城的人如何装扮,地方的人就会模仿。马廖认为"斯言如戏,有切事实",能够戳中问题的要害。什么要害呢?换句俗话,就是"上有所好,下必甚焉",这句话带有明显的贬义色彩。因此,楚王所好的细腰,A4 腰虽与之异曲同工,但人们提及此事,还有好斗的吴王(也有越王说),从来都是当作反面教材来举例的,目的也不是要谈论身材纤细与否,而是强调长官凭个人好恶取舍的危害性一面。然而,稍微注意一下不难发现,细腰的针对者开始时指的是朝中文武百官,须眉也;渐渐地才变异成了巾帼,尤其是美女。

《墨子》也许是最早提到"细腰"的,检索该词的词源,大抵都会上溯到那里。其《兼爱篇》云:"昔者楚灵王好士细腰,故灵王之臣皆以一饭为节,胁息然后带,扶墙然后起。是其故何也?君说(悦)之,故臣能之也。"这里的意思相当清楚:楚灵王喜欢手下有纤细的腰身,所以朝中一班大臣首先是饭不敢多吃,还要时时把腰带束紧,以致难受得要扶着墙壁才能站起来。电影《乱世佳人》中有此类情形,"费雯丽"为了突出自己的细腰,女仆要使劲给她系紧带子,勒得她嗷嗷直叫也咬牙坚持。楚灵王的这一癖好大约不是后人的凭空杜撰,《战国策·楚策》"威王问于莫敖子华章"中,威王与子华聊天,问他有没有"不为爵劝,不为禄勉,以忧社稷"的人,子华说有,连同事迹给他列举了五位。威王感叹说现在没有这些人了,子华便给他讲起"昔者先君灵王好小要(腰)"的这段往事。如果是编的,威王恐怕会觉得亵渎自己的祖宗。子华在讲完"楚士约食,冯而能立,式而能起"的惨状之后,来了个自问自答,为什么"食之可欲,忍而不入;死之可恶,然而不避"?是因为"其君好发者,其臣抉拾",上面喜欢什么,下面就会满足什么。那么,"若君王诚好贤",就一定能够网罗到那些人才。子华提到的五位贤人里面有叶公子高,就是著名的"叶公好龙"寓言故事中的那个主角,彼时该成语定未问世,但在子华眼里,威王正行其实也。

不知从什么时候开始,细腰成了美人的标准和代称。当然,唐朝崇尚的"丰肥浓丽、热烈放姿",此时先不要介入来抬杠。如《管子·七臣七主》云:"一人之治乱在其心,一国之存亡在其主。天下得失,道一人出。主好本则民好垦草莱,主好货则人贾市,主好宫室则工匠巧,主好文采则女工靡。夫楚王好小腰而美人省食,吴王好剑而国士轻死。死与不食者,天下之所共恶也,然而为之者何也？从主之所欲也。"又如徐陵《玉台新咏序》模拟了一位方方面面都非常完美的丽人，"楚王宫里，无不推其细腰；卫国佳人，俱言讶其纤手。阅诗敦礼，岂东邻之自媒；婉约风流，异西施之被教"。温庭筠亦有诗云："黄莺不语东风起，深闭朱门伴细腰。"然干宝《搜神记》将细腰拟人化，却原来说的又是杵，颇费解，舂米或捶衣的杵，不是一头粗一头细的圆木棒吗？《西游记》里，孙悟空和玉兔变身的妖怪交手，不认得对手的兵器，但"见那短棍儿一头壮，一头细"，原来是玉兔的捣药杵。杵之"腰"该在哪里？此外我们还可以看到，"好细腰"的后果也在逐渐升级。《晏子春秋外篇·重而异者》云："越王好勇，其民轻死；楚灵王好细腰，其朝多饿死人。"这里还是"朝"。《韩非子·二柄》云："越王好勇，而民多轻死；楚灵王好细腰，而国中多饿人。"这里就是"国"了。越来越"夸大"的背后，某种程度上表明人们对长官意志危害的认识越来越深刻。

倘若"好细腰"的确滥觞于《墨子》，则趋之者从朝臣惟恐不达转为美人竞相争宠，实际上便失去了墨子的本意。虽然"从主之所欲"的这一核心内容没有改变，但朝臣取媚与美人取悦，完全不是同一个性质，后者只是个人的，前者则是社会乃至社稷的。因此，"细腰"承载者身份的这种"转变"，严重矮化了墨子此论的哲学价值。"将计就计"来看直接后果，在楚灵王欣赏细腰的第二年，朝士们的面孔都"有黧黑之色"，黑黄黑黄的，看上去极不健康。今天的细腰，倘若同样是饿出来的、勒出来的，而不是健身出来的，弥漫的便同样是一种恶俗的审美趣味。从前说细腰，一句"杨柳小蛮腰"足以诗情画意，如今细的程度居然变得可以"计量"了。但是，称得上"进步"么？

2016年3月18日

连环画

3月16日,著名连环画家贺友直先生病逝于上海,享年94岁。贺友直先生从事连环画创作五十多年,作品多达百余种,尤以其20世纪60年代创作的长篇连环画《山乡巨变》最为知名,那是中国美术史上一部具有里程碑意义的大作。余生也晚,虽对之如雷贯耳但只见过零星画面,世纪之初恰逢原出版社重印他们的百种连环画经典,赶快将《山乡巨变》收入一套,忽地也有十几年时间了。

连环画是绘画的一种,是用多幅画面连续叙述一个故事或事件的绘画形式。现代意义上的连环画兴起于20世纪初叶的上海,但它的雏形却可以在历史中上溯很远,至少可以上溯到东汉的画像石吧,其后的故事壁画、故事画卷以及小说戏曲中的"全相"——通俗话本、演义中那些绘有人物绣像及每回故事内容的插图等等,都有连环画的性质。

先看汉画像石。它是一种表面有雕刻、模印或彩绘图像的建筑用砖石,通常被使用在墓葬或者墓葬的地面附属建筑如祠堂、阙、碑之中,因而在本质上属于祭祀性丧葬艺术。画像石上的画,好多都分为几层,每一层表现不同的故事。山东嘉祥武氏祠画像石在中国美术史上占有重要地位,国家邮政局1999年发行《汉画像石》特种邮票一套六枚,其中的第五枚即取材其"荆轲刺秦王"。那块石的画面正分为三层:第一层为管仲射小白故事,第三层为伏羲女娲故事,中间第二层的主要部分则是荆轲刺秦王故事。此外,嘉祥县宋山村出土的一块四层画像石,画面分别是:东王公、乐舞、庖厨和车马出行。这样分层表现的画像石,已有了"连环"的性质,只是还不连贯。

故事壁画呢,可以敦煌壁画为代表。识者指出,第290窟(北周)的佛传故事作横卷式六条并列,用顺序式结构绘制,共87个画面,描绘了释迦牟尼从出生到出家之间的全部情节,算得上长篇巨制的连环画了。此外,428窟中的萨埵太子舍身饲虎,以三条横卷相接,也呈连环画构图。故事壁画的另外一种是墓室壁画。举1972年发掘的内蒙古和林格尔东汉墓为例,壁画画着墓主人从举孝廉到封为郎官,出任西河长史、行上郡属国都尉、繁阳令,直到仕途顶峰——持节护乌桓校尉——的经历。关键是壁画榜题也就是说明文字有250多项,700余字,这就完全具备后世连环画的要素了。

一些故事画卷也是这样。东晋顾恺之的《洛神赋图》,画面分为三段,分别描绘了曹植与洛神相遇、对洛神相思、与洛神相别的情形,相当于一册三幅的连环画。五代顾闳中的《韩熙载夜宴图》,分听乐、击鼓、观舞、歇息、清吹及送客五个段落,表现了韩氏整个夜宴的全过程。每一段里韩熙载都是主角,那么,倘若把那五段的榜题标出来,这幅画卷实际上就等于一册五幅的连环画。1990年我国发行了该图邮票,五枚连印,可惜设计者没有弄明白这个道理,为了片面追求票幅尺寸的统一,居然有一枚上面没有韩熙载(5-4),而另一枚上有两个韩熙载(5-3)!

现藏于美国大都会博物馆的《晋文公复国图》,南宋李唐的作品,与今天的连环画已经一般无二。晋文公即重耳,流亡在外 19 年后,在秦的支持下回国即位。在任时文治武功,成为春秋五霸之一。这幅画卷描绘的就是重耳回国的故事。全卷分为六段,每段左侧均有宋高宗赵构手书《左传·僖公二十三年》和《僖公二十四年》关于重耳流亡生涯的相关记载。从"及宋,宋襄公赠之以马二十乘"开始,画面是重耳在堂上与宋国方面人士交谈,堂下已立定了赠送的两匹骏马,其余的正在陆续牵入,连同幕帐外若隐若现的马头,能看到八匹。重耳的座驾在旁,驾辕的马形单影只,三名舆夫两个在站立观望,一个在蹲着打瞌睡。第二段是"及郑"如何,第三段是"及楚"如何,第四、五段是"在秦"如何,第六段是"重耳即位",所节录的《左传》文字,到"丁未,朝于武宫"止。每一段画面都有不少人物,重耳的雍容庄重,侍臣的恭敬、武士的威严、仕女的秀雅、舆夫仆役的畏怯,都刻画得细致入微。鉴定大家徐邦达先生指出,高宗题字是其早年字迹,可能尚未称帝。一边是图画,一边是说明文字,形象生动,除了篇幅少点儿,不就是连环画吗?

南宋佚名所作《女史箴图》(现藏故宫博物院,不是传为顾恺之的那幅),是描绘古代宫廷妇女的节义行为,标榜封建"女德"的作品。画共十二段,每段画一个故事,旁边以小楷书写张华的《女史箴》。比如卷首书的就是《女史箴》的卷首,"茫茫造化,两仪既分",绘的是一妇人在聆听一士人讲述女德之要。然后是"樊姬感庄,不食鲜禽""卫女矫桓,耳忘和音;志励义高,而二主易心""玄熊攀槛,冯媛趋进;夫岂无畏,知死不吝"等等,分别对应不同的画面。截开来,同样就是一册十二幅画面的连环画,完整的《女史箴》图解。

连环画又被称为"小人书",似乎是给小孩看的。如果以这样的思维去操作,就低估了这种艺术表现形式的功能,我们的动画片如今有落入这种窠臼之嫌。像《山乡巨变》这样的连环画,无论在当时还是在现在,恐怕都不是"小人儿"所能理解的。把文学家的形象化思维转化为可视的艺术形象,成人同样能够欣然接受,或许才意味着真正意义上的成功。

2016 年 3 月 27 日

虐食者

这几天,网上一段"活烤小黄牛"视频受到了舆论的强烈谴责。视频中,一名叼着烟卷的男子手持喷火器,直接对一只站着、还活着的小黄牛像烧电焊那样喷火。小牛向前踉跄了几步,男子一手持喷火器一手持液化气罐追了上去,对着小牛的脑袋及身体继续喷火。小牛时而挣扎着动一动,但身下已满是鲜血,基本上任由摆布。另外一名耳朵上夹着烟卷的男子拿着长柄工具在小牛身上不停地舞动,可能是在褪毛,间或侧头一笑,大约是在回应周边观看的人们。两人的目的很明确:把小牛活着烤熟。

这种令人发指的事情据传发生在某个明确地点,但当地公安部门旋即回应,他们那里绝对没有,甚至根本就没有叫那个村名的地方。无论发生在哪里,它终究是发生了;无论是谁干的,"创意"的人、执行的人乃至不可能不知情的食客,没有人性同样是可以肯定的。不要说发生在 21 世纪,就是在古代,稍有人性的人也不会成为这样的虐食者。

《朝野佥载》载有这样两件事情。其一,武则天临朝晚期,朝政大事多由张易之兄弟把持。张易之为控鹤监,弟弟昌宗为秘书监,另一个弟弟昌仪为洛阳令,三兄弟"竞为豪侈"。控鹤监不是养鹤的部门,而是皇帝近幸或亲兵的名称,控鹤意为骑鹤,古人谓仙人骑鹤上天。张易之有"活烤鹅鸭"的吃法。具体做法是,弄个大铁笼子,"置鹅鸭于其内,当中取起炭火,铜盆贮五味汁,鹅鸭绕火走,渴即饮汁,火炙痛即回,表里皆熟,毛落尽,肉赤烘烘乃死"。张昌宗在此基础上又发明了"烤活驴",就是"拦驴于小室内,起炭火,置五味汁如前法"。张昌仪则让自己的鹰鹞把狗活活吃掉,"取铁橛钉入地,缚狗四足于橛上,放鹰鹞活按其肉食,肉尽而狗未死,号叫酸楚,不复可听"。张易之有次忽然想吃马肠,"取从骑破胁取肠,良久乃死"。这三个家伙当然万万不会料到果真"恶有恶报",那就是他们自己最后落得被活吃的下场。武则天病重时神龙革命爆发,唐中宗复辟,诛杀了张氏兄弟,当其时也,"百姓脔割其肉,肥白如猪肪,煎炙而食"。

其二,唐太宗有一次问光禄卿韦某,"须无脂肥羊肉充药"。老韦不知道怎么弄到,就去咨询郝处俊,结果他果然知道;但他认为,以太宗的秉性,"必不为此事",因此他自己去跟太宗说。获得"无脂肥羊肉"具体办法是:"须五十口肥羊,一一对前杀之,其羊怖惧,破脂并入肉中。取最后一羊,则极肥而无脂也。"太宗听了,果然"不忍为,乃止"。搞不清楚的是,这是郝处俊实践得出的结果,还是出于进谏目而进行的逻辑猜想。从《旧唐书》其本传来看,后者的可能性居多,因为郝处俊特别善于借喻。

《清稗类钞》里也有两则虐食的故事。其一,见"王亶望骄奢淫佚"条。说浙江巡抚王亶望以资郎起家,至中丞,后以贪赃伏诛。"籍没时,箧有四足裤,绣字于上,曰'鸳鸯裤'。"气得乾隆说:"公卿宣淫,一至于此!"这是王亶望"淫佚"的一面,倘若乾隆知道他的"骄奢",气就更要不打一处来了。自幼就在他家干活的厨子说,王亶望喜欢吃驴肉丝,因此"厨中有专饲驴者,蓄数驴,肥

虐食者　57

而健"。吃的时候呢,人先"审视驴之腴处,刲一脔,烹以献"。也就是并不把驴杀了,而只是从驴身上活挖下一块肉来。挖肉的那地方一定会鲜血淋漓呀?没错,"则以烧铁烙之,血即止"。王亶望吃鸭子也有他的一套,"以绍兴酒坛去其底,令鸭入其中,以泥封之,使鸭颈伸于坛外,用脂和饭饲之,留孔遗粪,六七日即肥大可食",这样喂出来的鸭子,"肉之嫩如豆腐"。

其二,见"某寡妇食驴阳"条。说道光时"清江浦某巨室有寡妇,食性甚奇,嗜驴阳"。她的吃法更加骇人听闻,"使牡与牝交,俟其酣畅,使人亟以利刃断其茎,即自牝阴中抽出,烹而食之,谓其味嫩美无比"。当时的清河县令吴蓉知道后,"执而诛之"。

凌濛初《拍案惊奇》卷三十七讲到唐朝开元年间的屈突仲任,也是一个纯粹的虐食者。"假如取得生鳖,便将绳缚其四足,绷住在烈日中晒着,鳖口中渴甚,即将盐酒放在他头边,鳖只得吃了,然后将他烹起来。鳖是里边醉出来的,分外好吃。取驴缚于堂中,面前放下一缸灰水,驴四围多用火逼着,驴口干即饮灰水,须臾,屎溺齐来,把他肠胃中污秽多荡尽了。然后取酒调了椒盐各味,再复与他,他火逼不过,见了只是吃,性命未绝,外边皮肉已熟,里头调和也有了"。如此等等。后来,屈突仲任被捉去了阴曹地府,受到了应有的惩罚而幡然悔悟,所谓"放下屠刀立地成佛"。

种种可见,古人的价值观对虐食者也是极不认可的。如果说那还只是"不忍"的天性使然,在今天则是为生态伦理所不容。活吃动物,只应该是发生在动物之间的事;且作为自然法则,动物行为亦无虐之成分。虐食者真的是连动物还不如了。让动物有尊严地活着或死去,对我们很多人来说还是一个近乎空白的问题。每年广西玉林夏至民俗时搞的狗肉节,明明已是陋俗,但是因为反对的声浪不够,依然我行我素。只有"活烤小黄牛"这种实在做得过分了的,才千夫所指。国人待补的课真是太多太多。

2016 年 4 月 7 日

目有疾

近日,媒体再次曝出江苏南通大学附属医院、北京北医三院部分患者去年在医院因使用眼用全氟丙烷气体致盲,引发了舆论的持续关注。据人民网舆情监测室监测,截至4月15日,关于问题气体致盲一事,相关新闻报道有6646篇,论坛文章有1687篇,博客文章有2143篇,微信文章有3569篇。对于日益升温的舆论场,北医三院4月14日晚就事件作出正式回应,说已主动与所有使用该批次气体的59位患者取得联系,进行免费检查和治疗,其中45位患者出现不同程度的视网膜损伤。

眼睛像人体的其他部位一样,也会生病。古人没有今天这种因为使用问题气体治疗而导致的二次伤害,但眼睛尤其是读书人的眼睛出问题,也是常见现象。宋人葛立方《韵语阳秋》云,黄庭坚有"平生为目所苦,故和东坡诗有'请天还我读书眼,欲载轩辕乞鼎湖'之句"。又其《次韵元实病目》诗云:"道人常恨未灰心,儒士苦爱读书眼;要须玄览照镜空,莫作白鱼钻蠹简。"杨万里也有"病眼逢书不敢开,春泥谢客亦无来。更无短计销长日,且绕栏干一百回"句。如此等等,正如葛立方所言,"大抵书生牵于习气,不能割爱于书册,故为目害尤甚"。眼睛不好,都是看书看的,囊萤映雪那种极端用眼的就更不用说了。

《晋书·范汪传》载,范宁曾经因为眼睛痛而去找中书侍郎张湛,看看讲究养生的他有没有什么方子,张湛说有啊,"宋阳里子少得其术,以授鲁东门伯,鲁东门伯以授左丘明,遂世世相传。及汉杜子夏、郑康成、魏高堂隆、晋左太冲,凡此诸贤,并有目疾",都靠这个方子。什么方?"用损读书一,减思虑二,专内视三,简外观四,旦晚起五,夜早眠六。凡六物熬以神火,下以气簁,蕴于胸中七日,然后纳诸方寸。修之一时,近能数其目睫,远视尺捶之余。长服不已,洞见墙壁之外",不但能把眼睛治好,还能益寿延年呢。钱锺书先生《管锥编》指出,此语出自张湛《嘲范宁》文,并且诙谐地指出,以郑康成、左太冲与左丘明、杜子夏并举,当是瞽者、眇者、短视者、"患目疾"者,以终身残废与一时疾恙,泛滥牵连。因为郑玄、左思可能只是眼睛一时出了毛病,"载籍不言其盲"嘛,只是说左思"貌寝",长得太丑;而郑玄更是"秀眉明目",眼睛明亮得很。钱先生还说,"六物"中首举"损读书",终归"夜早眠",这就是"于学人之手不释卷、膏以继晷对症下药"。不过,温庭筠说了,"惠能不肯传心法,张湛徒劳与眼方",不读书又怎么行呢。杨延龄也说,他从小眼睛就有毛病,"遍求名方二十余年,略不少愈,因得张湛与范宁治目疾六物方,遂却去诸药不御",不知是开玩笑,还是真的就此放下书本了。

在读书人之外,眼睛有毛病可能会出事。比如《梦溪笔谈》里面的黄宗旦,晚年因为眼睛坏了,"每奏事,先具奏目,成诵于口,至上前展奏目诵之",其实根本啥也看不见。有同僚抓住了他的这一缺陷,"密以他书易其奏目",坏了他一把。结果黄宗旦不知道狸猫换了太子,"至上前所诵与奏目不同,归乃觉之"。他觉得事情不妙,"遂乞致仕"。眼睛都这样了还赖在官位上,也难怪同僚要出此下策。相形之下,一些眼睛有没毛病的实例,呈现出的则是难能可贵的一面。比如唐朝的宰相裴垍,"器局峻整,人不敢干以私"。有个老朋友老远找上门来,"垍资给优厚,从容款狎"。老朋友趁机求官,还点明要京兆判司那个位子,裴垍毫不客气地回答:"公不称此官,不敢以故人之私伤朝廷至公。他日有盲宰相怜公者,不妨得之,垍则必不可。"你就等着瞎了眼又可怜你的宰相吧,我这里可不行。

又比如《清稗类钞》载,明朝的郭都贤曾经荐举过洪承畴,洪承畴降清后来拜访他,郭都贤故意把眼睛眯了起来。洪承畴惊问:"君何时得目疾耶?"郭曰:"始吾识公时,目故有疾耳。"洪承畴默然无语。《履园丛话》中的沈百五也是这样,"曾遇洪承畴于客舍。是时洪年十二三,相貌不凡,沈以为非常人,见其穷困,延之至家,并延其父为西席,即课承畴。故承畴感德,尝呼沈为伯父"。后来两人关系亲密得很,在洪的举荐下,百五曾得崇祯召见,授户部山东清吏司郎中加光禄寺卿。但洪承畴"归顺本朝,百五独不肯,脱身走海,尚图结援,为大兵所获"。洪承畴前往劝降,百五故意装作不认识,曰:"吾眼已瞎,汝为谁?"洪承畴说:"小侄承畴也,伯父岂忘之耶?"百五大呼曰:"洪公受国厚恩,殉节久矣,尔何人,斯欲陷我于不义乎!"然后揪住洪承畴的衣襟,大扇他的耳光。被俘伊始的洪承畴的确摆出过殉节的样子,大肆谩骂前来劝降的范文程,但他终归剃发易服了。曾经的恩公要么以自己当初眼睛有病,要么以自己现在已经眼瞎来视之,而无任何攀龙附凤的私念,呈现出的无疑是一种气节。

自 2015 年 6 月起,媒体就已经首次曝光问题气体致盲,十个月过去了,直到现在被重新报道,始终没有看到相应部门对事故责任的主动反思,这种"致盲"是给社会造成种种严重危害的根本,在其他领域也是如此。悲观地看,尚未发现哪个领域是净土。

2016 年 4 月 16 日

"愤青"外交

今年第4期《同舟共进》杂志刊发了外交学院党委书记、常务副院长袁南生的文章,剖析中国千年外交与"愤青"现象。在袁先生看来,"愤青"虽然是在上世纪90年代中后期成为流行词的,但是中国外交史上的"愤青"现象已经延续了千年。

他对"愤青"的定义是:思想偏激、情绪化,有极端民族主义、民粹主义、沙文主义思想、言论和行动的青年。并归纳了几个共同特点:在心态问题上,一直处于优越高位,自己是"天朝大国";在名实问题上,重虚名,喜高调;在和战问题上,一味主战,谁主张和,谁就是卖国;在对外交往问题上,一味主张强硬,遇有谈判,不顾自身实力和对方诉求,视任何妥协为软弱;在人际关系上,自以为高人一等,标榜爱国,凭个人好恶画线,谁不与其站在一边,谁就是叛国贼;在思想方法上,超越实际,极端偏激,唯我正确,有浓厚"左"的色彩。

袁先生此论颇为有趣,趣在一语破的且雅俗共赏。当然了,"愤青"概念完全可以外延,拓展至黄发垂髫。

袁先生以南宋、明朝实例来支撑自己的论据。的确,灭亡了南宋的是大元,而对南宋予以重创的却是大金。当大金意识到刚刚崛起的蒙古汗国是主要危险的时候,曾经试图联合南宋。《金史·哀宗纪》载,天兴二年(1233),"大元使王楫谕宋还,宋以军护其行,青山招抚卢进得逻吏言以闻,上为之惧"。这年八月,借向南宋借粮之机,哀宗完颜守绪向使者阐明了自己的意图以及"国际"形势:"朕自即位以来,戒饬边将无犯南界。边臣有自请征讨者,未尝不切责之。向得宋一州,随即付与。近淮阴来归,彼多以金币为赎,朕若受财,是货之也,付之全城,秋毫无犯。清口临阵生获数千人,悉以资粮遣之。今乘我疲敝,据我寿州,诱我邓州,又攻我唐州,彼为谋亦浅矣。大元灭国四十,以及西夏,夏亡必及于我。我亡必乃于宋。唇亡齿寒,自然之理。若与我连和,所以为我者亦为彼也。"嘱使者"以此晓之"。但是,使者"至宋,宋不许",南宋的"愤青"就这样错失了联手的机会,后果亦正如哀宗预料:元先灭了金,再灭了南宋。

以今天的视野来看,无论是与南宋尖锐对立的金,还是与明朝尖锐对立的清,都属于"内政"问题,当年的所谓"外敌"今天都已是中华民族的一分子。因此,最能表现"愤青"外交的标本,当推我们的人在近代鸦片战争进程之中和之后的表现。在茅海建先生的著作《天朝的崩溃——鸦片战争再研究》中,我们可以明显地感受到这一点。该书运用大量第一手材料,包括典籍、奏章、公文、信札等,全面地再现了那场战争中双方各种力量的对比:武器装备、战略战术,高级官吏即将领的思维方式、行为习惯,等等,"专门分析中国人尤其是决策者们,究竟犯了什么错误以及如何犯错误的"。它使我们看到,在"天朝"这个腐败国家机器的塑造、监控之下,任何人的心态包括行动都不可能逾越出这个范畴,即使像林则徐、琦善这样一对貌似截然对立的人物,其一言一行也无不从衷心地效忠"天朝"的角度出发的。

《天朝的崩溃》开篇就是"由琦善卖国而想到的"。在我们的传统印象里,琦善乃彻头彻尾的卖国贼,但茅先生运用大量史实表明琦善"没有卖国的动机",其卖国说的根由在于:不主张用武力对抗的方式来制止英国的侵略,而企图用妥协的方式达到中英和解。近人的研究已经证明,琦善未与英方达成任何有关香港内容的条约或协定。但是在"愤青"的逻辑里,"妥协"即"投降","投降"即"卖国"。相形之下,林则徐的思想则被后人过度夸张了,他具有可贵且有限的开眼看世界的事实,但还不能推导出具有改革中国的思想。他之所以得到喝彩,并非其"知夷"或"制夷"的功夫,而是与"逆夷"不共戴天的态度。如此,"愤青"在鸦片战争问题上的逻辑就是:中国欲取得战争的胜利,只需罢免琦善及其同党、重用林则徐及其同志,不必触动中国的现状。而在茅先生看来,对于180年前的那段历史,我们反思得最少的是"中国人在这个过程中究竟犯了哪些错误"。"愤青"没有这般理性,他们的特点还可以加上一条:满足于虚幻的胜利。张集馨《道咸宦海见闻录》有件亲历之事。鸦片战争中其守漳城,手下人悄悄向他献计,说"现有咒蛊人,能咒牛皮,如芥子大,一入腹中立死,试之而验,思以中敌"。于是,他们把咒过的牛皮掺进面粉里,派一个机灵的士兵到泉州停泊的英军军舰处贩卖。面粉好,价钱又便宜,"夷人购数担去"。待那兵回来,咒蛊人开始"昼夜咒之",张集馨后来"买得广东新闻纸,云:夷酋白某,在厦门宴客中毒死;夷兵被毒死者几及百人,以粪汁救灌,得生者仅一二人。计其时日,恰在售面之后"。也就是说,张集馨不但相信,而且深信不疑。他在彼时还是一个难得头脑清醒的官员呢。

在今天的诸多涉外事件中,我们看到了更多"愤青"的影子,遇到争端,无视正常谈判,动辄摆出一副"煮熟的鸭子——肉烂嘴不烂"的架势。惟其如此,才令外交专业的袁先生感慨万千且忧心忡忡吧。

2016 年 4 月 24 日

结社

民政部民间组织管理局日前公布了第五批"山寨社团"名单,曝光总数累计到了427家。一如之前那些,不乏中国风水学会、中国互联网金融研究会、中国美术协会、中国教育改革促进会、中国新能源协会、中国民间摄影协会、中国冷菜协会等"国字号",拉大旗作虎皮。

按照辞书的定义,社团是各种群众性的组织的总称,由具有某些共同特征的人相聚而成的互益组织。结社,就是组织这个群体。这是如今。为什么叫社?社的内涵非常丰富,可以是土地神,也可以是祭祀土地神的场所。与社团发生关联,可能与社乃古代地区单位之一的概念有关。《管子》有"方六里,名之曰社",《左传》有"请致千社",杜预注曰:"二十五家为社。"社团的组成或没这么具体,但毕竟也是有"人数"的嘛。

晋朝已有结社,惠还的莲社,据信是佛教净土宗最初的结社。宋朝的结社已经相当发达,先以《宋史》为例分别来看一下。《孙觉传》载,孙觉"甫冠,从胡瑗受学。瑗之弟子千数,别其老成者为'经社'"。孙觉虽然年龄最小,"俨然居其间,众皆推服"。《薛颜传》载,"耀州豪姓李甲,结客数十人,号'没命社'。少不如意,则推一人以死斗之,积数年,为乡人患,莫敢发"。薛颜上任,"大索其党,会赦当免,特杖甲流海上,余悉籍于军"。《曾巩传》载:"章丘民聚党村落间,号'霸王社'。椎剽夺囚,无不如志。"曾巩知齐州,有一人自首,他"饮食冠裳之,假以骑从,辇所购金帛随之,夸徇四境",把别的也都给招降了。《石公弼传》载,石公弼知扬州,"扬州群不逞为侠于闾里,号'亡命社'。公弼取其魁桀痛治,社遂破散"。

在宋朝笔记中,如《武林旧事》《梦粱录》等,也有大量斯时所结之社的名称甚至代表人物,如杂剧人的绯绿社、蹴鞠人的齐云社、相扑人的角抵社、弓箭爱好者的锦标社、刺青爱好者的锦绣社、说书人的雄辩社、皮影人的绘革社、理发人的净发社、口技人的绿华社、魔术人的云机社,"文士有西湖诗社,武士有射弓蹋弩社",等等。《元史》中甚至还有"扁担社",见于《泰定帝纪》。云泰定二年(1325)"禁饥民结扁担社,伤人者杖一百"。由此来推断,唐玄宗、宋璟他们都好羯鼓,经常一起演奏、探讨,当时若有个"羯鼓社"也是不足为奇的。

历史上按"行业"来说结社最多的,可能还是诗社。唐许浑《送太昱禅师》云:"结社多高客,登坛尽小诗。"有人研究,两宋几乎所有的文学大家都参与或组织了诗社活动,宋代有诗社300多个。从北宋中期开始,文人结社似乎也已经成为一种生活常态,"交游尽诗社""诗社毕此生""诗社从今日月长"一类的句子,折射了这种比较突出的现象。元初则有宋遗民吴渭等结的月泉吟社,这是个遗民诗社,作品集《月泉吟社诗》是我国现存最早的一部诗社总集。清人杨凤苞云,明朝遗民诗社同样勃兴,"士之憔悴失职、高蹈而能文者,相率结为诗社,以抒写其旧国旧君之感。大江以南,无地无之"。因为太多,自顺治九年(1652)开始,还不断出现禁止文人结社的明令,本年禁令是这么说的:"生员不许纠党多人立盟结社,把持官府,武断乡曲,所作文字不许妄行刊刻,违者听提调官治罪。"但是,这里禁的是带有政治色彩的结社,以诗会友的那些并没有绝迹。《柳南续笔》所说的"虎丘社集"就发生在次年,"吴门宋既庭、章素文复举社事,飞笺订客,大会虎丘,而延太仓吴祭酒莅盟焉。时远近赴者,几至二千人。舳舻相接,飞觞赋时,歌舞达旦。翌日,各挟一小册,汇书籍贯、姓名、年庚而散"。这是规模相当之大的结社了。

在文学作品中,诗社更比较常见。《儒林外史》第十七回,景兰江与匡超人同行到杭州,下船遇到赵雪斋,景兰江就问:"这些时可有诗会么?"赵雪斋道:"怎么没有!前月中翰顾老先生来天竺进香,邀我们同到天竺做了一天的诗。通政范大人告假省墓,船只在这里住了一日,还约我们到船上拈题分韵,着实扰了他一天。"当然了,这些自诩所谓"西湖诗会名士"们的作品,在匡超人看来,"'且夫''尝谓'都写在内,其余也就是文章批语上采下来的几个字眼"。《红楼梦》大观园里的那些才女加上宝玉,也动辄结个诗社,本领比那些酸腐文人要高得多。第三十七回他们结的是海棠社,李纨当社长,大家对着两盆白海棠限韵吟诗。第七十回他们将海棠社易为桃花社,黛玉因为做了一首古风《桃花行》,因而被推为社主。黛玉才高八斗,一上任,要求大家先来"桃花诗一百韵",难度把宝钗都吓了一跳。

如今的社团,诗社仍然是一个目不暇接的品种,仿佛写诗是件无比容易的事。但从民政部曝光的名单看,也"回复"到了从前的五花八门。所以名之"山寨",在于它们往往在登记条件宽松的国家和地区进行注册,冠以"中华""全国"一类字样,与国内合法登记的全国性社团名称相近甚至相同,然后扮演"霸王社"一类的角色。其结社的目的就是想方设法行敛财之能事。这种结社如果有文化传承关系的话,算是亵渎了祖宗的这一遗产。

2016 年 4 月 30 日

同性恋

5月3日,美国驻沪总领事馆官方更新微博称:"是时候与大家分享个好消息啦。"这个好消息是:正在美国度假的史墨客总领事与多年来的伴侣吕英宗先生在旧金山正式成婚了!他们眼里的好消息,在我们这里看来还是不可思议之事,虽然我们这里的同性恋历史已经相当悠久。只不过,有"同性恋"其实而无其名,全是隐语类的"代称",龙阳之好、断袖之癖、分桃、玻璃,甚至兔子等等。李安电影有《断背山》,"断背"更众所周知了。

每一个代称,自然都有其来历。"龙阳之好"出自《战国策·魏策》。"魏王与龙阳君共船而钓",后者钓到十来条忽然哭了,魏王赶快问是怎么回事,他说就因为钓到了这些鱼,开始的时候很高兴,"后得又益大,今臣直欲弃臣前之所得矣",开始喜新厌旧。这是铺垫,龙阳君接着道出的是自己的担心:现在我"得为王拂枕席",也就是与魏王共卧起,大家都趋附我,走在路上人家给我让道,可是"四海之内美人亦甚多矣,闻臣之得幸于王也,必褰裳而趋王"。这个时候,我就会像前面钓到的鱼,该被抛弃了,想到这些,"臣安能无涕出乎?"魏王于是布令于四境之内曰:"有敢言美人者族。"

"断袖之癖"出自《汉书·佞幸传》。说"为人美丽自喜"的董贤被哀帝看上,拜为黄门郎不算,还"旬月间赏赐累巨万",董贤因而贵震朝廷,"常与上卧起"。有一天两人昼寝,董贤身体压到了哀帝的衣袖,"上欲起,贤未觉,不欲动贤,乃断袖而起"。

"分桃"出自《韩非子·说难》。说弥子瑕与卫灵公游果园,"食桃而甘,不尽,以其半啖君"。灵公毫不嫌弃,反而说弥子瑕这是爱我,"忘其口味,以啖寡人"。不过,等到弥子瑕"色衰爱弛,得罪于君"时,灵公又说了,这家伙"尝啖我以余桃",把吃剩的东西让我吃,罪不容恕。

以上发生在帝王级的人物中间,其他阶层呢?《宋书·五行志》有这么一段,说的是西晋,"自咸宁、太康以后,男宠大兴,甚于女色,士大夫莫不尚之,天下咸相放效,或有至夫妇离绝,怨旷妒忌者"。这里"莫不尚之""咸相放效"可能夸张,但也足以表明同性恋在当时是比较普遍的一个现象。

南宋周密《癸辛杂识》里的看法,大抵代表了前人对同性恋的态度。其"禁男娼"云,"书传所载龙阳君、弥子瑕之事甚丑,至汉则有籍孺、闳孺、邓通、韩嫣、董贤之徒,至于傅脂粉以为媚",史臣对此评论曰:"柔曼之倾国,非独女德。"把董贤他们与杨贵妃她们同等看待。又"闻东都盛时,无赖男子亦用此以图衣食",因此宋徽宗时,"始立法告捕,男子为娼者杖一百,赏钱五十贯"。在周密看来,"吴俗此风尤盛,新门外乃其巢穴。皆傅脂粉,盛装饰,善针指,呼谓亦如妇人,以之求食"。后果如何呢?"败坏风俗,莫甚于此",一锤定音!

袁枚《子不语》"双花庙"条描写的是同性恋人如何相恋。"雍正间,桂林蔡秀才,年少美风姿。春日戏场观戏,觉旁有摩其臀者,大怒,将骂而殴之。回面,则其人亦少年,貌更美于己,意乃释然,转以手摸其阴。其人喜出望外,重整衣冠向前揖道姓名,亦桂林富家子,读书而未入泮者也。两人遂携手行赴杏花村馆,燕饮盟誓。此后出必同车,坐必同席,彼此熏香剃面"。然而,"城中恶棍王秃儿伺于无人之处,将强奸焉。二人不可,遂杀之"。事发,二人伏法。因为"两少年者平时恂恂,文理通顺,邑人怜之,为立庙,每祀必供杏花一枝,号'双花庙'"。数年后,到任的邑令刘大胡子怒曰:"此淫祠也,两恶少年,何祀之为?"命里保毁之。但当天夜里,刘即梦见两人"一捽其胡,一唾其面",骂曰:"汝何由知我为恶少年乎?汝父母官,非吾奴婢,能知我二人枕被间事乎?当日三国时,周瑜、孙策俱以美少年交好同寝宿,彼盖世英雄,汝亦以为恶少年乎?"然后揭发他作令以来,"某事受枉法赃若干,某年枉杀周贡生某",很快就会恶有恶报。未几,刘果"以赃事被参,竟伏绞罪"。这故事固然有荒诞成分,但已有为同性恋辩解的趋向,只是说周瑜等人也是同性恋,未免误解。

《三国演义》"蒋干盗书"一段写道,群英会后,"瑜曰:'久不与子翼同榻,今宵抵足而眠。'于是佯作大醉之状,携干入帐共寝"。指周瑜同性恋,显然是指这种行为了。然古人动辄同榻而卧、抵足而眠,形容双方情谊深厚,至少是作出这种姿态。倘若这就算数的话,古代的同性恋可要车载斗量了。仍以《三国演义》而言,第二十九回,周瑜向孙权推荐鲁肃,孙权甚敬鲁肃,"与之谈论,终日不倦。一日,众官皆散,权留鲁肃共饮,至晚同榻抵足而卧"。又《三国志·蜀书》裴松之注,博学多才的刘巴归附刘备,"张飞尝就巴宿,巴不与语,飞遂忿恚"。孙权、鲁肃、张飞,可不都要算上?诸葛亮后来对刘巴说:"张飞虽实武人,敬慕足下。"这才应该是"同寝"的本意。

同性恋作为性取向之一,是人类多元化发展的一种具体表现。历史悠久的同性恋直到今天也还不为世人所普遍接受,但理解他们、承认他们,也是大势所趋。

2016 年 5 月 5 日

斗笠

浏览新闻得知,越南的斗笠已经被联合国教科文组织列入世界非物质文化遗产。据说,斗笠在他们那里历史悠久,早在2500～3000年前已经刻在了玉缕铜鼓以及陶盛铜缸上。当然,斗笠在我们这里历史同样悠久,但给越南占了先,不知道是我们没意识到申遗,还是好东西太多,不屑于此。

越南女子喜欢戴斗笠,我们在影像中都见得多。笔者童年时越南还在跟美国打仗,因为我们支持越南,所以出版了不少越南抗击侵略的小人书。印象中,画面上不管是上了年纪的老奶奶,还是年纪轻轻的姑娘,头上往往都戴着一顶斗笠。后来看陈英雄他们的电影,《青木瓜之味》《三轮车夫》等,更坐实了这一点,还要加上传统的服饰"奥黛"。美国电影《现代启示录》也有个镜头:一名女子左手用斗笠作掩护,一路挤到正在准备起飞的美军直升机前,右手将手榴弹丢进机舱,炸毁了直升机。

我们的斗笠在功能方面和越南的无甚二致,既用于遮阳也用于挡雨。越南斗笠是以竹子作为骨架,再缠上棕榈和葵丝编成,我们的一般用竹篾、箬叶或棕皮等。归根到底,双方都属于就地取材。东晋周处《风土记》载:"越俗性率朴,初与人交有礼,封土坛,祭以犬鸡,祝曰:'卿虽乘车我戴笠,后日相逢下车揖;我步行,君乘马,他日相逢君当下。'"这几句民谣是说,友谊的保持,不该因地位变化而变化。戴笠、乘车,一个比喻贫贱,一个比喻富贵。众所周知,原来国民党军统头子就叫戴笠。沈醉在《我所知道的戴笠》中说,有一年圣诞节晚会,戴笠请了许多留过学的朋友和眷属帮助筹备,"到半夜休息时,女客人中有人称赞他的名字取得太好。他非常得意地说'这是古人代他取的',并逼问在座客人,看到过有关他名字来源的书没有"。然后戴笠翻出书来,念的就是这首民谣。

周处所说的越俗,不知是何时的"越"。《国语·越语》里,越王勾践败退于会稽之上,宣示三军:"凡我父兄昆弟及国子姓,有能助寡人谋而退吴者,吾与之共知越国之政。"大夫种因此给他讲道理,商人往往夏天要储备皮货,冬天要储备细葛布;旱时要准备舟船,涝时要准备车辆,以备不时之需。培养文臣武将也是这样,不能因为暂时没有敌国入侵的忧虑就掉以轻心,"譬如蓑笠,时雨既至必求之"。现在这样做有点儿晚了,给人家赶到这步了,"然后乃求谋臣"。勾践很会说话:"苟得闻子大夫之言,何后之有?"只要先生你开口,就不叫晚。当然我们都知道,勾践灭吴之后,也灭了大夫种本人。如范蠡所言,勾践这个越人,"可与共患难,不可与共乐"。这种情形与民谣所言,便截然相反。

元稹在《酬东川李相公十六韵启》序中,不知为何把"越"换成了"楚",说"昔楚人始交,必有乘车戴笠不忘相揖之誓,诚以为贵富不相忘之难也,况贵贱之隔不啻于车笠之相悬"。但是同样如我们所看到,无论"越"还是"楚",说归说,做归做,"楚"俗的结局与"越"俗完全一样。《史记·陈涉世家》载,陈胜"少时,尝与人佣耕,辍耕之垄上,怅恨久之",道出那句著名的"苟富贵,无相忘",实际上是越俗民谣的浓缩版。然而"他日相逢"呢?"其故人尝与庸耕者"知道陈胜当王了,来叙旧了,为"陈王斩之",理由是"客愚无知,颛妄言,轻威"。然而,陈胜称王的时候,政权不是"号为张楚"吗?不是视楚国为正宗吗?

大夫种所说的蓑笠,一般来说是标准的渔家装束,所谓"笠冠簑袂"。《红楼梦》第四十五回,贾宝玉因为"头上带着大箬笠,身上披着蓑衣"来到潇湘馆,林黛玉就笑他是"哪里来的渔翁!"当然,贾府的茄子不是刘姥姥家的茄子,笠冠簑袂也是这样。"黛玉又看那蓑衣斗笠不是寻常市卖的,十分细致轻巧",便问宝玉"是什么草编的?怪道穿上不像那刺猬似的"。宝玉告诉她,是北静王送的,"你喜欢这个,我也弄一套来送你。别的都罢了,惟有这斗笠有趣,竟是活的。上头的这顶儿是活的,冬天下雪,带上帽子,就把竹信子抽了,去下顶子来,只剩了这圈子。下雪时男女都戴得,我送你一顶,冬天下雪戴"。给宝玉这样一描述,他这顶斗笠简直就是寻常觅不得的工艺品了。

越南的斗笠是圆锥形,我们的一般是圆的,就像电影《刘三姐》里刘三姐戴的那种。《世说新语》又提供了一种,说谢灵运"好戴曲笠",也就是笠上有柄,由而后垂。因为像大官外出时仪仗用的曲柄伞的形状,所以隐士孔淳之说谢灵运会装,表面上戴顶斗笠,好像要当个平头百姓的样子,实际上潜意识里还是忘不了荣华富贵。但谢灵运反唇相讥了一句:"将不畏影者未能忘怀!"他借用的是《庄子》的寓言:一个人害怕自己的影子,想甩开它,就拼命逃跑,可是影子始终跟着,结果气绝身死。那么,谢灵运等于在说,畏影者心里才有影,不想富贵,就不怕富贵的影子,你孔隐士讲这话,正代表自己不能忘怀于富贵。

"万事倏忽如疾风,莫以乘车轻戴笠。"(宋孔平仲句)斗笠,这种直观看去属于遮阳挡雨的工具,以其根植于所在的文化土壤,就是这样不可避免地承载了丰富的文化内涵。

2016 年 5 月 11 日

名家就好

《战国策·燕策》里有个"马价十倍"的故事。说"人有卖骏马者,比三旦立市,人莫知之",站了三天,连搭话的人都没有,因为都不识货。于是,他就去找伯乐,把自己的遭遇讲了,希望伯乐能来转转,"愿子还而视之,去而顾之",就是绕着他的马看看,走的时候再回回头,然后他愿意"请献一朝之贾",出大价钱。伯乐还真去了,也真的做出恋恋不舍的样子,结果"一旦而马价十倍"。伯乐,众所周知善于相马。韩愈说:"世有伯乐,然后有千里马。千里马常有,而伯乐不常有。"前一句的逻辑虽不大通,但那篇《马说》足以发人深省,应该是他感慨万千的宣泄。

"马价十倍"有个前提,即所卖的确实是"骏马",如假包换的千里马,大家是真的"有眼无珠"。那么,这个故事所要表达的未必就是一些人所认为的盲从,盲从名家。不过我们也必须承认,现实中也的确存在这样一种情况:名家说好就好、名家说好才好。另外还有一种,只要是名家的东西就好、才好,所以免不了像族谱一样进行攀附,佚名的、无名的,"挂靠"到某个名人头上。不妨来看若干实例。

《封氏闻见记》载,萧诚擅长书法,李邕"恒自书言别书",擅长鉴别。但"萧有所书,将谓称意,以呈李邕,邕辄不许",横竖看不上他的字。萧诚"遂假作古帖数幅,朝夕把玩,令其故暗,见者皆以为数百年书也",然后告诉李邕:"有右军真迹,宝之已久,欲呈大匠。"李欣然愿见。萧诚来了个欲擒故纵,"迟回旬日,未肯出也"。等李邕着急了,才拿出来,"李寻绎久之,不疑其诈,云是真物,平生未见,在座者咸以为然"。过几天,一个宾客云集的场合,萧诚对李邕亮了底牌:"公常不许诚书,昨所呈数纸,幼时书,何故呼为真迹?鉴将何在?"李邕愣住了,说你再拿来看看。"及见,略开视,置床上曰:'子细看之,亦未能好。'"李邕在这里当然耍了无赖,但说明他这个名家也落了"唯名家"的窠臼。

在兰亭雅集上,王羲之留下了名垂千古的《兰亭序》,序的是什么呢?在"曲水流觞"现场那些诗所结的集。当时在场的40多人中,有26人即席赋诗,包括王羲之在内的11人还都写了两首,要么四言要么五言,诗集反而被序文及书法夺去了光芒就是。显而易见,如果不了解诗集里的作品,就不能准确地理解《兰亭序》所表达的文字,而唐代一位佚名人士正誊录了一卷《兰亭诗并后序》。不过,明朝有人在后面伪造了一段宋代黄伯思的题跋,云"此卷唐谏议大夫柳公权书,故自不凡,当为希世珍藏也"。把佚名人士的书法,托名为柳公权的;而后来的人包括乾隆皇帝在内,也乐得认定就是"柳公权书"了。

将佚名作品如此"挂靠",大约是从古代起中国某些古董商或书画收藏家的一个传统。鉴定大家徐邦达先生曾经指出,宋朝已有"马皆韩幹牛戴嵩"之说。韩幹、戴嵩都是唐朝画家,分别以画马、画牛而闻名。台湾故宫博物院藏有韩幹《牧马图》,他们还发行过邮票,可以一睹韩马风采。苏轼诗云:"韩生画马真是马,苏子作诗如见画。世无伯乐亦无韩,此诗此画谁当看?"黄庭坚诗云："韩生画肥马,立仗有辉光。戴老作瘦牛,平田千顷荒。觳觫告主人,实已尽筋力。乞我一牧童,林间听横笛。"二人对韩马、戴牛俱推崇有加,"马皆韩幹牛戴嵩"的现象就不是一种偶然。在兰亭问题上,书法固托名柳公权,绘画也没有例外。宋元以来以兰亭雅集为题材的绘画创作,大多托名北宋画家李公麟,显见李氏乃"宋画第一人"之故。

　　唐朝殷仲容也是个有名的书法家,颜真卿说他"以能书为天下所宗,人造请者笺盈几"。殷仲容忙不过来,就要外甥颜元孙给他代笔。颜元孙"少孤",就在殷仲容家长大,耳濡目染,"尤善草隶"。对颜元孙的代笔,"得者欣然",因为大家奔着殷仲容去的,虽然狸猫换了太子,但是"莫之能辨"嘛。有意思的是,殷仲容没有明确题名的书法作品传世,倒是颜元孙有一部《干禄字书》,由侄子颜真卿书写并勒石,成为唐代正字学的一项成果,在汉字改革史上有着积极影响。

　　还有一种是代笔作画。《清稗类钞》云,钱塘布衣周乾"私仿奚铁生画",甚至连奚氏本人见了也辨不出真假。他问周乾画得这么好,"何不自署款?"周乾毫不隐讳:"署丈名,多得钱。"奚铁生即奚冈,著名的"西泠八家"之一,"性高而僻。尝自定润格,榜于门,索画者如其价,以金及绢素投之,为籍记次岁月先后以为之。求者益众,积三五年不画,亦不启缄也"。和殷仲容的情况一样,让那些并非名家的民间高手有了用武之地。《养吉斋丛录》讲到郑板桥也有过如此待遇,他不是"工画兰竹,字亦有别趣"吗?当潍县县令的时候,"潍有木工某能效其书画,佳者几乱真。今人家所藏,赝者十九"。

　　名家就好,今天亦然。所以范曾先生的"流水线"作画,披露归披露,还是大有市场。若干名人为一些书籍站台,导致"腰封"

成了"妖封",站台甚者成了"妖封小王子"。种种怪相,该是文化传统的余绪吧。

2016 年 5 月 15 日

小满

昨天是小满。二十四节气的众多名称大多顾名思义,知其名往往便知其实,但"小满"听上去却多少有些费解,因为它既不直接表示季节的更替,也不表示气候的冷热变化。并且,像"暑""雪""寒"都有"小大"之分,"满"却只有"小"而没有"大"。种种因素叠加,"小满"颇有些特立独行的意味。

《月令七十二候集解》释云:"小满者,物致于此小得盈满。"什么"物"呢?麦类等夏熟作物。因为到了四月中这个时候,小麦等作物灌浆、乳熟,籽粒开始饱满,但还没有到完全成熟的状态。所以,小满的"特性"在于它是一个反应物候的节令。像二十四节气的其他节气一样,小满也有三候:小满之日苦菜秀(一候),又五日靡草死(二候),又五日麦秋至(三候)。前人把五天称为"一候",候温法,现代仍然沿用。举例来说,候(即五天)平均气温小于10℃就意味着到了冬季,候平均气温大于22℃是为夏季,候平均气温在10℃~22℃之间是为春秋季。

小满这三候的内涵是什么呢?先看苦菜秀,说的是小满这天要吃苦菜。至少西周就有了这种习俗,虽然那时"小满"名称本身可能尚未问世。俗话有云:"春风吹,苦菜长,荒滩野地是粮仓。"一种说法是,《诗经·唐风·采苓》中的"采苦采苦,首阳之下",

就是指采苦菜。苦菜是国人最早食用的野菜之一。再看靡草死。《礼记·月令》云："(孟夏之月)靡草死,麦秋至。"孔颖达疏曰："以其枝叶靡细,故云靡草。"靡草为至阴之所生,因而不胜至阳而死。小满之后,阳气上升,所以靡草本年的生命便结束了。再看麦秋至。麦秋,别当初秋天,实际上是初夏。这是因为百谷"各以其初生为春,熟为秋,故麦以孟夏为秋"。关于小满三候的解释,郎锳《七修类稿》里引经据典得更多。

顾禄《清嘉录》有"小满动三车"条,说的是清代吴地民俗,小满时节,"三车"必然齐动。所谓三车,即缫丝车、榨油车、汲水车。首先,"蚕妇煮茧,治车缫丝,昼夜操作"。其次,"郊外菜花,至是亦皆结实,取其子,至车坊磨油,以俟估客贩卖"。第三,"插秧之人,又各带土分科。设遇梅雨泛滥,则集桔槔(原始的汲水工具)以救之。旱则用连车递引溪河之水,传戽入田,谓之踏水车"。关于踏水车,顾禄同时收录了蒋士焜的《南园戽水谣》,可见其艰辛程度:"日脚杲杲晒平地,东家插秧西家莳。养苗蓄水水易干,农夫踏车声如沸。车轴欲折心摇摇,脚跟皲裂皮肤焦。隄水如汗汗如雨,中田依旧成槁土。农夫尔弗忧,天心或怜汝。尔不见,南门已阛铁冶闭,即看好雨西畴至。"同样,缫丝、榨油,也轻松不到哪里去。比如缫丝,"茧丝既出,各负至城,卖与郡城隍庙前之收丝客。每岁四月始聚市,至晚蚕成而散,谓之卖新丝"。蔡云《吴歈》歌云:"蚕家多半太湖浜,浮店收丝只趁新。城里那知蚕妇苦,载钱眼热卖丝人。"

除了"小满动三车",《清嘉录》转引《震泽志》又说到了"小满见三新"。哪三新呢?"摘菜薹以为蔬,舂菜籽以为油,斫菜萁以为薪,磨麦穗以为面,杂以蚕豆,名曰'春熟'"。那么,三新就是菜薹、菜籽、麦穗了,饭菜与油齐备。如今一些地方,三新乃樱桃、黄瓜、大麦仁，想必有其另一来路吧。欧阳修《归田园四时乐春夏》把小满时节描绘得诗情画意，"南风原头吹百草，草木丛深茅舍小。麦穗初齐稚子娇，桑叶正肥蚕食饱。老翁但喜岁年熟，饷妇安知时节好。野棠梨密啼晚莺，海石榴红唤山鸟"云云，鲁迅先生《风波》里的描写大概针对于此：村民们要吃晚饭了，"河里驶过文人的酒船，文豪见了，大发诗兴，说，'无思无虑，这真是田家乐呵！'"接着笔锋一转，"文豪的话有些不合事实"。

《南齐书·武帝纪》载，齐武帝萧赜永明元年（483）诏曰："宋德将季，风轨陵迟，列宰庶邦，弥失其序，迁谢遄速，公私凋弊。泰运初基，草昧惟始，思述先范，永隆治根。莅民之职，一以小满为限。其有声绩克举，厚加甄异；理务无庸，随时代黜。"这个"小满"指什么呢？《资治通鉴》给出了答案："宋末，以治民之官六年过久，乃以三年为断，谓之小满；而迁换去来，又不能依三年之制。"三月，癸丑，诏："自今一以小满为限。"这就是说，南齐总结前朝覆亡的教训，归结为地方官员的任期太长，因而规定任期以三年为限。彼时自然有彼时的考虑，但今天的情形表明，任期越短可能越不是什么好事。

今天大抵是以五年为一任期，较之南朝宋的"过久"短，较之南朝齐的"小满"长，算是无意中来了个折中，但是照样有"公私凋弊"，突出表现为催生"政绩工程"。早几年广东省委全会提醒各级官员要有"功成不必在我任期"的理念和境界，然见诸现实，"一任领导一套规划"的现象早就见怪不怪且有前赴后继之势，他们要么秉承的是"新官不理旧事"，要么是担心自己被认为没思路没魄力，政策是不是"翻烧饼"，产业是不是"走马灯"，就管不了那么多了。总之，为了在自己的任期内出政绩，千方百计要自己另搞一套。

2016年5月21日

龙舟

端午临近的缘故,从一大早开始,窗外就不断传来擂鼓声和鞭炮声。该是附近的村民在练习龙舟,准备参加竞渡吧。说是村民已经不够准确,我所居住的广州大塘这一带早已没了耕地,好多村民在如今被称为"城中村"的所在建了自家的小楼,楼下无一例外地开了小工厂,从事制衣或制衣上下游产业。从老照片来看,上世纪80年代初,船还是这里的主要交通工具,交公粮、卖水果、上医院,莫不划船。现在也保留了若干河涌,水质却黑臭得不行,"人闻之捂鼻而过"。沾了前几年人工开挖的海珠湖的光,旁边的河道算是有些旧时风貌,划龙舟的传统习俗也因之有了去处。

端午竞渡,南朝梁宗懔《荆楚岁时记》已有记载,那是我国最早记录楚地岁时节令、风物故事之作。农历五月初五,"四民并蹋百草,又有斗百草之戏"之余,"是日竞渡"。因为这天"俗为屈原投汨罗日,伤其死,故命舟楫以拯之。舸舟取其轻利,谓之飞凫,一自以为水军,一自以为水马。州将及土人悉临水而观之"。与此同时,该书也承认,"东吴之俗,(竞渡)事在(伍)子胥,不关屈平也"。表明争抢文化源头,我们也是有相关基因的,但今人排他的决绝态度显然没有古人来得坦诚。南朝梁的另一部《续齐谐记》说,"屈原五月五日投汨罗水,楚人哀之,至此日,以竹筒子贮米投水以祭之",这属于粽子来由的范畴。

端午龙舟竞渡,至少在唐朝出现了。生于玄宗年间的张建封写过一首《竞渡歌》,开篇即"五月五日天晴明,杨花绕江啼晓莺。使君未出郡斋外,江上早闻齐和声",百姓早早地等候在现场。竞渡开始后,"鼓声三下红旗开,两龙跃出浮水来。棹影斡波飞万剑,鼓声劈浪鸣千雷。鼓声渐急标将近,两龙望标目如瞬。坡上人呼霹雳惊,竿头彩挂虹蜺晕"。看到这几句,很容易想到电影《边城》里的赛龙舟场面,像是为之诠释。这个"标",就是在水面终点插的标记,往往是一根长竿,竿上缠锦挂彩,以其鲜艳,呼为"锦标",谁先夺标谁就赢了,竞渡因而又称"争标"。

在我们的传统文化中,皇帝很早就把"龙"给垄断了去,穿的叫龙袍,坐的叫龙椅,乘的船自然要叫龙舟。所以,文天祥的"去年今日遁崖山,望见龙舟咫尺间",望的就不是端午竞渡的那种,而是后来被陆秀夫背着跳海的小皇帝的栖息之所。《东京梦华录》介绍过徽宗时的这种龙舟,"约长三四十丈,阔三四丈,头尾鳞鬣,皆雕镂金饰,蜾板皆退光,两边列十子,充分歇泊中,设御座龙水屏风"。蔡絛《铁围山丛谈》另有补充,说太宗时"龙舟甚大",但哲宗时"诏名匠杨谈者新作"的龙舟更大,"独铁费十八万斤,他物略称是"。蔡絛还津津乐道地讲了他爸爸蔡京的一次龙舟历险。那是新龙舟造成时,大家都上去开眼界,"龙舟既就岸,于是侍臣以次登舟",到蔡京了,"龙舟忽远开去,势大且不可回",结果一下子掉水里了。就在"万众喧骇,仓卒召善泅水者"之际,蔡京自己浮出来了,"得浮木而凭之矣,宛若神助"。看起来历史上被视为奸臣的蔡京,不仅书法了得,游泳也相当不错。

宋朝的划龙舟颇有些怪异。先将龙舟区分大小,小龙舟才参与竞渡;并且,竞渡不关屈原的事。首先,时间上不对。《东京梦华录》说是在"清明节"时,《武林旧事》说是在"禁烟"时,禁烟指寒食节,清明之前三天。其次,目的更在于当作军事体育活动,但形式、过程又都差不多。《东京梦华录》对小龙舟以及虎头船、飞鱼船、鳅鱼船等如何"争标"有比较详尽的描写。《武林旧事》有"西湖游幸"条,孝宗也是"游幸湖山,御大龙舟",观看十余条小龙舟竞渡争标。"京尹为立赏格"之外,"内珰贵客,赏犒无算。都人士女,两堤骈集,几于无置足地。水面画楫,栉比如鱼鳞,亦无行舟之路,歌欢箫鼓之声,振动远近"。

端午扒龙舟,是广东的一项传承不衰的民俗。番禺何柳堂先生早年创作的广东音乐代表作《赛龙夺锦》,表现的就是龙舟竞渡的盛况。2010年广州亚运会开幕式上,第一棒火炬手吴国冲便是来自佛山九江龙舟队的舵手。清初屈大均《广东新语》已经提到龙江"岁五六月斗龙船"。届时,"约自某所起至某所止,乃立竿中流以为界。船从竿左右斗,不得逾界。先期定其敌,两龙船为一偶,大小长短相若"。那个时候的规则有些意思:两船相斗,赢了的,"一标书胜字与之";输了的,"又与他船斗,或胜,则亦得一胜标"。但这天三连胜的,"为初场最"。次日,三连胜者之间相斗,再连胜二次的,"则得一五胜之标,是为二场最"。第三天,五连胜的再跟五连胜的斗,"其一得全胜者,是为三场最"。这回赢了的,"主者与以状头标,张伎乐,簪花挂红,为四六庄语送之还埠",埠就是龙舟出发的地方。全胜而还,"则广召亲朋燕饮,其埠必年丰人乐,贸易以饶"。这些规则和习俗,今天变迁了与否?

"吾今细观竞渡儿,何殊当路权相持。不思得岸各休去,会到摧车折楫时。"把读者情绪调动起来了的张建封,忽然笔锋一转,从龙舟竞渡转去了官场,想到了朋党之争的互不相让。这个思维跳度太大,且有些败兴,但有没有道理自然见仁见智了。

2016年6月5日

画家

端午期间重游了一次广州市海珠区的文化名村小洲。

该村始建于元末明初,是广州城区内发现的最具岭南水乡特色的古村寨,已被列为广州市首批16个历史文化保护区之一,并被评为广东省生态示范村。这都是村口的一块块牌子广而告之的。但许多人都知道,小洲以"画家村"而知名,当代岭南画派杰出代表关山月、黎雄才等著名画家为小洲村的首批"艺术移民";此后,陆续有大批画家入驻,艺术活动频繁,营造出了浓厚的艺术氛围。现在,这里利用广州南沙港快速路高架桥桥底空间,建设了以原创艺术工作室为主体,同时拥有大型展厅、艺术品市场、艺术沙龙和休闲场所的综合性艺术区。

对于一幅绘画作品的评价,像我这种门外汉往往以"像不像"来作为尺度。丰子恺先生说,如达·芬奇《最后的晚餐》那些画,即便不了解绘画技术"有力""优美""神秘"的,因为"一般人都懂得,都有兴味",也就会"都怀有好感";印象派则不同,"技术深进的结果是忽视题材,于是不理解技术的一般人要从其画中探求一点题材的美,而了无可得"。丰先生的这番话,解释了普通观众对绘画"像不像"的感觉实际上出于一种本能。而历来那些画得像的,也确为"凡夫俗子"所津津乐道。

《太平广记·画》"徐邈"条云,曹魏时的徐邈"性嗜酒,善画"。魏明帝游洛水见到白獭,非常喜欢,但捉不到。这时徐邈说话了,白獭喜欢吃鲻鱼,看到这种鱼会连性命都不顾。说罢自己架起画板画了条鲻鱼放在岸边,结果"群獭竞来,一时执得"。明帝赞叹不已:"卿画何其神也。"又"张僧繇"条云,"润州兴国寺苦鸠鸽栖梁上,秽污尊容,僧繇乃东壁上画一鹰,西壁上画一鹞,皆侧首向檐外看。自是鸠鸽等不复敢来"。又"刘杀鬼"条云,杀鬼"画斗雀于壁间,帝见之,以为生,拂之方觉"。又"厉归真"条云,归真"曾游洪州信果观。见三官殿内功德塑像,是玄宗时夹纻,制作甚妙。多被雀鸽粪秽其上。归真遂于殿壁画一鹞,笔迹奇绝。自此雀鸽无复栖止此殿"。如此等等,都是画得极"像"的一类,钱锺书先生概括得最精辟:"不特似真逼真,抑且乱真夺真。"

与之相映成趣的,是"不像"的一类受到讥讽。如明朝江盈科《谐史》所云"一丹青家以写真为业,然其术不工",有天他画自己的亲哥哥,"自谓逼真,悬之通衢",当作广告。结果邻居们见了,争相问曰:"此伊谁像?"没有一个认出画中人是他哥哥的。有人题诗嘲笑他:"不会传真莫作真,写兄端不似兄形。自家骨肉尚如此,何况区区陌路人!"

在文人墨客笔下,钱氏"四真"有了更文学化的表述。江西第一位状元、唐朝王季友《观于舍人壁画山水》有"独坐长松是阿谁,再三招手起来迟。于公大笑向予说,小弟丹青能尔为"。杜甫《画鹘行》,有"高堂见生鹘,飒爽动秋骨。初惊无拘挛,何得立突兀。乃知画师妙,功刮造化窟。写作神骏姿,充君眼中物"。黄庭坚《题郑防画夹》其一,有"惠崇烟雨归雁,坐我潇湘洞庭。欲唤扁舟归去,故人言是丹青"。显而易见,大家都是在赞许画家的技艺太高,画出来的东西让人以为是真实情景。

在"像不像"之外,我们还可以看到不少有趣的画家,举《清稗类钞》为例。

嘉庆时的侯云松,"求者麇集,户限为穿",索画的太多,受不了,就作了两阕词贴在门上。其一:"书画词章三绝技,此语最难消受。况八十龙钟衰朽,终日涂鸦涂不了,惯直从辰巳交申酉。问所得,几曾有?尤多亲友之亲友,贴签条某翁某老,不知谁某。"其二:"润笔由来久,古之人一丝一缣,不嫌情厚。翰墨生涯论价值,不出板桥窠臼,于廉惠何伤之有!风雅钱仍风雅用,向荒园老屋添花柳。五簋约,谦良友,漫嗤自享千金帚。"妙句迭出不假,但不知索画的那些人能不能读得懂。而他在润笔方面所钦羡的郑板桥,就远远没有他这么含蓄,完全直截了当,明码标价:"大幅六两,中幅四两,小幅二两,书条对联一两,扇子、斗方五钱。"而且特别点明,"凡送礼物食物,不如白银为妙",因为"公之所送,未必即弟之所好也。若送现银,则心中喜悦,书画皆佳。礼物既属纠缠,赊欠尤恐赖帐,年老神倦,不能陪诸君子作无益语言也"。板桥又诗云:"画竹多于卖竹钱,纸高六尺价三千。任渠话旧论交接,只当春风过耳边。"《郑板桥集》中"板桥润格"条与此稍有出入:"画竹多于买竹钱,纸高六尺价三千。任渠话旧论交接,只当秋风过耳边。"卖为买,春风为秋风。把这些意思归结到一起,就是谁都甭套近乎,废话也少说,一手交钱一手交画完事。还有个叫程水南的更逗,他是"善书法,好作画",但人家求他的书法,他给人家画;"求画,则以书应";两样都求呢,"则与庄坐讲《毛诗》《庄子》数则",啥也不给。如今的画家,像这几位这么有趣的恐怕没几个。

小洲以古村、画家村而闻名,然而殊为可惜的是,与我前几年来那趟相比,其外貌已经基本上不见"古风"。本埠媒体前年的报道就说,近八成传统民居灰飞烟灭,归结为村民寄望通过收租改善生活。在此间当"父母官"的师弟告诉我说,没有办法,因为没有新的宅基地可供分配,村民只有拆旧建新,向"上"争取空间。这恐怕是古村落保护中普遍面临的一个现实问题,不可一味责怪村民。

2016 年 6 月 11 日

向日葵

油菜花过季之后,海珠湖原地又换种了向日葵。昨日漫步其间,相当一部分已经长出了"黄盘",含苞的更不计其数,过几天就该很可观了。在广州读书的时候暑假回齐齐哈尔,火车进入东北境内,便每能看到壮观的"黄海",那就是大面积种植的向日葵,正快到了收获时节。彼时东北的食用油主要就是葵花籽油,大家也爱嗑瓜子,本地叫"毛克",不知究竟是哪两个字,一种说法是"老毛子(俄国人)喜欢嗑"。

向日葵,顾名思义,这种一年生的草本油料作物,最突出的特点是一旦开花,圆盘"向日",也就是对着太阳。辞书上说,向日葵起源于北美洲,1510 年引入欧洲作观赏植物,1716 年英国 A. 布尼安首次从种子中提取油脂成功,19 世纪中叶作为油料作物开始大面积栽培。进入我国就更晚一些。有学者考证,向日葵在中国的种植记载,最早见于明朝王象晋《群芳谱》,该书成书于 1621 年。这么说的:"丈菊一名西番菊,一名迎阳花。茎长丈余,干坚粗如竹。叶类麻。多直生,虽有傍枝,只生一花,大如盘盂,单瓣色黄。心皆作窠如蜂房状,至秋渐紫黑而坚。取其子种之,甚易生。"见过向日葵的人闭目稍做冥想,可知这里说的正是它。这个关于向日葵的记载目前已知最早,表明向日葵是 17 世纪初进入中国的。

由此看来,古籍中的许多"葵",尽管每每关联"日"或"向日",且道出了"性向日"的鲜明特性,却也并不是向日葵。

比如《淮南子·说林训》云:"圣人之于道,犹葵之与日,虽不能与终始哉,其乡之诚也。"乡,即仰。圣人对宇宙万物本源的追求,就好像葵与太阳的关系,虽然不能与太阳共始终,但仰慕太阳的心情是真诚的。又比如《三国志·魏书·陈思王植传》中,曹植向皇帝哥哥曹丕恳求自己可以"存问亲戚"时有一番表白:"若葵藿之倾叶,太阳虽不为之回光,然终向之者,诚也。窃自比于葵藿,若降天地之施,垂三光之明者,实在陛下。"葵藿,亦葵,是前人比喻下对上赤心趋向的常用语。但曹植此语点破了问题的实质,即"葵藿之倾叶"始终向着太阳,而不是说葵上面的那个"黄盘"。

葵的叶子在古代是一种蔬菜。《说文解字》如此释"葵":菜也。《左传·成公十七年》载:"仲尼曰:'鲍庄子之知不如葵,葵犹能卫其足。'"杨伯峻先生注释曰:"葵非向日葵,向日葵传入中国甚晚也。"且举《诗·豳风·七月》"亨葵及菽",以及《周礼》《仪礼》均有"葵菹"(用葵叶所制酸菜)以为证,证明这些"葵"就是蔬菜,向日葵的叶子是不能吃的;而葵叶作为蔬菜,"不待其老便掐,而不伤其根,欲其再长嫩叶,故古诗云'采葵不伤根,伤根葵不生','不伤根'始合'卫其足'之意"。那么《左传》里的这句话,孔子等于是说鲍庄子亦即鲍牵真没什么用,连"犹能卫其足"的葵都不如。

在前人留下的诗句中,直接将"葵"与"太阳"关联的就更多了。杜甫《自京赴奉先县咏怀五百字》,有"生逢尧舜君,不忍便永诀。当今廊庙具,构厦岂云缺。葵藿倾太阳,物性固莫夺"。梅尧臣《葵花》,有"此心生不背朝阳,肯信众草能翳之。真似节旄思属国,向来零落谁能持?"苏轼《乞常州居住表》,有"愿回日月之照,一明葵藿之心"。司马光《客中初夏》更直截了当:"四月清和雨乍晴,南山当户转分明。更无柳絮因风起,惟有葵花向日倾。"这首七绝是王安石变法、司马光退居洛阳时所作,诗人将"柳絮"和"葵花"设定为对立面,显然用前者来暗喻随风转舵的"墙头草",而以后者来暗喻始终如一的人。随风转舵和始终如一,这里针对的就是对变法的态度。王安石也的确非常鄙视"柳絮",他说过这么一句话:"自议新法,始终言可行者,曾布也;言不可行者,司马光也;余则前叛后附,或出或入。"此外,南宋刘克庄《葵》,有"生长古墙阴,园荒草木深。可曾沾雨露,不改向阳心"。明朝永乐时的蒋忠《墨葵》,有"密叶护繁英,花开夏已深;莫言颜色异,还是向阳心"。诸如此类,不胜枚举。

到了1688年,清朝康熙年间陈淏子纂辑《花镜》,首次使用"向日葵"这个名称:"向日葵一名西番葵,高一二丈。叶大于蜀葵,尖狭多刻缺。六月开花,每干顶上只一花,黄瓣大心。其形如盘,随太阳回转:如日东升则花朝东,日中天则花直朝上,日西沉则花朝西。结子最繁,状如蓖麻子而扁。"但陈氏又认为,向日葵"只堪备员,无大意味,但取其随日之异耳"。说明向日葵此时也还只是观赏之用。有意思的是,差不多同时期的文震亨说,葵花"一曰向日,别名西番莲"。而余少时生活在京郊顺义县南庄头,那里叫向日葵正是西番莲!唯彼时不知是哪三个字而已。

葵花子如今据说已为零食界之霸,吃法有好多种,最常见的是炒熟或者煮熟晾干。但在南庄头,我们还有另外一种吃法:径直拿着"黄盘",一边抠一边吃。此时的葵花子还疲软得很,严格来说也没什么吃头,但却是当年农村的常见情形,想来如今已成人类学概念中的"文化残存"了吧。

2016年6月19日

狗屠

6月21日,外交部发言人华春莹就"中国政府是否支持玉林狗肉节"进行回应:据地方政府介绍,在中国农历夏至节气食用荔枝和狗肉,是玉林市民间的一种饮食行为,属个人饮食偏好。不存在以食用狗肉为名的节庆活动,玉林市当地政府也从来没有支持、组织、举办过所谓的"玉林狗肉节"。华春莹之所以郑重其事地回答外国记者的这个提问,在于每年夏至前后,广西玉林总能因"狗肉节"掀起波澜:大街上如何公开杀狗,爱狗人士如何在高速公路上拦截运狗车辆。现在,这种颇为负面的影响显然已经超越了国界。

玉林有"夏至吃狗肉"的传统习俗,每到"时令"则狗肉踊贵。而去今不远,还有"狗肉不上桌"的说法。这句俗语既有实指,也有借指。玉林人说,上世纪六七十年代猪肉价高,且供给有限,本地吃狗肉便非常流行,"当时猪肉9毛一斤,还要肉票,狗肉2毛一斤,不用肉票",这是实指。借指,就是不争气了。李準《李双双小传》中,大家推选喜旺当食堂炊事员,喜旺不愿意干,说自己菜案不外行,面案来不得。李双双便当场拆穿丈夫:"前天你还做哩!怎么你就是不会擀面条,不会蒸馍?放着排场不排场,放着光荣不光荣!我就见不得'牵着不走,打着倒退','狗肉不上桌'

这号人!"

"狗肉不上桌",流露出的是对狗肉的蔑视。在从前,杀狗的人,乃至屠工、屠子、屠夫、屠户这些名称不同但都是以宰杀牲畜为职业的人,地位也都相当低下,连带沽酒为业的,被借用为对出身微贱者的蔑称。《后汉书》中,祢衡怀揣名片到处找东家落脚,"既而无所之适,至于刺字漫灭"。有人就问他,怎么不去找找陈群、司马朗呢?他回答:"吾焉能从屠沽儿耶!"其实人家那两位都是一时名士,根本没干过这类的事情。清朝时这种轻蔑依然,王应奎《柳南随笔》云:"今世不论年谊有无,通谒概称年家,即屠酤儿亦然。"

但屠狗或狗屠,亦即以杀狗为职业谋生的人,历史上也很有几个著名的。最有名的,非与刘邦打天下的樊哙莫属。众所周知,鸿门宴上如果没有樊哙,绵延四百零五年的汉朝可能就不会存在,中国历史因之也有改写的可能。在《史记》记载中,樊哙即"以屠狗为事"。张守节解释说:"时人食狗亦与羊豕同,故哙专屠以卖之。"另一位著名的狗屠是刺客聂政,尽管那可能只是他权一时之需的谋生手段。《战国策·韩策》载,严遂与韩傀共事,但貌合神离,严遂受宠,然韩傀为相,这就有针尖对麦芒的意味了。大家撕破面皮后,"严遂政议直指,举韩傀之过。韩傀以之叱之于朝。严遂拔剑趋之,以救解。于是严遂惧诛,亡去,游求人可以报韩傀者"。严遂跑到齐国,有人告诉他,聂政那人了不得,"勇敢士也,避仇隐于屠者之间"。严遂便"奉黄金百镒,前为聂政母寿",礼太大,聂政吓坏了,不收,严遂当然一定要给。这时聂政说了:"臣有老母,家贫,客游以为狗屠,可旦夕得甘脆以养亲。亲供养备,义不敢当仲子之赐。"因此,只有母亲去世后,聂政才投桃报李。"韩国适有东孟之会,韩王及相皆在焉,持兵戟而卫者甚众",

聂政直入,"上阶刺韩傀。韩傀走而抱哀侯,聂政刺之,兼中哀侯,左右大乱"。聂政于是"大呼,所杀者数十人",浑如后世劫法场的李逵,杀得兴起。

"荆轲刺秦王"的故事同样众所周知。荆轲刚到燕国时,便"爱燕之狗屠及善击筑者高渐离",他又喜欢喝酒,乃"日与狗屠及高渐离饮于燕市,酒酣以往,高渐离击筑,荆轲和而歌于市中,相乐也,已而相泣,旁若无人者"。就是说,荆轲的好朋友除了高渐离,还有个没留下姓名的狗屠。这里的"市",即狗市,狗屠杂居之地。据说那个狗屠武功极高,荆轲打算刺秦王,在燕太子丹处所等的人就是他。但因为等得时间长了,太子"疑其改悔",荆轲才不得不带上并不满意的副手秦舞阳上路。荆轲本人的剑法是不值一提的,他"尝游过榆次,与盖聂论剑,盖聂怒而目之",根本没瞧得起他;另外,鲁勾践也说他"惜哉其不讲于刺剑之术也"。至于13岁的秦舞阳,尽管有过"杀人,人不敢忤视"的风光,但充其量也就是个街边混混,到了大场面便吓得"色变振恐",恐怕也正常不过。一个剑术不精,一个吓破了胆,行刺又如何成事?

《曲洧旧闻》载,范致虚抓住宋徽宗属狗这一点,大拍马屁:"十二宫神狗居戌位,为陛下本命,今京师有以屠狗为业者,宜行禁止。"于是"降指挥禁天下杀狗,赏钱至二万"。狗屠一时间全都莫名其妙地丢了饭碗。有太学生指出,如今什么都像神宗看齐吗?不是连"崇宁"年号都取"常法熙宁(神宗年号)"之意吗?然神宗属鼠,"当年未闻禁畜猫也",这个怎么不学呢?从《宋史》中看,范致虚这个人总体还是不错的,那一刻脑子里不知为何进了水。

"夏至吃狗肉"非为玉林所独有。屈大均《广东新语·事语》云:"夏至磔犬御蛊毒。"在《鳞语》中更载谚曰:"冬至鱼生,夏至犬肉。"不管这种习俗的分布范围吧,任何民俗的产生无疑都受"三观"的局限,今人待之需采取扬弃的态度,对其中的陋俗更要坚决摒弃。玉林的"夏至吃狗肉"正属于摒弃之列,不该堂而皇之地传承。

2016 年 6 月 22 日

打屁股

网络上最近热传一则短视频:穿着整齐的4名男子和4名女子面朝台下观众站成一排,随后,一名中年男子用手中的木板依次拍打他们的臀部,发出响亮的声音,来回几次。据说,这是山西长治漳泽农商银行聘请上海一家什么领导力学院,对全行员工开展的一项以"业绩突破"为主题的技能培训。培训方将参训员工划分为27个小组,每组8人,共计216人,对排名最后的小组以"打屁股""剪头发"的方式进行处罚。视频中的内容,就是表现"执行力"时的情景。

臀,雅称也,用辞书的话说,是人和哺乳动物身体背面腰部下方(后方)、大腿上方的隆起部分。用民间的话说则简单明了:屁股。打屁股,原本是属于古代的刑罚,所谓臀杖。范围稍扩一点,杖刑还有用荆条和竹板捶击犯人背部、腿部的。《尚书》可能是我国第一部古典文集和最早的历史文献,其中已有"扑作教刑"的记载。孔安国解释,这是说"不勤道业则挞之",扑,鞭子或戒尺,从前体罚的用具。为什么要"扑"呢?所谓"答挞不是者,使记识其过",目的是让你长记性,为了你好,跟长治培训的初衷差不多。《汉书·刑法志》之"薄刑用鞭扑",颜师古注曰:"扑,杖也。"这时的杖,应该与打屁股相去不远或者就是打屁股了。总之,打屁股渐渐发展成为国家刑罚的一种。新加坡如今的鞭刑，似可视为此种刑罚的余绪，人类学概念中的所谓"文化残存"（Survival）。

赵翼《陔馀丛考》有"笞臀"条，云"汉《刑法志》，文帝除肉刑，以笞代劓刖"。按《史记》的说法，废除肉刑有缇萦救父的功劳。就是说，相对于肉刑，打屁股要算刑法史上的一个进步。然"后以笞数多，反多死"，性质变了，"景帝乃递减笞数"。不仅如此，景帝又诏定箠令："笞者，箠长五尺，用竹，其本大一寸，末薄半寸，皆平其节。当笞者笞臀，毋得更人，毕一罪乃更人。"打屁股的棍子多长，用竹子的话又如何，只能一个人打不能打累了换，等等，都做了规定，"自是笞者得全"，不至于给打死。明朝的丘濬因此认为："笞所用之材，所制之度，所行之人，所施之处，皆定于此。"

从《隋书·刑法志》和《新唐书·刑法志》的记载中我们知道，隋唐时的"死、流、徒、杖、笞"五刑中，杖与笞刑是相对较轻的。在唐朝，"笞之为言耻也；凡过之小者，捶挞以耻之"，实际上有羞辱的成分。唐太宗看了《明堂针灸图》，"见人之五藏皆近背，针灸失所，则其害致死"，要求以后笞刑"无得鞭背"，明确要打的话只打屁股，因为臀部的穴位比较少，打起来不会要命。宋朝的此类情形，我们不妨从《水浒传》里的"杀威棒"窥其一二。林冲被刺配到沧州后，宋江杀阎婆惜被刺配到江州后，武松杀西门庆潘金莲被刺配到孟州后，都有狱友一类的人物告诉他们得送人情钱物。如林冲，人家告诉他，送了，"入门便不打你一百杀威棒"；不送，要打得七死八活。如武松，管营威胁他："你那囚徒，省得太祖武德皇帝旧制，但凡初到配军，须打一百杀威棒。"表明这是大宋的法律，赵匡胤定下的，但是打与不打，由他们这些"现管"自由裁量。结果，林冲、宋江自己送了人情，武松有施恩负责摆平，三人都免了被打屁股。元世祖的打法有些意思，给点儿折扣，道是：

"天饶他一下,地饶他一下,我饶他一下。自是合笞五十,止笞四十七;合杖一百,止杖九十七。"明朝可没这么客气,从朱元璋起,廷杖——当庭打大臣的屁股——就是他们的一大特色,光是嘉靖三年(1524)的一次"争大礼",就打了 134 个大臣的屁股,还打死了 16 人。

当然了,开明的唐朝也打低级官吏。《能改斋漫录·辨误》有"唐参军簿尉不免杖"条,列举了好几条旁证。如杜甫有"脱身簿尉中,始与箠楚辞"句,韩愈有"判司卑官不堪说,未免箠楚尘埃间"句,杜牧有"参军与簿尉,尘土惊勋勚,一语不中治,鞭笞身满疮"句,《太平广记》载李逊决包尉臀杖十下,《旧唐书·于頔传》载"頔为湖州刺史,改苏州,追憾湖州旧尉,封杖以计强决之",等等,足证"唐时参军、簿尉,不免受杖",只是没有《明史·刑法志》说的"公卿之辱,前此未有"那么骇人听闻吧。

长治那则新闻照片还显示,20 余名男子站成两排,有人被剃成光头,还有人只留侧面的头发。这在从前叫作髡刑。鲁迅先生在其名篇《论"费厄泼赖"应当缓行》中风趣地说道:"中国人或信中医或信西医,现在较大的城市中往往并有两种医,使他们各得其所。我以为这确是极好的事。倘能推而广之,怨声一定还要少得多,或者天下竟可以臻于郅治。例如民国的通礼是鞠躬,但若有人以为不对的,就独使他磕头。民国的法律是没有笞刑的,倘有人以为肉刑好,则这人犯罪时就特别打屁股。"不过,"可惜大家总不肯这样办,偏要以己律人,所以天下就多事"。长治的打屁股诚然"示辱而已,终不加苦",但之所以还是不能为舆论所接受,在于自以为创新了方式,不过是已经扫进历史垃圾堆的东西借尸还魂了。

2016 年 6 月 26 日

磕头

看人民日报社主管主办的第 13 期《国家人文历史》（半月刊），前面"散叶"里有一则"尼克松曾担心见毛泽东要磕头"。说 1972 年美国总统尼克松访华前，美方最担心的就是怕见着毛泽东和周恩来等人要磕头。等到国务卿基辛格打了前站，探听好了，美方明确"根本不像我们事前担心的"，似乎他们才真正放下心来。容我武断地认为，此话虽然讲得有鼻子有眼，但基本上也可以认为没有丝毫可信的成分，近乎扯淡。

磕头的确是我们的传统礼仪。这种伏身跪下、两手扶地、以头着地或近地的动作，主要用于祭祀天地祖宗，晋谒君长父老。文雅的说法是叩首。如果双膝跪地下三次，磕九个头，属于达到极点的行礼方式。至少在清朝的时候面对皇帝，必须如此，老外也不能例外，因此也酿出了若干"礼仪之争"。比如 1793 年，英国马戛尔尼以为乾隆皇帝祝寿名义出使中国那次，因为对方不肯，试图在两国关系中遵照通用的国际礼仪，结果不欢而散，马戛尔尼可以说是灰溜溜。又如果次数超过了最高规格的，比如俗话说的"磕头如捣蒜"，那么非但不是礼仪的更高级，而且走向了问题的反面——已经不属于行礼，而是求饶的代名词了。

前人书札落款，动辄书写"顿首"。顿首也是磕头。汉蔡邕的

"议郎粪土臣邕顿首再拜书皇帝陛下";《晋书》中的"前太尉参军、都乡侯粪土臣何琦稽首顿首,再拜承诏"。跟皇帝说话,当然不会真的往脸上抹屎,但磕头是自然且正常的。而像王羲之的"顿首顿首"、东坡的"轼顿首再拜"一类,属于文人间的相互礼貌,借以表达对他人的尊重。清俞正燮《癸巳存稿·明帖》云:"明洪武三年,礼部定仪:敌己,止奉书奉复;而文人往往称顿首,称再拜,盖由临古帖而勤袭之。"到了鲁迅书信里,也还有"仆树人顿首"的字样。

书札中的礼貌,以及面对君长父老之外,磕头确是一种带有屈辱性质的礼仪。洪迈《夷坚支志》"任道元"条云,道元"少年慕道",跟人学了些法术,声名大噪之后,把持不住了。有年他在元宵节上闲逛,看到"两女子丫鬟骈立,颇有容色",起了淫心,言语挑逗之余,还要动手动脚。于是神先让他耳朵后面长了个疮,再借一村童教训他:"任道元,诸神保护汝许久,而乃不谨香火,贪淫兼行,罪在不赦。"于是,"任深悼前非,磕头谢罪"。

有趣的是,磕头也可以是一种养生之道。陆游《老学庵笔记》载,有个七十多岁的老人张珙就是"步趋拜起健甚"。其"自言夙兴必拜数十,老人血气多滞,拜则支体屈伸,气血流畅,可终身无手足之疾"。有业界人士说,跪拜磕头动作有通经活络、疏通躯干部分气血的作用。俗话里也有"每日常叩首,活到九十九"的说法。读到此则笔记,始而疑心张珙有自嘲性质,后来发现并非孤证。徐一士《一士类稿》云,体仁阁大学士全庆的养生之术,即"以磕头为妙法"。翁同龢光绪八年壬午(1882)正月初四日(2月21日)日记留了记录。翁说这天他"谒全师。师言:'每日磕头一百廿,起跪四十次,此法最妙。'"全庆是翁同龢的座师,在于翁考进士时他是主考官而已,并无真正的师承关系,然翁对此种养生法全盘吸收,"仿行之"。徐一士又引翁之常熟同乡秉衡居士所云:"吾乡翁松禅相国,每夜必在房行三跪九叩头五次乃卧,其法传自全小汀相国庆。翁相晚年气体极健。自谓得力于此。"至于"运动量"这笔账并不难算,也就是磕头四十五次,起跪十五次,比全庆的要小得多,但在徐一士看来,"全庆寿八十二,同龢则七十五",这种"健身"方式是行之有效的。并且他认为:"运动肢体,为卫生之道,斯即藉磕头起跪以为运动耳。"

清朝有个历仕三朝的"磕头宰相"曹振镛,官至首席军机大臣、武英殿大学士、军机大臣兼上书房总师傅,卒谥最高等级的"文正"。但老曹的为官座右铭却是"多磕头,少说话"。有人讽刺他:"仕途钻刺要精工,京信常通,炭敬常丰。莫谈时事逞英雄,一味圆融,一味谦恭。"但道光帝不这么看,在他眼里,"大学士曹振镛,人品端方。自授军机大臣以来,靖恭正直,历久不渝。凡所陈奏,务得大体。……实心任事,外貌讷然,而献替不避嫌怨,朕深倚赖而人不知。揆诸谥法,足以当'正'字而无愧。其予谥文正。"开玩笑说,曹振镛的身体恐怕也因"多磕头"而练得不错,他活到80岁,仅次于全庆而超过了翁同龢嘛。

到了20世纪70年代,尼克松以为中国仍然磕头,谁会相信?虽然彼时我们尚未开放,但也不是全然闭关锁国的状态,在国际舞台上毕竟还是活跃着中国人的,1971年我国已恢复了联合国合法席位。但别人对我们的不了解甚至"误解"仍然很深,也是不争的事实。意大利籍导演瑟吉欧·莱昂"往事三部曲"之一的《美国往事》,展现了纽约布鲁克林从20世纪20年代到60年代的黑帮史。就算上限是20年代吧,那里面的"中国戏院"还是鸦片烟馆,中国人脑后还有条辫子。这就离了大谱不是?不过话说回来,没有独立和平等的人格,也是不可能真正立起来的,虽然你看起来是站在那里。

2016 年 7 月 3 日

蝉

这几天,杭州临安天目、太湖源、於潜等地的山民都在忙着一件事——捉知了。捉它们干嘛?供给食客。"油炸知了"早已成为不少临安饭店的时令招牌菜,如今时令到了,自然卖得很是火爆。临安的山民成了原料供应商,报道说,运气好的一晚上能逮上满满一桶,赚个上百元。不用说,动物界又有一个品种遭殃了。

知了是俗称,其学名,众所周知是蝉。在乡村生活过的人都知道,蝉是相当独特的一种昆虫,独特在其幼虫与成虫是截然不同的样貌,当中经历了一次"脱胎换骨"。幼虫生活在泥土里,而成虫生活在树干上;幼虫完全是爬行,而成虫有羽翼;幼虫是哑巴,而成虫嗓门大得很,"居高声自远,非是藉秋风"。这个"脱胎换骨"的过程,叫作蝉蜕。

观察蝉之蜕变,是笔者儿时的乐趣之一。傍晚时分,如果发现地面上有小洞,就知道那是知了的幼虫从泥土里钻出来了,就近查看周边的树干,一定会发现一身污垢的"老牛"(我们那一带的叫法)趴在那里。如果有耐心,还可以看到它们破土而出的情景。幼虫爬到树干上,待到夜里蜕皮羽化,实现它的"涅槃"。我曾经不知多少次捉到老牛,放在家里的纱窗上来观看它蜕变的全过程。临安这里抓的,也正是蜕变前的这种,因为"刚刚从土里出来,行动慢且不会飞"。蜕变之后,幼虫会留下一个极薄的透明躯壳,就是蝉蜕,这东西可以入药,李时珍说它"主疗一切风热之症",还可以"主哑病、夜啼者,取其昼鸣而夜息也"。如果说前一个还靠谱,后一个就有点儿扯了。当年的小朋友恐怕都收集过蝉蜕,卖给合作社。入药之外,蝉蜕也用来比喻洁身高蹈,不同流合污,如《史记》中赞美屈原的品行:"濯淖污泥之中,蝉蜕于浊秽,以浮游尘埃之外,不获世之滋垢,皭然泥而不滓者也。"

不要说捉爬行的幼虫轻而易举,就是蜕变成了会飞的蝉,人也有各种各样的办法捉住它。研究者说,咏蝉的作品以曹植为最早,也最成功。曹植的《蝉赋》便说道:"有翩翩之狡童兮,步容与于园圃……持柔竿之冉冉兮,运微粘而我缠。欲翻飞而逾滞兮,知性命之长捐。"这一段文字恰如描绘了捕蝉的一幅图景,原理揭示得也相当清楚:竹竿上面搞个有黏性的网,把知了粘下来。我们那里还有个捕蝉的方法,是用马尾巴做成活扣,悄悄地伸到蝉趴着的上方,对准其头,向下一拉把它套住。这一招,我曾经使用过无数次,屡试不爽。至于为什么用马尾巴,不清楚,估计有蝉的视觉盲区的因素。唯一难办的是弄马尾巴,生产队里饲养的马有不少,但马在安静吃草的时候小孩也不敢去揪,怕惹了马,来一蹄子。然彼时捉蝉,纯粹是顽皮之举,捉下来也没用,再放飞,享受的是捉的过程,不像临安这里因为嘴馋。

前人认为蝉"饮露而不食",因而把它视为清高的象征,蝉之自身便成为一种文化符号。如曹植所说:"实澹泊而寡欲兮,独怡乐而长吟。声皦皦而弥厉兮,似贞士之介心";"栖高枝而仰首兮,漱朝露之清流。隐柔桑之稠叶兮,快啁号以遁暑"。初唐骆宾王被关在监狱里的时候,"每至夕照低阴,秋蝉疏引,发声幽息",从而引发他的感慨,赞美蝉"洁其身也,禀君子达人之高行;蜕其皮也,有仙都羽化之灵姿……有目斯开,不以道昏而昧其视;有翼自薄,不以俗厚而易其真。吟乔树之微风,韵姿天纵;饮高秋之坠露,清畏人知"。在小序之外,还留下了名篇《在狱咏蝉》。汉代人甚至把蝉的形象作为侍从官的冠饰,如《后汉书·舆服志》所云:"侍中、中常侍加黄金珰,附蝉为文,貂尾为饰。"为什么这样呢?就是取其"居高食洁"的意味,一如獬豸图案伴随着司法人员的官服,寄托着对为官者作为的一种希望。

蝉的鸣叫之声也早已成为一种文化符号。雄蝉的腹部有发声器,能连续不断发出尖锐的声音,雌蝉虽不发声但腹部有听音器。徐陵"猿啼知谷晚,蝉咽觉山秋"一类,说的还是时令。千百年来,因人因事,不会有异的蝉声却每被人赋予不同的含义。如在王籍那里,有"蝉噪林逾静,鸟鸣山更幽";如皮日休、陆龟蒙联句,有"静潭蝉噪少,凉步鹤随迟";又如陆游,有"柴门入幽梦,落日乱蝉嘶",等等,说的都是蝉声喧聒,听着烦人。但在另一些人眼里,如顾复,有"蝉吟人静,残日傍,小窗明";如朱中楣,有"风移蝉唱杳,雨滴梧声碎;方信道,离怀未饮心先醉";等等。蝉鸣又悠曳而多情味。人之强加于"人",由此亦见一斑。一笑。

"日夕凉风至,闻蝉但益悲。"此乃孟浩然之悲,他是听到蝉鸣而悲秋,循北齐卢思道"听鸣蝉,此听悲无极"之意,感叹时光飞逝,似水流年。当下临安鸣蝉之悲则属于真悲,该是悲愤自己不幸沦为一道所谓名菜的主角而惨遭杀身之祸。只是那里的人们听来仍然无动于衷,甚至根本不以为悲,而蝉亦"本以高难饱,徒劳恨费声"就是。为了所谓"口福",在大力倡导生态文明的今天仍然在盛行野蛮的做法,再加上大规模地吃狗、吃禾花雀,我们不少人浑然没有意识到是在造孽,此乃民族文化之悲了。

2016年7月11日

竹子

7月14日,中国科学院正式向社会公布了他们经过近三年研究而遴选出的88项中国古代重大科技发明创造。细分的话,这88项大致属于三类:科学发现与创造、技术发明、工程成就。遴选的依据是:"某项发明的原创性,要有可靠的考古或文献证据,能证明它是迄今所知世界上最早的,或者属于最早之一且独具特色。"这项成果对于提振民族自信心,无疑大有裨益。

在43项"技术发明"中,"竹子栽培"位列其一,年代是3000多年前,亦即商周时候了。竹子我们都常见,汉字的"竹"就是象形字,与竹叶的形状庶几近之;英文的"竹"(bamboo)则是形声字,来源于竹竿燃烧时发出的爆裂声响。这跟我们的爆竹得名相近。在火药尚未发明的年代,前人驱逐瘟神,用火烧竹子,使之爆裂发声,后世的"爆竹"便由此得名。竹子是一种多年生的禾本科木质常绿植物,一般为木本,近年也发现了少数草本和近草本的种类。竹子与中华民族文化的发展有着相当密切的关联。从这点来看,"竹子栽培"起源于我们这里,何其幸也。反过来看,也正是因为起源于我们这里,才与我们的文化水乳交融吧,尤其是作为文化载体。

《诗·卫风·淇奥》每章均以"绿竹"起兴,"瞻彼淇奥,绿竹猗猗"云云,借绿竹的挺拔、青翠、浓密来赞颂君子的高风亮节,开创了以竹喻人的先河。淇,淇水;奥,弯曲处;猗猗,长而美。《诗》收集的是西周初年至春秋中叶(前11世纪至前6世纪)的诗歌,那么结合中科院的成果等于是说:"竹子栽培"技术诞生未几,已经被民间娴熟地运用于比拟了。竹子清姿瘦节,挺拔高傲,又虚心自持,刚直不阿,亦每为文人雅士所寄托,所追求,所自况。魏晋南北朝那帮,如大名鼎鼎的"竹林七贤",就常常聚集于山阳(今河南修武)竹林之下肆意酣畅。《世说新语·任诞》载,王子猷尝暂寄人空宅住,便令种竹。或问:"暂住何烦尔?"子猷啸咏良久,直指竹曰:"何可一日无此君!"《宋书·袁粲传》载,袁粲为丹阳尹,"虽位任隆重,不以事务经怀",但是喜欢竹子。"郡南一家颇有竹石,粲率尔步往,亦不通主人,直造竹所,啸咏自得。"

唐宋一些文人延续了这一传统。比如王维的书斋,周围就栽满绿竹,取名"竹里馆",且诗云:"独坐幽篁里,弹琴复长啸。深林人不知,明月来相照。"篁者,竹也。白居易家,"五亩之宅,十亩之园,有水一池,有竹千竿"。苏舜钦则"构亭北碕,号沧浪焉。前竹后水,水之阳又竹,无穷极。澄川翠幹,光影会合于轩户之间,尤与风月为相宜"。到了东坡那里,干脆定了条标准:"宁可食无肉,不可居无竹。无肉令人瘦,无竹令人俗。人瘦尚可肥,士俗不可医。"鉴别一个人雅还是俗,就看他喜不喜欢竹子。到了郑板桥那里,干脆是"无竹不入居",诗书画三绝的他,一生画竹,题画时也每每言竹,如"余家有茅屋二间。南面种竹。夏日新篁初放,绿荫照人。置一小榻其中,甚凉适也"。又如,"茅屋一间,新篁数竿,雪白窗纸,微浸绿色。此时独坐其中,一盏雨前茶,一方端砚石,一张宣州纸,几笔折枝花。朋友来至,风声竹响,愈喧愈静;家僮扫地,侍女焚香,往来竹阴中,清光映于画上,绝可怜爱。何必十二金钗,梨园百辈,须置身于清风静响中也"。

诸如此类,爱竹的即便罗列名人也数不胜数。而"竹子栽培"在文化领域产生的最重要贡献,我以为还不是满足文人自身追求,而是成为古代文献的重要载体。简牍帛书,是纸张发明和广泛应用前的书写材料,其中的简就是竹简。研究先秦史不可或缺的《竹书纪年》,本来这部战国时的魏国史书并没有书名,后世以其所记史事属于编年体而称之《纪年》,又以原书为竹简而称之《竹书》。那是西晋时的盗墓者发现的,后世的考古发掘又有敦煌汉简、居延汉简、银雀山汉简、尹湾汉简等无比重要的发现,为历史研究提供了宝贵的第一手资料。

从竹子到竹简,要完成几道工序。首先是选材,绝大部分是选取竹节间距较大的中间部分,30厘米左右长度正好。其次是析治,剖成片状,加工成条形,再刮,把书写的一面打磨光滑。第三要杀青。按西汉刘向的说法,"新竹有汁,善折蠹,凡作简者皆于火上炙干之"。因为烤的时候竹上有水分渗出,像人流汗,又称汗青。因而,文天祥之"留取丹心照汗青"为什么等同青史留名,就非常容易理解了。第四要编联。就是把用许多枚竹简写好的内容"装订"成册,因此要在简上钻孔。顶上钻一个孔的,叫一道编;等分钻两个孔的,叫两道编。最多的有五道编,越多自然越结实。绳子则主要是麻绳。《史记·孔子世家》载,孔子晚年喜欢读《周易》,至于"韦编三绝"。传统认为"韦编"是编简的熟牛皮绳子,孔子多次翻断,表明读书勤奋。但商承祚先生不认同此说,当然,也有人不认同商老此说。

"衙斋卧听萧萧竹,疑是民间疾苦声。些小吾曹州县吏,一枝一叶总关情。"当年,郑板桥在修身养性之余,没忘记民间还有疾苦,这就把文人雅士们单纯的自我陶醉提升了一个境界。前人发明"竹子栽培"在满足实用的同时,也算是得其所哉。

2016 年 7 月 16 日

小大暑

昨天是二十四节气中的大暑。"夏满芒夏暑相连",大暑前一个节气是小暑。小,微也;暑,热也。《逸周书·时训解》云:"小暑之日,温风至。"但小暑一过,"一日热三分"。到了大暑,正值三伏天的"中伏"前后,一般也就到了最热的时候。古人总结:"小大者,就极热之中,分为大小,初后为小,望后为大也。大者,炎热至极也。"广州这两天正是极热之时,真难想象,倒退回 30 年前也就是读书那些年,既无空调又无风扇的日子是怎么熬过来的。唐戴叔伦诗曰:"暑夜宿城南,怀人梦不成。"差不多吧,不可能睡得好。

暑天,每用来表示炎热的夏季,这里的"暑"或正来自小大暑的"暑"。因为"小暑交大暑,热得没钻处",古人在这个时节往往连仗都不愿打。《三国志·魏书·田畴传》载,曹操北征乌丸,听了田畴的计谋,先撤退,且"署大木表于水侧路傍",上面明晃晃地写道:"方今暑夏,道路不通,且俟秋冬,乃复进军。"《晋书·王鉴传》亦载:"时杜弢作逆,江湘流弊,王敦不能制,朝廷深以为忧。"王鉴乃有上疏,也是认同"议者或以当今暑夏,非出军之时"的观点,主张"今宜严戒,须秋而动",天凉快了再说。上疏毕,"(元)帝深纳之"。明朝中叶,面对"辽东巡抚张学颜等报称达贼二十余万谋犯辽东,前哨已到大宁,请兵请粮,急于星火",张居正的《论边事疏》却显得相当沉着,核心观点同样是"暑月非房骑狂逞之时,料无大事,请宽圣怀"。其实人家如果真的没来,也只能说是凑巧。曹操玩儿的就是兵不厌诈的把戏,那种"此地无银三百两"的做法,不知怎么乌丸还会上当,"诚以为大军去也",明白过来时已经晚了,结果"单于身自临陈,太祖与交战,遂大斩获,追奔逐北",田畴因此受封"亭侯,邑五百户"。

《水浒传》里,晁盖、吴用他们"智取生辰纲"也发生在暑月,动手的时候正是小暑时节。施耐庵写得分明,梁中书老丈人蔡京的生日是六月十五嘛。所以杨志率领押送生辰纲的队伍出发的时候,"正是五月半天气,虽是晴明得好,只是酷热难行",作者在这里借用了古诗来形容,"公子犹嫌扇力微,行人正在红尘道"云云。走到事发地黄泥岗,更不得了,"正是六月初四日时节,天气未及响午,一轮红日当天,没半点云彩,其日十分大热"。作者这里再借用了古诗,"日轮当午凝不去,万国如在红炉中"云云。而假扮成酒贩子的白日鼠白胜出场时的唱词,最著名,也更加晓畅易懂:"赤日炎炎似火烧,野田禾稻半枯焦。农夫心内如汤煮,公子王孙把扇摇。"我在上世纪80年代中购得的《中国古代民歌一百首》,就把它收了进去。施耐庵生活在元末明初,但他写的宋朝这一段,却并非凭空想象。宋人便有类似的句子,如戴复古的《大热》:"天地一大窑,阳炭烹六月。万物此陶熔,人何怨炎热。君看百谷秋,亦是暑中结。田水沸如汤,背汗湿如泼。农夫方夏耘,安坐吾敢食?"又如陆游的《苦热》,亦有"万瓦鳞鳞若火龙,日车不动汗珠融。无因羽翩氛埃外,坐觉蒸炊釜甑中"。诸如此类,都是相同的意境。

酷热之时,街上每能见到赤裸着上身的"膀爷",尤其在北方,有失文雅乃至文明都是显而易见的。这一点上,也应当学学孔子,脑袋里有点儿"礼"的意识。《论语·乡党》载,孔子"当暑,袗绤绤,必表而出之"。袗,单衣;绤、绤,分别是细的和粗的葛布;表,加上衣也。前人注疏曰:"表而出之,谓先着里衣,表绤绤而出之于外,欲其不见体也。"这就是说,即使天再热,孔子出门,也会穿得非常齐整,像今天参加正规会议着正装一样,把麻布单衣穿在外面,里面还要衬有内衣,总之不会光膀子、打赤膊。这同时也表明,孔子对"礼"的遵循表里如一,不仅在与国君和大夫们见面时的言谈举止和仪式上如此,而且在日常生活中的方方面面都是如此。

《玉壶清话》载,五代时范质在遁迹民间之际,"一旦,坐对正巷茶肆中",忽然一个形貌丑陋的人上前作揖,嘴里还叨咕"相公相公,无虑无虑"。那时是暑天,范质正扇着扇子,扇子上书有"大暑去酷吏,清风来故人"一联。这个人看见了,"夺其扇",说:"今之典刑,轻重无准,吏得以侮,何啻大暑耶?公当深究狱弊。"后来,在后周就任高职的范质,果然"首议刑典",直指"今繁苛失中,轻重无准,民罹横刑,吏得侮法"。世宗柴荣命其"与台官剧可久、知杂张湜聚都省详修刊定,惟务裁减,太官供膳"。五年后结题,诞生了著名的《大周刑统》,直接影响了中国历史上第一部刻板印行的法典《宋刑统》。《玉壶清话》中的这一段,固有野史村言的成分,但比照《旧五代史·刑法志》,可知相去亦并不远。

"何当暑天过,快意风云会。"杜甫的诗。何当?快了,过完小大暑,就将顺理成章地进入节气中的秋天。相较之下,杜牧的那句"大热去酷吏,清风来故人",只能是一种美好期冀。故人可乘清风而来,酷吏却不会因暑热而去。

2016 年 7 月 23 日

书札

前两天收到在北京中国文化遗产研究院工作的师妹赫俊红主编的一套院藏《清代名人书札》，编辑、印制精良，爱不释手。粗览一过，每一通都有释文，非常方便。原作书法各异，且无标点，因此编者断句、逐字逐词辨认的工作之艰，完全可以想象。

书札，就是书信、便笺一类。《古诗十九首》有"客从远方来，遗我一书札"，形象地揭示了它是传统文化中人际交往的重要载体。诚如《清代名人书札·后记》所言，这些具书者或受书者多为进士、举人，曾供奉清廷或历官地方，有的在诗文、书法等方面亦颇有造诣。作为一种文献类型，他们通过私密性的信札所传递出的亲历见闻和感悟，更贴近历史的真实、生动和细节化。而信笺介质的选用、笔墨在指尖的流动、行文格式的恭谦，均体现出我们传统文化的儒雅和精致。因此，欣赏书札大可不必局限于书法，内容也颇有可观之处。与多数目的就是要留待日后见诸于世的日记不同，其所流露出的言语与性情要真实得多。

存世的书札当然不止于清代，早期的诸多已成传世之珍。如陆机《平复帖》、王羲之《快雪时晴帖》《奉橘帖》、王献之《中秋帖》《鸭头丸帖》、王珣《伯远帖》等等。东坡的《寒食帖》被誉为"天下第一行书"，海峡两岸还都发行过纪念邮票。乾隆皇帝的"三希堂",一说取"士希贤,贤希圣,圣希天"之意,一说便是指《快》《中》《伯》这三件稀世之珍。这些书札的文字虽极简,但蕴含的信息量也相当可观。如《鸭头帖》全文云:"鸭头丸,故不佳。明当必集,当与君相见。"鸭头丸,是当时崇尚求仙问道者迷信的一种药石,服之乃是一种风气。那么,从这极简的文字中似可推断出:王献之的一个亲友服用鸭头丸之后觉得效果没那么好,便写信过来,而献之也感同身受,因有回信,且约好次日见面详谈。从陈寅恪先生的发覆中可进一步得知,"东西晋南北朝之天师道为家世相传之宗教,其书法亦往往为家世相传之艺术",东晋的王家、郗家堪称代表。因此,众所周知的羲之爱鹅,并不是要"效其腕颈",以期书写时如何"悬手转腕",而与其家族的天师道信仰有密切关系。因为"依医家言,鹅之为物,有解五脏丹毒之功用",所以"山阴道士(要羲之写经换鹅那位)之养鹅,与右军之好鹅,其旨趣实相契合,非右军高逸,而道士鄙俗也"。说白了,大家都是一个吃,吃了丹药之后,再吃鹅以解。且"道士之请右军书道经,及右军之为之写者,亦非道士仅为爱好书法,及右军喜此鹅鹅之群有合于执笔之姿势也,实以道经非情能书者写之不可。写经又为宗教上之功德"。

在《清代名人书札》中,因为语言的发展与现代已经非常接近,以及书札主要是信件,因而举凡寒暄问候,读书论事,乃至家长里短,都可以看得更为直接。如蔡廷玉致陈金城札,"陈尔缙《防夷说》四本,弟尚未暇阅,先以奉览。如有可节取处,祈折角记之,以省眼力,如何?"这是一种典型的懒人读书法。如陈庆镛致陈金城说到自己的境况时,引了龚自珍"出无车,入无姝"语,表明龚氏迷恋赌博(拙文前有道及)之外,看来还喜欢讲点儿"黄段子"。又如孔继涑规劝某公(梦鬷),"夫事不可不知,知之而反,不必怒。怒而无益,不如勿怒。人孰无情,须于'无益'二字看得透。透则豁然心胸,自释凝滞"。

在翁方纲致桂馥札中,我们见识了翁的治学态度。那是他收到桂馥"承示《古文四声韵》写本,辄用诸书校勘二日,不得其绪"之后的感慨,因为"此书欲重雕行世,其事盖不易",所以这封信写得很长,阐明何以"不得其绪"。翁乃一代金石学家,且精通谱录、书画、词章之学,但在这里,处处流露出严谨。"今所谓随举以正者,亦是吾意以为如是云尔,安见吾意之必无误乎?"云云;又有此类自欺欺人之事,"不特不敢自为之,亦欲劝吾友必不可为之也"。结论是,该书"可否重雕,尚望详酌,慎之又慎"。

姚祖同致鲍桂星札,则让我们看到了似曾相识的官场。"自朝至晚,晋接不暇,出一语则人人首肯,谈一事则人人餍心,钦服之?见于颜色,唯诺之应发于中诚,使人始而自疑,继而自信,久益自负,骄矜之念,不自觉其潜滋暗长矣。静言思之,我真无一处不是耶?我真无一人可及耶!趋忧患而蹈危亡,如醉者之不自觉。外官之可危,恒在于此。"姚祖同曾历官安徽巡抚,此中感慨想必正在斯时。此种邹忌遗风,能有几官知晓?

翻罢《清代名人书札》,又趁热打铁,购入《小莽苍苍斋藏清代学者书札》,那是田家英先生的旧藏。从上世纪50年代中期,家英先生开始收集清代学者墨迹,到他生命戛然而止的1966年,藏品已达千余件,时间跨度自明朝末年至民国初年,涉及清代各个时期的文人学者、学术流派和历史名人500余位。家英先生认为,法书、书札、诗文稿等可以成为考史、证史借以征信的资料。信然。此外,得窥前辈人物的生活细节,亦不失为一种趣味。殊为可惜的是,这一优良文化传统在今天基本上正在演化为历史陈迹,走进了博物馆中。

2016年7月31日

立秋

今日立秋,意味着到了"七月流火"的时节。在我的北方老家,该是孙逖所说的"徂暑迎秋薄,凉风是日飘"了。而在岭南,则要换上高适的说法:"犹是对夏伏,几时有凉飚。"当然了,也没到泾渭分明的地步,但两地"自是以后,或有时仍酷热不可耐者,谓之'秋老虎'",基本不差。

"七月流火,九月授衣",《诗·豳风·七月》中的这一句,于今每为望文生义者理解为酷热的同义词,实则恰恰相反,指的是天气转凉。这个"火"是星名,"流火",不是天气滚烫,而是大火星从西边落了下去。杜甫的理解就是准确的,其《立秋日雨院中有作》云:"山云行绝塞,大火复西流。飞雨动华屋,萧萧梁栋秋。"农历的七月,大致相当于公历的八月。立秋,正是转凉的节点。《四民月令》说得直截了当:"朝立秋,冷飕飕;夜立秋,热到头。"《燕京岁时记》载:"京师自暑伏日起至立秋日止,各衙门例有赐冰。届时由工部颁给冰票,自行领取,多寡不同,各有等差。"这项朝廷给官员的福利,到立秋就终止了,因为不需要了;再有福利的话,该发御寒的东西,识做的下级该想着"炭敬"了。

前人对"四立"非常重视。如立秋,《礼记·月令》云,前三天,大史就要提醒天子:"某日立秋,盛德在金。"天子便开始斋戒,摆出虔诚庄敬的姿态迎秋。到了立秋那天,"天子亲帅三公、九卿、诸侯、大夫以迎秋于西郊。还反,赏军帅武人于朝"。到了汉朝也还隆重得很。《后汉书·礼仪志》载,"先立秋十八日,郊黄帝。是日夜漏未尽五刻,京都百官皆衣黄。至立秋,迎气于黄郊,乐奏黄钟之宫,歌《帝临》,冕而执干戚,舞《云翘》《育命》,所以养时训也。立秋之日,夜漏未尽五刻,京都百官皆衣白,施皁领缘中衣,迎气于白郊。礼毕,皆衣绛,至立冬"。穿什么衣,奏什么曲,跳什么舞,都有一套严格的制度。在立秋这天,"白郊礼毕,始扬威武,斩牲于郊东门,以荐陵庙"。乘舆还宫之后,还要"遣使者赍束帛以赐武官",因为武官们要习战阵之仪,"兵、官皆肄孙、吴兵法六十四阵,名曰乘之"。《后汉书·鲁恭传》中,还有"旧制至立秋乃行薄刑"一类。立秋为什么会与"杀气"关联?出于前人"敬若天时"的考虑,此不赘言。

"官俗"之外,立秋的民俗也相当丰富。《东京梦华录》云,"立秋日,满街卖楸叶,妇女儿童辈,皆剪成花样戴之。是月,瓜果梨枣方盛,京师枣有数品:灵枣、牙枣、青州枣、亳州枣。"《武林旧事》云:"立秋日,都人戴楸叶,饮秋水、赤小豆。"《梦粱录》云:"立秋日,太史局委官吏于禁廷内,以梧桐树植于殿下,俟交立秋时,太史官穿秉奏曰:'秋来。'其时梧叶应声飞落一二片,以寓报秋意。都城内外,侵晨满街叫卖楸叶,妇人女子及儿童辈争买之,剪如花样,插于鬓边,以应时序。"诸如此类,像其他节日一样,有相应的岁时活动以应节。楸叶,楸树的叶子。楸树是落叶乔木,叶子三角状卵形或长椭圆形,花冠白色,有紫色斑点,木材质地细密。楸叶成为主角,当是取"楸"与"秋"同音之义。

记载吴地风俗的《清嘉录》说:"立秋前数日,罗云复叠,细雨帘织,金风欲来,炎景将褪",但在立秋这天忌讳听到雷声,因为

"立秋日雷鸣,主稻秀不实"。谚云"秋毂碌,收秕谷",就是说如果听到像车轮滚动声的雷声,收成就麻烦了。范成大《秋雷叹》有"立秋之雷损万斛,吴侬记此占年谷";蔡云《吴歈》有"雨洒风飘日又晴,先秋十日借秋声。雪瓜火酒迎新爽,怕听天边玉虎鸣",说的都是这种后果。想来一定是某个立秋,因为下雨而导致了严重歉收,才令吴人产生了井绳之惊吧。

立秋还有一则有趣的民俗:复秤。概立夏之时,"家户以大秤权人轻重,至立秋日又秤之,以验夏中之肥瘠"。再用蔡云的《吴歈》:"风开绣阁飔罗衣,认是秋千戏却非。为挂量才上官秤,评量燕瘦与环肥。"杭州也有这种风俗,"立夏日悬大秤,男妇皆秤之,以试一年之肥瘠"。肥瘠的结果,通过立秋的复秤来检验。"瘠"了的,要"贴秋膘",首选方式是"以肉贴膘",像梁山好汉一样大块吃肉。不过,今天的专业人士也早就提醒了,一味"贴秋膘"反而可能"贴"掉健康,要注意分寸,别造成消化不良。

"春花秋草,只是催人老",晏殊《清平乐》中的句子。此外,武元衡有"明朝独向青山郭,唯有蝉声催白头",令狐楚有"平日本多恨,新秋偏易悲",白居易有"萧飒凉风与衰鬓,谁教同会一时秋",等等。秋天到了,给文人雅士带来不少伤感。悲秋最有名的,该是屈原的弟子宋玉。"悲哉!秋之为气也。萧瑟兮,草木摇落而变衰"云云,施耐庵在写《水浒》的时候都受了感染。林冲梁山落草交不了"投名状",在房间"端的是心内好闷",施先生作了一首嵌有大量典故的《临江仙》词,其中一句就是"悲秋宋玉泪涟涟"。在文人眼里,秋天这种自然现象有所谓肃杀之气,自作多情的成分多了些吧。不过,说得多了,却也难免感染开来。

2016 年 8 月 7 日

夕阳

周末,如果不是遇到恶劣天气,兼且时间允许的话,都要游走近在咫尺的海珠湖,每至夕阳西下,日落高楼。此番面对夕阳,忽然想到《容斋随笔》中"不显姓名"者游曲阜的诗句:唯有孔林残照日,至今犹属仲尼家。然后自家来了个偷梁换柱,"孔林"换"海珠","仲尼"换"百姓"。李士宁赠王安石诗多全用古人句,安石问他,他说:"意到即可用,不必皆自己出。"

夕阳,傍晚的太阳。夕阳已落而天色尚未黑的时候是黄昏。所以李商隐说:"夕阳无限好,只是近黄昏。"当然,后人反其意而用之的句子同样著名,"但得夕阳无限好,何须惆怅近黄昏"。然而,黄昏的样子使人生出惆怅,似是一种必然。钱锺书先生认为,这种心情最早或较早诉诸文字,始于《诗·王风·君子于役》:"君子于役,不知其期,曷至哉?鸡栖于埘,日之夕矣,羊牛下来。君子于役,如之何勿思? 君子于役,不日不月,曷其有佸?鸡栖于桀,日之夕矣,羊牛下括。君子于役,苟无饥渴!"按照周振甫先生的译文,这里所要表达的,就是黄昏之际妻子思念服役的丈夫。八股文时代的朱子"范本"也是这样理解:"此忧之深而思之切也。"顾炎武《日知录》则以之为由头,进行了一番借题发挥。

顾炎武首先认为:"君子以向晦入宴息,日之夕矣而不来,则其妇思之矣。"前一句是《易》的告诫,黄昏了,是君子的话就该回家了,所谓"见星而行者,惟罪人与奔父母之丧者乎"?但那是从前,社会风气变败坏后,"酒德衰而酣身长夜,官邪作而昏夜乞哀"。度其语意,有责备"君子"之意。然钱锺书先生说这是"意有所讽,借题发策,不自恤其言之腐阔也",也就是不惜偏离诗歌本旨而说。既然"君子于役",岂能朝出暮返?那句"苟无饥渴",即《采薇》之"行道迟迟,载饥载渴",写的是征戍生活,"正不必盼待君子'自公退食'也"。因此,"顾氏欲讥钟鸣漏尽而不知止之人,遂将此诗专说成日暮不归,置远役未归而度外"。这是顾炎武的"忧时愤世之志,毋以词害可矣",也就是说,对顾炎武的这一"迂拘"应该予以充分理解,不要"以辞害志"。

应当是电影《城南旧事》的普及之功吧,"长亭外,古道边,芳草碧连天。晚风拂柳笛声残,夕阳山外山……"李叔同填词的这首《送别》脍炙人口,如今每为各级学子毕业时节的首选。其中的"夕阳山外山",意境尤其优美:夕阳映照,山外有山。然其版权,该归南宋戴复古所有。复古亦著名诗人,字式之,自号石屏,该句出自其《世事》,全诗为:"世事直如梦,人生不肯闲。利名双转毂,今古一凭栏。春水渡旁渡,夕阳山外山。吟边思小范,共把此诗看。"不过,金性尧先生的《宋诗三百首》和钱锺书先生的《宋诗选注》,都没有收录戴的这首。在两位大家看来,该诗或乏善可陈吧。然"夕阳山外山"这句,为前人称道不已。

明朝瞿佑《归田诗话》云:"戴式之尝见夕照映山,峰峦重叠,得句云'夕阳山外山',自以为奇,欲以'尘世梦中梦'对之,而不惬意。后行村中,春雨方霁,行潦纵横,得'春水渡傍渡'之句,以对,上下始相称。然须实历此境,方见其奇妙。"杨慎《升庵诗话》也说过类似的话。清朝俞樾对此稍感不足,其《九九销夏录》云,

"春水"句肯定比"尘世"句要好,"然渡者,济渡之谓也。行潦纵横,岂足言渡。渡字亦未稳妥"。他给出了自拟的两个"上联",亦实历其境所感,一个是游走乡间时,"见青草一望无际,而人迹所经,则皆成蹊,歧中有歧,至不可辨",成句曰"芳草路旁路"。另一个是游走山岭时,"见人家屋旁一树,大可数抱,而树已中空,群儿聚戏其中,俨然一屋",因又成一句云:"老树屋边屋"。俞樾的句子又究竟如何,是方家探讨的问题,而"夕阳山外山"令那么多著名学者津津乐道,欲意联句,足见其影响之大。

《诗》之"君子于役"章,同样极大地影响了后人。《管锥编》征引清许瑶光《再读〈诗经〉四十二首》句云:"鸡栖于桀下牛羊,饥渴萦怀对夕阳。已启唐人闺怨句,最难消遣是昏黄。"钱先生以为许氏"大是解人"。再征引白居易有"中唐第一篇"之誉的《闺怨》——"斜凭绣床愁不动,红销带缓绿鬟低。辽阳春尽无消息,夜合花开日又西";司马相如《长门赋》——"日黄昏而望绝兮,怅独托于空堂。悬明月以自照兮,徂清夜于洞房。援雅琴以变调兮,奏愁思之不可长";潘岳《寡妇赋》——"时曖曖而向昏兮,日杳杳而西匿。雀群飞而赴楹兮,鸡登栖而敛翼。归空馆而自怜兮,抚衾裯以叹息。思缠绵以瞀乱兮,心摧伤以怆恻";韩偓《夕阳》——"花前洒泪临寒食,醉里回头问夕阳:不管相思人老尽,朝朝容易下西墙";赵德麟《清平乐》——"断送一生憔悴,只消几个黄昏";等等。认为取景造境,均为"君子于役"之遗意。

"夕阳芳草本无恨,才子佳人空自悲。"像秋天的肃杀一样,夕阳也有人为赋予"死别生离,伤逝怀远"的意味。然而,黄昏也的确"营造"出了易于产生此种心境的氛围,不免使人触绪纷来。"最难消遣",亦非无病呻吟。

2016 年 8 月 14 日

中元节

昨天是中元节,农历七月十五,也就是通常所说的鬼节,民俗有祭祀亡故亲人的活动。早几年在广州,这个时候晚间常见路边有人烧纸,一堆堆的火光,现在极少了,也还是有。视野所及,不少传统文化在广东都保留得相对比较完整,比如我就是来这里才第一次见识宗祠。在我成长的京郊顺义县南庄头村,也是聚族而居的,当年我们第二生产队基本上都是董姓,一队则基本上是贾姓,三队基本上是赵姓。这种"划分"未必是延续传统,而是各家住房基址"所在"的因素使然。但我从来没见过董姓、贾姓或赵姓的宗祠,走过好多村子,也没见过别姓的。

像语言一样,广东客观上保留了大量传统文化的因子。中元节是为其一。

中元为汉族传统"三元"节日中的一元。上元是正月十五元宵节,众所周知;下元是十月十五,鲜为人知。中元介乎其间,半生不熟,似为逻辑使然。三元节日源出于道教,用清朝学者赵翼的说法,"其以正月、七月、十月之望为三元日,则自元魏始"。后来,道教以三官配三元,就是让他们所奉的神——天官、地官、水官,分别出生于这三天。在他们的说法里,天官赐福,地官赦罪,水官解厄。《后汉书·刘焉传》注引《典略》云,东汉末年张角借

"五斗米道"领导的黄巾起义,以治病为名聚集队伍,打的就是"三官"的旗号。方法倒是很简单:"道师持九节杖,为符祝,教病人叩头思过,因以符水饮之。病或自愈者,则云此人信道,其或不愈,则云不信道。"喝符水而已,好了是我的事,没好是你的事,你还得"出米五斗",完全是无本生意。符上写什么呢?"书病人姓字,说服罪之意"。就像如今重要的事情说三遍一样,他们要将祷文"作三通,其一上之天,着山上,其一埋之地,其一沈之水,谓之'三官手书'"。不过,当时的有识之士就认识到了,此法"实无益于疗病,但为淫妄,小人昏愚,竞共事之"。

在三元之际,唐玄宗时还有天下各地需断屠三日的禁令。那是开元二十二年(734)十月,玄宗敕曰:"道家三元,诚有科戒。今月十四十五日是下元斋日,都内人应有屠杀,令河南尹李适之勾当总与赎取,并令百姓是日停宰杀渔猎等。自今以后,两都及天下诸州,每年正月七月十月三元日,起十三至十五,兼宜禁断。"断屠的目的,旨在通过禁止杀生来祈求消灾赐福。

具体到中元节,从前道观在作斋醮之外,僧寺则要作盂兰盆会,所以此节道佛色彩并重。李商隐《中元作》有"绛节飘飘空国来,中元朝拜上清回"句,陈元靓《岁时广记》转引《道经》云:"七月十五中元之日,地宫校勾,搜选人间,分别善恶,诸天圣众,普诣宫中,简定劫数,人鬼簿录,饿鬼囚徒一时俱集,以其日作元。都大斋献于玉京山,采诸花果、异物、幡幢、宝盖、精膳、饮食献诸圣。众道士于其日夜讲诵《老子经》,十方大圣高咏灵篇,囚徒饿鬼一切饱满,免于众苦,悉还人中。若非如斯,难可拔赎。"诸如此类,就是浓厚的道教色彩。

《东京梦华录》对宋朝中元节的记载,则关联佛教。"(中元节)先数日,市井卖冥器:靴鞋、幞头、帽子、金犀假带、五彩衣服,以纸糊架子盘游出卖。潘楼并州东西瓦子,亦如七夕"。热闹之外,书籍类如《尊胜目连经》热卖,用具类如"以竹竿斫成三脚,高三五尺,上织灯窝之状"的"盂兰盆"热卖,杂剧类如《目连经救母》热演,"直至十五日止,观者增倍"。中元这一天,"供养祖先素食,才明即卖楝米饭,巡门叫卖,亦告成意也。又卖转明菜花、花油饼、馂𩟔、沙𩟔之类。城外有新坟者,即往拜扫。禁中亦出车马诣道者院谒坟。本院官给祠部十道,设大会,焚钱山,祭军阵亡殁,设孤魂之道场"。

　　如果从中元节中挑选一个鲜明的文化符号,恐怕非放河灯莫属,想来大家对这种情形都不陌生。关于宋朝的小说《水浒传》里,两次讲到了中元节,其中一次是第五十一回,梁山那伙号称好汉的人为了让朱仝上山而残忍地杀害年仅四岁的小衙内,当天正是朱仝带着小衙内来"地藏寺里去看点放河灯",因为"七月十五盂兰盆大斋之日,年例各处点放河灯,修设好事"。梁山的那个所谓智多星吴用,想出了以杀害小衙内来断绝朱仝后路的残忍计策。《水浒传》中另一次讲到中元节是第四十回,蔡九知府准备将宋江、戴宗"来日押赴市曹,斩首施行"之际,平日里"与戴宗颇好"的黄孔目救不了他,只好能拖一下就拖一下。他说:"明日是个国家忌日,后日又是七月十五日中元之节,皆不可行刑。大后日亦是国家景命。直至五日后,方可施行。"结果,就是拖了这几天,给晁盖他们争取了时间,上演了"梁山泊好汉劫法场,白龙庙英雄小聚义"的一幕。

　　宋敏求《春明退朝录》云,宋太宗时,"三元不禁夜,上元御乾元门,中元、下元御东华门,后罢中元、下元二节,而初元游观之盛,冠于前代"。现在,上元保留得最为彻底,中元还在,下元有名无实或曰名存实亡了,其中祭祀亡灵的功能前移,合并给了中元。

以今日对鬼神的认识,中元节渐渐退出历史舞台无疑也将成为必然。

2016 年 8 月 18 日

汤显祖

今年是明代戏曲家汤显祖逝世400周年,确切日期是7月29日。巧合的是,英国戏剧家莎士比亚也是1616年逝世,比汤显祖早了3个月。东西方这两位原本毫不搭界的戏剧大师,难得地在这个时间点上"相遇"。上世纪20年代,日本著名汉学家、中国文学戏剧研究家青木正儿在其《中国近世戏曲史》中写道:"显祖之诞生,先于英国莎士比亚十四年,后莎氏之逝世一年而卒,东西曲坛伟人,同出一时,亦一奇也!"据说,这是最早将汤莎并列的文字,只是不知道为什么逝世年份上出了偏差。

通过旷世名作《牡丹亭》,作为戏曲家的汤显祖早已为我们熟知,实际上他还是一名官员。《明史·汤显祖传》的记载,使我们约略能够看到汤显祖的性格一面、从政一面。首先,他没有攀龙附凤的意识。汤显祖"少善属文,有时名",28岁第三次考进士时,"张居正欲其子及第,罗海内名士以张之。闻显祖及沈懋学名,命诸子延致"。权倾朝野的首相张居正发出邀请,在绝大多数人看来求之不得,但汤显祖"谢弗往"——可惜我们不知他是怎么想的。结果,沈懋学与居正次子张嗣修同时及第,到汤显祖"始成进士"时已是万历十一年(1583),34岁了,而张居正正在前一年病死。这两个时间点、这里面的"逻辑"关系是不是可以玩味一下?

其次，汤显祖没有怕得罪人的意识。万历十八年（1590），"帝以星变严责言官欺蔽，并停俸一年"，汤显祖认为问题的根本症结不在言官本身，上言曰："言官岂尽不肖，盖陛下威福之柄潜为辅臣所窃，故言官向背之情，亦为默移。"他举眼前的实例说话："御史丁此吕首发科场欺蔽，申时行属杨巍劾去之。御史万国钦极论封疆欺蔽，时行讽同官许国远谪之。一言相侵，无不出之于外。于是无耻之徒，但知自结于执政。"这才是风气变坏的根本。这种风气不正导致了"四可惜"：一是"爵禄可惜"，因为"朝廷以爵禄植善类，今直为私门蔓桃李"。二是"人才可惜"，因为"群臣风靡，罔识廉耻"。三是"成宪可惜"，因为"辅臣不越例予人富贵，不见为恩"。四是"圣政可惜"，因为"陛下御天下二十年，前十年之政，张居正刚而多欲，以群私人，嚣然坏之；后十年之政，时行柔而多欲，以群私人，靡然坏之"。此时张居正固然死后也被抄家了，但申时行还在台上，并且此疏等于说万历当了20年皇帝，就没用过好人。龙颜大怒是自然的，显祖因之"谪徐闻典史"。徐闻位于雷州半岛，属于粤西，如今仍是待"振兴"之所在，彼时似更可想象。

在徐闻任上一年，汤显祖迁为浙江遂昌知县，万历二十六年（1598）辞官归里，从此隐居不仕，专事写作。从《牡丹亭》中的杜宝身上，我们似乎可以看到汤显祖自己为官时的影子。在《劝农》中，他写了杜宝如何勤政爱民、仁政惠民。比如听到有人在唱"夜雨撒菰麻，天晴出粪渣，香风酶鲊"，原意是说粪臭随风而来，有如臭鱼鲝的气味，但杜宝不这么认为，他说"父老啊，他却不知这粪是香的"，还搬出前人的"直到饥时闻饭过，龙涎不及粪渣香"诗句"为证"。又比如看到妇女们采桑采茶，杜宝认为"胜如采花"。诸如此类，表明他的"春游之意"，在于"趁江南土疏田脉佳。怕人户们抛荒力不加。还怕,有那无头官事,误了你好生涯"。总之,"为乘阳气行春令,不是闲游玩物华"。在《御淮》《折寇》中,则写出他如何奋勇抗金、誓死报国的豪气干云的风采。公而忘私,国而忘家,即便杜宝身上没有自己的影子,显然也是汤显祖心目中的理想官员。

与杜宝形象几乎相反,汤显祖在第二十三出《冥判》塑造了一个"神啼鬼哭"的地府和一个"胡"判官。胡判官凡事先要"润笔"——索贿,价码都开好了,"十锭金、十贯钞,纸陌钱财"。纸陌,即纸钱一百或一串。看他怎么个"胡判"法,那"枉死城中轻罪男子四名"中的赵大因为生前喜歌唱,"贬做黄莺儿";钱十五因为生前住香泥房子,"准你去燕窠里受用,做个小小燕儿";"孙心使花粉钱,做个蝴蝶儿";"好男风的李猴,着你做蜜蜂儿去,屁窟里长拖一个针"……完全跟恶作剧差不多。到了杜丽娘,因为感叹了句"这女鬼倒有几分颜色!"小鬼马上拍马屁:"判爷权收做个后房夫人。"在现实世界中,这样的事自然不算新闻,所以一张"曹霜不可"的纸条,就足以使曹霜成了柳下惠般的圣人。值此,这座地府、这个胡判官有没有与阳世对接的意味?但胡判官接下来的表现,令人颇生敬意,他想到了法律:"嗒,有天条,擅用囚妇者斩。则你那小鬼头胡乱筛,俺判官头何处买?"最终,他那大笔一挥,更显现出可亲:"我今放你出了枉死城,随风游戏,寻找此人(柳梦梅)。"否则,杜丽娘怎么可能得偿"花花草草由人恋,生生死死随人愿"的意愿?

今天我们纪念汤显祖,当不止于铭记其文化上的贡献,还应该留意他对吏治的态度上,其身体力行之恰似堂吉诃德,虽然在现实中处处碰壁,但同样值得敬仰。

2016 年 8 月 20 日

《牡丹亭》

汤显祖在传统文化上的巨大贡献,非其传世名作《牡丹亭》莫属。

《牡丹亭》全称《牡丹亭还魂记》,与《紫钗记》《南柯记》和《邯郸记》一道,合称"临川四梦"。江西临川,是显祖的故乡。当年,这部伟大作品上演之后,用时人沈德符的话说,叫作"家传户诵,几令《西厢》减价"。近人吴梅先生评价:"此剧肯綮在死生之际,记中'惊梦''寻梦''诊祟''写真''悼殇'五折,自生而之死,'魂游''幽媾''欢挠''冥誓''回生'五折,自死而之生。其中搜抉灵根,掀翻情窟,为从来填词家屐齿所未及,遂能确踞词坛,历千古不朽也。"

牡丹亭,牡丹花只是个点缀,是特指约定再世姻缘的地方。所以,全部55出剧本的内容关乎一个"情"字。汤氏夫子自道:"天下女子有情,宁有如杜丽娘者乎!"当然,许多人不会认同,相反可能还会认为只有自己才最重情感、才最有哀怨无处悲鸣。时人冯小青就留下这么一首诗:"冷雨幽窗不可听,挑灯闲看《牡丹亭》。人间亦有痴于我,岂独伤心是小青。"读过《牡丹亭》的人都了解剧情:少女杜丽娘私出游园,在梦中与岭南书生柳梦梅幽会,从此一病不起,怀春而逝。柳梦梅赶考途中拾到丽娘画像,神魂颠倒,"早晚玩之、拜之、叫之、赞之"。杜丽娘亦从通过"魂游",

从"惊梦"而"寻梦"。如董每戡先生所言,柳梦梅越玩画越爱画中人,跟杜丽娘越忆梦越爱梦中人一样;爱极了画中人,便只希望梦到她,也跟爱极了梦中人,就只希望见到他一样,事奇,情真。终于,柳梦梅掘墓开棺,丽娘起死回生,二人结成夫妇。但这桩"人鬼情未了"的婚姻最后得到杜父认可,还经过了相当波折,甚至闹到了皇帝那里。

杜丽娘的父亲是"西蜀名儒,南安太守,几番廊庙江湖,紫袍金带",夫贵妻荣,母亲是"封大郡"的官太太,这种家庭出身,注定丽娘要被培养成三从四德式的贤妻良母。放在时代背景所决定的文化背景上,我们对这种教育不可能也不应该苛责什么。因此,在和私塾先生陈最良研究丽娘该学些什么的时候,爸爸说还是《诗经》吧,"开首便是后妃之德,四个字儿顺口"。于是,丽娘的第一课便是《关雎》。不料事与长辈愿违,丽娘把《关雎》视为一首热烈的恋歌,以为"圣人之情,尽见于此矣。今古同怀,岂不然乎?"因而教育启蒙的直接结果,就是演绎了传诵后世的"游园惊梦"。在这出曲文中,又有一段脍炙人口的《皂罗袍》:"原来姹紫嫣红开遍,似这般都付与断井颓垣。良辰美景奈何天,赏心乐事谁家院!"第十出《惊梦》的这一段,堪称这部名剧中的名句,因为又经过《红楼梦》的二次传播,更尽人皆知。

《红楼梦》第二十三回,闷闷的林黛玉隔墙听到里面在练习戏文,唱的正是《牡丹亭·惊梦》。因为"素习不大喜看戏文",林黛玉"便不留心,只管往前走",但是,"偶然两句吹到耳内,明明白白,一字不落,唱道是:'原来姹紫嫣红开遍,似这般都付与断井颓垣。'林黛玉听了,倒也十分感慨缠绵,便止住步侧耳细听,又听唱道是:'良辰美景奈何天,赏心乐事谁家院。'听了这两句,不觉点头自叹,心下自思道:'原来戏上也有好文章。可惜世人只知看戏,未必能领略这其中的趣味。'"因有所谓"牡丹亭艳曲警芳心"。林黛玉感慨什么?谢灵运说过,"天下良辰美景赏心乐事,四者难并",属于不容易碰到的"四美",但在这里,"良辰美景"后面却接着"奈何天","赏心乐事"后面却接着"谁家院",就改变了"四美"的原本性质,变成了逝水流年,不能自主。因此,不要说林黛玉,有那么一点儿小资情怀的都难免会触景伤情。

周贻白先生认为,"就按这一支曲子来看,汤氏的才情,那是无法否认的。其造句之纤巧,用意之深远,也是为同时一些传奇作家所不及的",但是汤显祖却不大遵守曲律。以这曲《皂罗袍》而言,第一句应当是"平仄平平仄平平",而"良辰美景奈何天"却是"平平仄仄仄平平"。《牡丹亭》中这类情况还有很多,因此与汤显祖同时期的王骥德便批评他:"临川尚趣,直是横行,组织之工,几与天孙争巧;而屈曲聱牙,多令歌者炸舌。"另一位沈璟说得更不客气:"名为乐府,须教合律依腔。宁使时人不鉴赏,无使人挠喉捩嗓。"但汤显祖本人并不这么看:"弟在此自谓知曲,意者笔懒韵落,时时有之,正不妨拗折天下人嗓子。"他还有一首《七夕醉答君东》:"玉茗堂开春翠屏,新词传唱《牡丹亭》,伤心拍遍无人会,自掐檀痕教小伶。"玉茗堂,是他的斋号。就是说,汤显祖不是不懂得"合律依腔",而是不愿为格律束缚,后世毛泽东的诗词正有此种遗风。

这几年,由白先勇先生倾心打造的昆曲《牡丹亭》横空出世,令欧美也为汤显祖"惊艳""疯掉了"。在不改变原著浪漫的前提下,新版《牡丹亭》更加精简和富有趣味,全部由年轻演员出演,因而有"青春版"之誉。自明迄今,《牡丹亭》便几乎成为昆曲的代名词,则白氏新版无疑是对传统文化的最好传承,值得推崇。

2016 年 8 月 27 日

猕猴桃·苌楚

今天在超市里买了几个猕猴桃,分黄、绿两种,不是论斤称而是按个卖,前者5.90元一个,后者3.90元。常去贵州省亲,早就知道那里盛产猕猴桃,便宜得很,现在这种论个的价钱在彼处基本上是论斤的价钱。这里这么贵,不知是品种的原因还是时令的原因。

猕猴桃以新西兰的最为知名。不过,相关资料足以让我们阿Q一下,因为他们的实际上正是源自我们的。1904年,新西兰女教师伊莎贝尔(M. Isabel Fraser)在中国旅游时发现了猕猴桃,带回国并培育成功,以果实酷似其国鸟——奇异鸟,所以名之曰奇异果。但猕猴桃既然根源是我们的,我们这里也就不难找到它的本名。它的本名原来是:苌楚。《诗·桧风》中有《隰有苌楚》,虽然历来各家对此歌的点评见解不一,但其借苌楚即猕猴桃来比兴,并无异议。

《隰有苌楚》共三章,每章四句:"隰有苌楚,猗傩其枝。夭之沃沃,乐子之无知。 隰有苌楚,猗傩其华。夭之沃沃,乐子之无家。 隰有苌楚,猗傩其实。夭之沃沃,乐子之无室。"猗傩,美盛貌。按照周振甫先生的翻译,这几句大致是说:洼地里长着猕猴桃,美盛的是它的嫩枝、是它的开花、是它的结实,又初生又美好,羡慕你的无知好、无家好、无室好。这是从直观上来看,意味呢?

《诗》的政治性和道德性在后世诚然每经附会而被强化,却又是怎么说的?朱熹《诗集传》云:"政烦赋重,人不堪其苦,叹其不如草木之无知而无忧也。"方玉润《诗经原始》云:"此必桧破民逃,自公族子姓以及小民之有室有家者,莫不扶老携幼,挈妻抱子,相与号泣路歧,故有家不如无家之好,有知不如无知之安也。"钱锺书先生《管锥编》云:"苌楚无心之物,遂能夭沃茂盛,而人则有身为患,有待为烦,形役神劳,唯忧用老,不能长保朱颜青发,故睹草木而生羡也。"等等。由此不难推断,不特猕猴桃,凡草木均可达到歌者所需的前提,而苌楚斯时正入眼而已。苌楚何时得名猕猴桃不得而知,至少唐朝岑参的诗句中已经提到,其《宿太白东溪李老舍寄弟侄》有云:"中庭井栏上,一架猕猴桃。石泉饭香粳,酒瓮开新槽。爱兹田中趣,始悟世上劳。"

猕猴桃,落叶藤本植物,形状应该算腰圆吧,横竖看去,不是都有点儿像迷你运动场跑道吗?它既是一种水果,也可以入药。李时珍《本草纲目》说它"其形如梨,其色如桃,而猕猴喜食,故有诸名。闽人呼为阳桃"。主治呢,"止渴,解烦热,下淋石,调中下气"。下淋石,大抵是说小便涩痛,尿出砂石。这东西既曰猕猴喜食,大抵孙悟空便不会看上眼。根据《西游记》里如来佛对灵猴的四种分类:第一是灵明石猴,这种猴能够"通变化,识天时,知地利,移星换斗";第二是赤尻马猴,能够"晓阴阳,会人事,善出入,避死延生";第三是通臂猿猴,能够"拿日月,缩千山,辨休咎,乾坤摩弄";第四是六耳猕猴,能够"善聆音,能察理,知前后,万物皆明"。孙悟空自然属于第一类了,他就是石头缝里蹦出来的;他在花果山的那几个军师属于第二类;而假扮了悟空,连观音菩萨也辨不出真假,直闹到如来佛跟前被如来佛说破了的那个,正是第四类,猕猴桃该是它才喜欢吃的东西。悟空喜欢吃的,我们都知道是桃。他自封的"齐天大圣"得到玉皇大帝认可之后,上天掌管蟠桃园,结果他先把九千年一熟的蟠桃给偷吃了不少;然后又搅了王母娘娘的蟠桃会,上演了一出大闹天宫的戏码。当然了,猴界对"桃"之分类是否果真这么明晰,同样不得而知。

清朝遗老有个叫刘声木的,通晓目录版本、金石之学,兼且出身达官之家——他爸爸刘秉璋当过四川总督,因于时政及宦途内幕颇有所闻,所著《苌楚斋随笔》系列,也就称得上是一部非常有价值的文史参考书。斋名"苌楚",却不是刘先生爱吃猕猴桃,而是其遗民心态的折射,他以变名、筑室、称颂遗民、称颂纲常节义以及对遗民们学术源流、著述体例进行探讨等方面,来呈现他的表达方式。辛亥革命后,刘声木多次改换室名,总共达7次之多,"苌楚斋"即取《隰有苌楚》之义,慨叹自己生逢乱世,不如猕猴桃等草木无知无累、无室无家之忧,与朱熹等人的见解一脉相承。《隰有苌楚》,一直以来,也正是后世文人骚客感物伤怀、借草木而言事之滥觞。如晋陶渊明《归去来兮辞》,有"木欣欣以向荣,泉涓涓而始流。善万物之得时,感吾生之行休"。唐元结《寿翁兴》,有"借问多寿翁,何方自修育。唯云顺所然,忘情学草木"。前蜀韦庄《台城》,有"无情最是台城柳,依旧烟笼十里堤"。宋姜夔《长亭怨慢》,有"阅人多矣,谁得似、长亭树?树若有情时,不会得青青如此"……不胜枚举。

南北朝时的鲍照有《伤逝赋》,其"惟桃李之零落,生有促而非夭;观龟鹤之千祀,年能富而情少"云云,钱锺书先生一语破的:"无情之物,早死不足悲,不死不足羡耳。"的确,惠子早就说了:"人而无情,何以谓之人?"以有情之人衡诸无情之物,虽可能比"寿"不过,又何羡之有?

2016年9月4日

罗浮山

9月4日至6日,第三届中医科学大会在惠州市博罗县罗浮山脚下召开。报道说,这是中国中医药界乃至世界中医学界的顶级学术会议。选择在罗浮山,在于这里是古代医药学家葛洪曾经炼丹著书的地方吧,道教称为"第七洞天"嘛。而葛洪的《肘后备急方》,直接启迪了当代医药学家的灵感,众所周知,屠呦呦先生发明了青蒿素提取办法,因之获得诺贝尔生理学或医学奖。

罗浮山作为"岭南第一山",又是道教名山,典籍记载中肯定是不会缺席的。《后汉书·郡国志》在讲到"南海郡"时已有"博罗"条,注曰:"有罗浮山,自会稽浮往博山,故置博罗县。"宋朝祝穆《方舆胜览》引《罗浮山记》亦云:"罗浮者,盖二山总名,在增城、博罗二县之境。"这里首先让人感慨的是,两千年来"博罗"县名的"纯正"。三国两晋南北朝,再加上隋唐宋元明清,真是流水的朝代铁打的县名。增城本来也好好的,前几年才由"县"成"市",又由"市"成"区"而已。在改地名、变级别已呈沧海桑田之势的大背景下,"博罗县"名得以留存实在是殊为不易。那么,保护之,今后在某种意义上已是在保护传统文化了。

《郡国志》该注过于简略,其所要表达的意思,顾祖禹《读史方舆纪要》引《岭南志》说得更明白:"罗山之脉,来自大庾;浮山,乃蓬莱之一岛,来自海中,与罗山合,故曰罗浮。"就是说,正像我故乡的潮白河是由潮河与白河交汇而成一样,罗浮山是罗山和浮山撞在一起形成的,然罗山是本地的,浮山是外来的,自己"浮"了过来。这当然只能归为神话传说了。地质学家早有结论:罗浮山形成于八千万年以前,因地壳发生断层,花岗岩体受挤压而隆起。以神话来附会自然,使"身世"极不寻常,无疑旨在提升"自然"的"身价"。这一点,不独罗浮山为然。正是因此,人文方面除葛洪之外,黄大仙、鲍姑、吕洞宾、何仙姑、铁拐李等神仙都曾在罗浮山留过仙迹,几乎顺理成章。

顾祖禹还说,罗浮山"峰峦四百三十有二,岭十五,洞壑七十有二,溪涧瀑布之属九百八十有九。盖宇内之名山,东粤之重镇也"。在他眼里,"其瑰奇灵异,游历所不能遍",美不胜收。然而,在他稍前的王临亨却对罗浮山不大欣赏,其《粤剑编》云:"其山半是宿莽,半是灌木,峰峦颇不甚秀,不知何以名满天下。"他当然知道罗浮的文化内涵,"是山固群真之玄宫,而仙令之丹府也"嘛。但他更推崇南海西樵山,"人言西樵山远过罗浮,余以未及一游为恨"。不过,"桂林山水甲天下,南粤名山数二樵",罗浮山即东樵山。开玩笑说,倘对东樵山失望,对西樵山也就不要寄望了。

但在王临亨笔下,罗浮山也颇有可称道之处。比如宋朝有两个罗浮道士做过惠民的好事,就被他记下了。一个叫邓守安的,"于惠州东门外合江渡口作浮桥,以铁锁石矴,连四十舟为之,随水涨落,榜曰东新桥"。还有一个叫邓道立的,"以广城水俱咸苦,欲以万竿竹为筒,络绎相接,于二十里外蒲涧山引水入城,以供民汲"。为此,其"于循州置良田,令岁课租五七千,买竹万竿作械下广州,以备抽换"。此外,罗浮山还有"竹叶符",说是"昔刘真人修炼此山,尝用殷中军咄咄书作符,以祛邪祟。至今竹叶上皆自然生篆文若符然。

人采以镇宅,可除百妖"。有"丹灶丸",说是葛洪丹灶中的土,葛洪"炼丹时,火盛,丹压灶中。今人取其土为丸,可以已疾"。

最值得玩味的,还是王临亨那篇《游罗浮山记》。王临亨来广东,是以朝廷大员的身份到惠阳虑囚,亦即向囚犯讯察决狱的情况,复查一下有没有冤假错案。用颜师古的话说:"省录之,知其情状有冤滞与不也。"工作结束之后,他专门来到罗浮山,"挟一偏提(酒壶),持四日粮(干粮)以游,戒县令毋烦厨传也",不仅有言在先,而且有行动在先,纯属私人游历。但地方上的人不这么看,所以甫一出城,他就发现"担供帐而往者踵相属矣"。这且不算,"田畯释耜而来异余者动数十百夫矣,荷锄而为余除道者且先余矣",田里的活儿扔下了,光来抬轿子、修整道路的就有好几十人。王临亨在"念有司意良至"的同时,坦言"亦以此自媿"。不过,这还只是开头。王临亨"入肃稚川祠访丹灶所在"之后,住下了,好家伙,"时方子夜,仆夫驿骚声彻卧内,质明命驾,则有百余人,各司事以待,至有执虎子以相从者"。虎子者,便器也。由此不难推断,地方官员对中央大员的安排"周到"到了什么程度。"周到"的背后,自然是"惶恐"在起作用。所以,尽管王临亨"下令减之",但是,"时县簿为余督夫役,乡民奉簿令若神明,余遣之不去也"。这是"县官不如现管"的最好诠释。这种情形不要说彼时,今天我们是否又似曾相识?

"罗浮山下四时春,卢橘杨梅次第新。日啖荔枝三百颗,不辞长作岭南人。"苏东坡留下的名句脍炙人口。我到罗浮山去过几次,都是去开会,开完就近瞄上两眼,因而除了"冲虚古观"似乎没有别的印象。假以时日,还是要深入一些,至少不为顾、王两人的感受所左右。

2016年9月7日

教授

今天是我国第 32 个教师节。当初为什么选在这一天,包括本人在内也很不明白。所以,从前些年开始,就有全国政协委员以提案的方式呼吁将孔子诞辰的日子——9 月 28 日——作为教师节。我一直表示认同,因为传统节日靠世代相传,是哪天就是哪天,而新设定的节日是我们自己选择的结果,事关文化就应当在文化内涵上做文章。两千多年来,孔子的"身份"每为时势所需,神学家、理学家都当过,但他作为教育家的本质从来没有异议,其生日作为教师节日期简直浑然天成。

在我国教师队伍中,教授是最高级学衔,往下依次是副教授、讲师和助教。"教授"的概念古已有之,其中一个含义就是当老师。《史记·仲尼弟子列传》载:"孔子既没,子夏居西河教授,为魏文侯师。"子夏,即卜商,"少孔子四十四岁"。孔子曾经对他讲过一句著名的话:"汝为君子儒,无为小人儒。"后世孔安国释曰:"君子为儒将以明道,小人为儒则矜其名。"一个为公,一个为己,境界不同。子夏本来在西河一带教学,成了魏文侯的老师后,文侯向之"咨问国政"。

《后汉书·郅恽传》亦载,郅恽"客居江夏教授,郡举孝廉,为上东城门候"。这个"志在从政"的郅恽,做出过一件令后世津津乐道之事。光武帝刘秀出去打猎,"车驾夜还"。郅恽是依法行事,"拒关不开"。光武"令从者见面于门间",你看清楚了,是我,皇帝。郅恽说,火光照的是挺亮,不过太远,我看不清,"遂不受诏"。光武"乃回,从东中门入",那边把关的人识做。但郅恽觉得这事没完,第二天上书谏曰:"昔文王不敢槃于游田,以万人惟忧。而陛下远猎山林,夜以继昼,其于社稷宗庙何?暴虎冯河,未至之戒,诚小臣所窃忧也。"不管光武怎么想的吧,反正"书奏,赐布百匹,贬东中门候为参封尉",一奖一惩,表明了自己的态度。后来郅恽又有一贬再贬的经历,与之有无逻辑关联不可妄猜。总之郅恽最后还是"避地教授",有"著书八篇"的成果。

教授从前也是地方官学中的学官名。在宋朝,除宗学、律学、医学、武学等置教授传授学业外,各路的州、县学均置教授,掌学校课试等事,位居提督学事司之下。元代诸路散府及上中州学校、明清的府学亦置教授。钱泳《履园丛话·耆旧》有"仲子教授"条,说的是乾隆时的凌仲子凌廷堪,其学识水准可以视为旧时"教授"成色的一个参照。仲子出身卑微,"其父系海上灶户也"。灶户,即旧时设灶煎盐的盐户。"仲子年十余岁未尝上学,至十三四,偶逢读书人,辄喜切三问四。遂以《水浒传》熟读通部,不移一字。廿余岁游京师,始见知于翁覃溪先生。自此淹贯百家,邃于《三礼》、天文、律算之学",这是他的学问之路。"所作诗歌,沉博绝丽,古文经解,亦皆有根据,而尤长于词曲,虽老宿见之,亦为俯首。都人士知其才,咸欲助之捐监"。这是他的学问水准。钱泳说,乾隆戊申年(1788),他在汴梁见过仲子,"两眼若漆,奇谈怪论,咸视为异物,无一人与言者"。两个人还同屋住过,"听其言论之刻,观其文章之妙",预言其"必中进士"。四年之后,仲子果然"中会榜第四,后补宁国府教授"。

教授从前也是对私塾先生的尊称。《太平广记》引唐薛用弱

《集异记·蒋琛》条:"雪人蒋琛,精熟二经,常教授于乡里。"读过《水浒》的人们都知道,所谓智多星吴用在上梁山之前每被称为教授,他也正是个私塾先生,出场时曾经自道"小生这几年也只在晁保正庄上左近教些村学"。第十四回,雷横当晚引了二十个士兵出东门绕村巡察,见灵官殿大门没关,进来发现"供桌上赤条条地睡着一个大汉",不分青红皂白,"上前把条索子绑了"。晁盖"认义"之后,刘唐气不过,与雷横单挑。吴用劝架,雷横便道:"教授不知,这厮夜来赤条条地睡在灵官殿里,被我们拿了这厮,带到晁保正庄上,原来却是保正的外甥,看他母舅面上,放了他。晁保正情了酒,送些礼物与我,这厮瞒了他阿舅,直赶到这里问我取,你道这厮大胆么?"这番话,实际上活现了彼时公职人员的工作作风,刘唐义愤不过罢了。吴用"说三阮撞筹"时,三阮兄弟也一口一个"教授",如阮小二道:"教授何来?甚风吹得到此?""小人且和教授吃三杯,却说。"阮小七道:"教授恕罪。好几时不曾相见。"阮小五道:"原来却是教授。好两年不曾见面。我在桥上望你们半日了。"《醒世姻缘传》第二十五回,则是一个叫"薛教授"薛振的晃来晃去,因为跟"真君"套好了近乎,还避免了大水来时,"除了女儿素雪,其余全家都该溺死"的灾祸。这个薛振"原任兖州府学的教授",档次上显然又超越了私塾先生。

近年来,一些在公共场合信口开河的教授每被谐音为"叫兽",专家每被讥为"砖家"。被网友称为"根叔"的华中科技大学校长李培根说,这种称谓缺乏对人起码的尊重,也凸显出缺乏对教育起码的敬畏。的确如此,但公众何以对本该神圣的称谓如此不屑,教育工作者也该反躬自问,尤其该自问自己属于"君子儒"还是"小人儒"。

2016年9月10日

炒栗子

深秋时节,街上的炒栗子又开始飘香了。

东坡的弟弟苏辙倾向于生吃栗子,其《服栗》诗说得非常详细明白:"老去日添腰脚病,山翁服栗旧传方。经霜斧刃全金气,插手丹田借火光。入口锵鸣初未熟,低头咀嚼不容忙。客来为说晨兴晚,三咽徐收白玉浆。"不过,他那是依据"旧传方"而采用的食疗法。唐朝药王孙思邈说,栗子"主益气,厚肠胃,补肾气,令人耐饥,生食之,甚治之腰脚不随"。如果当零食吃,栗子还是炒熟的要香得多,也是绝大多数人的首选,俨然一种风味。

《诗》中已经提到栗子。《郑风·东门之墠》云,"东门之墠,茹藘在阪。其室则迩,其人甚远。 东门之栗,有践家室。岂不尔思?子不我即。"清朝学者姚际恒十分推崇"其室则迩,其人甚远",以为"八字中不露一'思'字,乃觉无非思"。就写实来看,这个姑娘单恋的人家附近,正种着栗树。《鄘风·定之方中》亦有"树之榛栗"的说法,表明栗子树已是当时常见或重要的果树树种。有研究者甚至认为,栗子是《诗》时代的重要淀粉来源。《庄子》中盗跖给孔子讲过一通道理,其中说到"古者禽兽多而人少,于是民皆巢居以避之。昼拾橡栗,暮栖木上"。这个"昼拾橡栗"的"橡栗",一般是指栎树的果实,跟栗子无关,但栗子以及橡栗不要说在上古,就是在后世歉收的年代,也不啻为重要的食物来源。杜甫"乾元中寓同谷县"时有诗曰"岁拾橡栗随狙公,天寒日暮山谷里",表明他在那段日子相当落魄,跟"有巢氏"的生活方式差不多了。只是在后来,栗子才演变成了零食。

炒栗子在历史上有一个标志性符号,今天做辣椒酱的"老干妈"与之类同。那个标志性符号,就是北宋的李和。历代的人们说到炒栗子,每每言必及李和。

北宋《东京梦华录》在谈到立秋的时令食品时,便说到了李和。除了"枣有数品"之外,"鸡头上市,则梁门里李和家最盛"。鸡头,应当是鸡头果,学名芡实,睡莲科一年生水生草本植物。盛到什么程度呢?"中贵戚里,取索供卖。内中泛索,金合络绎。士庶买之,一裹十文,用小新荷叶包,糁以麝香,红小索儿系之"。卖小吃的人家不少,然"不及李和一色拣银皮子嫩者货之"。南宋陆游《老学庵笔记》则直接说"故都李和炒栗,名闻四方。他人百计效之,终不可及",把李和与炒栗子直接关联到一起。可惜的是,因为金兵入侵,徽钦二帝都给掳走了,大量的百姓也因此流离失所。陆游接着说道:"绍兴中,陈福公及钱上阁恺出使虏庭,至燕山,忽有两人持炒栗各十裹来献,三节人亦人得一裹,自赞曰:'李和儿也。'挥涕而去。"清朝赵翼《陔馀丛考》"京师炒栗"云:"今京师炒栗最佳,四方皆不能及。按宋人小说:汴京李和炒栗,名闻四方。绍兴中,陈长卿及钱恺使金,至燕山,忽有人持炒栗十枚来献,自白曰:'汴京李和儿也。'挥涕而去。盖金破汴后,流转于燕,仍以炒栗世其业耳。然则今京师炒栗,是其遗法耶?"宋人小说,自然包括陆游那册了。

可惜李和究竟怎么个炒法,工艺如何,不得其详。如果后世的"京师炒栗"果为其"遗法"的话,那么从清人郝懿行《晒书堂笔录》中,倒是可以一窥。郝氏说:"栗生啖之益人,而新者微觉寡味,干取食之则味佳矣,苏子由服栗法亦是取其极干者耳。"先说了一下苏辙的生吃,接着笔锋一转,回味起吃炒栗子时的美妙时光:"余幼时自塾晚归,闻街头唤炒栗声,舌本流津,买之盈袖,恣意咀嚼,其栗殊小而壳薄,中实充满,炒用糖膏则壳极柔脆,手微剥之,壳肉易离而皮膜不黏,意甚快也。"这种好东西怎么炒出来的呢?"及来京师,见市肆门外置柴锅,一人向火,一人坐高兀子,操长柄铁勺,频搅之令匀遍。其栗稍大,而炒制之法和以濡馎藉以粗沙,亦如余幼时所见,而甜美过之,都市衔鬻,相染成风,盘饤间称佳味矣"。当然了,一口锅两个人,郝懿行也仅仅能描述表象,配料、对火候的拿捏,定然有自家的绝活。炒栗子在旧时帝都是一道时令风景,富察敦崇《燕京岁时记》云,京师十月以后便有栗子,"用黑砂炒熟,甘美异常。青灯诵读之余,剥而食之,颇有味外之味"。

辽代官员萧韩家奴曾对兴宗耶律宗真说过这么一句话:"炒栗,小者熟则大者必生,大者熟则小者必焦,使大小均熟,始为尽美。"清朝的乾隆皇帝显然知道这件事,其《食栗》诗径直以之起兴:"小熟大者生,大熟小者焦。大小得均熟,所待火候调。惟盘陈立几,献岁同春椒。何须学高士,围炉芋魁烧。"不过,乾隆就炒栗子而云炒栗子,而兼通契丹文和汉文,且有"为时大儒"之誉的萧韩家奴的话,横竖感觉另有所指,不大像是吃货一枚在谈感受,便是"炒栗子谏"也说不定。

顷读《驼庵学记》,见顾随先生亦曾有诗写到北京秋天的炒栗子上市:"秋风瑟瑟动高枝,白袷单寒又一时。炒栗香中夕阳里,不知谁是李和儿?"该诗写于抗日战争北平沦陷时期,则又有弦外之音可堪品味。显而易见,自李和开始,寻常的炒栗子也成一种文化符号,被打上了家国情怀的深深烙印。

2016 年 9 月 16 日

乌鸦

　　由天涯论坛网民自发投票产生、专门评比年度"最恶心艺人"的"金乌鸦"奖，已经出炉了十强入围名单。该奖产生于2004年，由网友自发投票评比年度奖项，如"恶后"（最让人恶心的女演员）、"恶帝"（最让人恶心的男演员）。每届评选都吸引了上百万的网友投票评选，其受关注程度一度超过了金鸡百花等正规的影视评选，堪比美国评比好莱坞烂片的"金酸梅"奖。

　　这个奖，显然是把乌鸦作为"负面"形象的代表来视之的。谚云"乌鸦头上过，无灾必有祸"嘛。乌鸦在当代确实是不吉利的预兆，但在从前则不然。从前，乌鸦和喜鹊是一个战壕的战友。

　　乌鸦是一种鸟，嘴大而直，羽毛黑色。简言之：黑羽飞禽。也因此而有"天下乌鸦一般黑"之谓。当然，"王者德至鸟兽，则白乌下"。在我们的史书中，总是有许多匪夷所思之事。唐玄宗时就看到了白乌鸦，张说写了《进白乌赋》，玄宗还有《答张说进白乌赋诏》；唐宪宗时又看到了，这回裴度来了篇《白乌呈瑞赋》。明朝沈德符《万历野获编》云："弘治十七年，大名府元城县民家，乌巢中生一白雏，因收豢之。"长大了，白乌鸦献给皇帝，"时孝肃太皇太后上仙未久，咸以为上孝感所致"，名目堂皇得很，结果皇帝"不受，却还"。沈德符感慨道，如果在嘉靖朝，这种荒谬做法"骤贵者不知几人矣"。实际上,在之前的宣德朝已经是这个样子了,"请贺白乌,贺白兔……,十年之间,贡媚无虚日"。

乌鸦和喜鹊同属鸟纲鸦科,二者的命运在早先也没什么两样。在"乌鸦报喜,始有周兴",以及"赤乌呈瑞,必有大捷"之外,我们还可以看到许多乌鸦寓意喜事的现实例证。就诗句而言,杜甫有"帘户每宜通乳燕,儿童莫信打慈鸦",李渤有"忧时魂梦忆归路,觉来疑在林中眠。昨日亭前乌鹊喜,果得今朝尔来此",白居易有"南宫鸳鸯地,何忽乌来止。故人锦帐郎,闻乌笑相视。疑乌报消息,望我归乡里",诸如此类,数不胜数。

从典籍来看,《旧唐书·音乐志》载:"《乌夜啼》,宋临川王义庆所作也。元嘉十七年,徙彭城王义康于豫章。义庆时为江州,至镇,相见而哭,为帝所怪,征还宅,大惧。"正在这个时候,"妓妾夜闻乌啼声",高兴极了,扣斋阁云:"明日应有赦。"郭茂倩《乐府诗集·琴曲歌辞》有唐张籍《乌夜啼引》,引李勉《琴说》曰:"《乌夜啼》者,何晏之女所造也。初,晏系狱,有二乌止于舍上。女曰:'乌有喜声,父必免。'遂撰此操。"并且,张籍还留诗一首:"秦乌啼哑哑,夜啼长安吏人家。吏人得罪因在狱,倾家卖产将自赎。少妇起听夜啼乌,知是官家有赦书。下床心喜不重寐,未明上堂贺舅姑。少妇语啼乌,汝啼慎勿虚,借汝庭树作高巢,年年不令伤尔雏。"这首诗的内容相当直白:小吏获罪下狱,家人准备倾家荡产施救,夜里却听到了乌鸦叫,媳妇高兴得再也睡不着了,天没亮就赶快向姑舅报喜,并且对乌鸦郑重许愿:如果你没有虚,我家院子里的大树年年给你做窝,并且保证不伤害你的小鸟。《乌夜啼》,即乌鸦带来祥瑞的曲子,无论始作俑者为谁吧,表明乌鸦报喜在当时已为大众文化所公认。

李时珍《本草纲目》云："古有鸦经以占吉凶。"鸦经的具体内容，暂不得其详，然典籍中乌鸦"昭示"的记载，还可以翻出许多。如《魏书·苻坚传》载，"长安大饥，人民相食。姚苌叛于北地，与（慕容）冲连和，合攻长安。有群乌数万，鸣于长安城上，其声甚悲，占者以为不终年，有甲兵入城之象"。《旧唐书·柳仲郢传》载，仲郢"自拜谏议后，每迁官，群乌大集于升平里第，廷树戟架皆满，凡五日而散。诏下，不复集，家人以为候，唯除天平，乌不集"，只有仲郢授天平军节度观察使那次例外。又如《北梦琐言》云，唐朝京兆尹温璋，有天"闻挽铃声，俾看架下，不见有人。凡三度挽掣，乃见鸦一只"。温璋觉得这乌鸦一定有冤要诉，就让人跟着，"其鸦盘旋引吏至城外树间，果有人探其雏，尚憩树下"。这个近乎神话的故事，表明乌鸦在时人心目中具有相当的灵性，是一种神鸟。

乌鸦主凶兆的说法大约在唐代以后才渐渐出现，唐代已经有了影子。段成式《酉阳杂俎》讲到乌鸦之时，先说它"鸣地上无好声"，再说"人临行，乌鸣而前引，多喜"。这样，乌鸦叫声便有了双重属性。洪迈《容斋续笔》说："北人以乌声为喜，鹊声为非。南人闻鹊噪则喜，闻乌声则唾而逐之，至于弦弩挟弹，击使远去。"意味着乌鸦叫声的文化内涵，已经在地域层面有了明确区分。总之，以乌鸦叫声为喜事的习俗，就这样逐渐异化，直到演变成"乌鸦共喜鹊同行，吉凶事全然未保"的对立格局，使乌鸦的形象完全走向负面，与喜鹊的待遇判若云泥。这个转折点很可能就发生在唐朝。

"金乌鸦奖"的评选，想来并无视当选者为不吉利的乌鸦的意味。这种完全由民间自发的网络评选颁奖，如识者所指出，是为了引起大家对名人、明星人品、艺德等各方面问题的关心和重视。

因而往年的当选者、今年的候选者都不乏著名人物,当事人也不必动怒,视为一种鞭策吧。

2016 年 10 月 6 日

温泉

昨天到从化走了一趟。没有落籍广东的时候就知道从化温泉,杨朔先生的名篇《荔枝蜜》讲到了,印象颇深。

温泉,辞书上说是水温超过20℃的泉,或者水温超过当地年平均气温的泉。温泉的形成,被认为是降水或地表水渗入地下深处,吸收四周岩石的热量后又上升流出地表。从地理分布来看,我国温泉主要集中在滇藏南区和东南沿海的福建、广东和台湾。屈大均《广东新语》之"水语",专门讲到了家乡各地的温泉,电白的、乳源的、龙门的、清远的等等,"盖岭南十郡,无地不有温泉",其中说道:"从化有温泉,在县东山麓。"

温泉从前叫"汤""泉""汤池"或"汤井"。据龚胜生先生研究,泡温泉大约从秦汉时期开始就已成为一种时尚,人群则涵盖了从帝王皇室到平民百姓。但从前的人泡温泉,如陈寅恪先生所言:"其旨在治疗疾病,除寒祛风。非若今世习俗,以为消夏逭暑之用者也。"当然了,屈大均还有另外一说,"温泉者,火之水也,禀纯阳之烈气,为养生者所取资,故古之丹客,率来岭峤,借此正阳津液,以变其纯阴金骨。以水中之火补其阳,以火中之水还其阴,温泉之为功也,盖莫大焉"。在他看来,那是信奉道家的人修身养性的方式。

温泉的疗疾功能,陈寅恪先生在《元白诗笺证稿》里论及白居易《长恨歌》时讲得清清楚楚。在古往今来的中国温泉中,最有名、也最有文化内涵的,可能就是陕西的"骊山汤",秦皇汉武、玄宗贵妃都泡过。东汉张衡有一篇《温泉赋》,云"阳春之月,百草萋萋。余在远行,顾望有怀。遂适骊山,观温泉,洛神井,风中峦",令其"壮厥类之独美,思在化之所原,美洪泽之普施"。《长恨歌》中的"春寒赐浴华清池,温泉水滑洗凝脂。侍儿扶起娇无力,始是新承恩泽时",说的也正是骊山温泉。寅恪先生引《唐六典》之"骊山西有温汤,汉魏以来相传能荡邪蠲疫",又从北周惠远为《温室经》作疏,以及同时期的庾信、王褒为温汤作碑文诸事,得出"固可窥知其时温汤疗疾之风气"的结论;并且认为,温泉疗疾"本盛行于北朝贵族间。唐世温泉宫之建置,不过承袭北朝习俗之一而已"。

温泉可以疗疾,唐玄宗也是这么看的,从《全唐诗》收录的他的作品中,可窥端倪。《惟此温泉,是称愈疾。岂予独受其福,思与兆人共之。乘暇巡游,乃言其志》,这个啰里啰唆的诗题应该是小引吧,不管是什么,已经把温泉"愈疾"的意思表达得明白无误,至于有没有、会不会"与兆人共之"则不必去较真,《唐六典》就说了:"凡王公以下至于庶人,汤泉馆室有差,别其贵贱而禁其逾越。"界限划得相当清楚,没有"共之"的可能。玄宗的另一首《幸凤泉汤》,也有"阴谷含神爨,汤泉养圣功。益龄仙井合,愈疾醴源通"。还有一首《温汤对雪》更成了抒怀:"未见温泉冰,宁知火井灭。表瑞良在兹,庶几可怡悦。"因为温泉疗得滋润,天下治理已经让他心满意足了。

在"温汤为疗疾之用之主旨既明"之后,关于玄宗泡温泉的时间问题便迎刃而解,就是其"临幸华清,必在冬季或春初寒冷之时节"。寅恪先生在"详检两唐书玄宗纪"后,发现的确"无一次于夏日炎暑时幸骊山,而其驻跸温泉,常在冬季春初"。那么,会不会是史书失记了呢? 不会。"夫君举必书,唐代史实,武宗以前大抵完具。若玄宗果有夏季临幸骊山之事,断不致漏而不书"。这样一来,白乐天的"临别殷勤重寄词,词中有誓两心知。七月七日长生殿,夜半无人私语时",寅恪先生便认为纯粹出于想当然。如果说决无"天宝七载七月七日玄宗与杨妃在华清宫之理"还只是时间上的问题,寅恪先生又从空间上进行了考证。骊山这个长生殿是斋殿,"有事于朝元阁,即御长生殿以沐浴也",《旧唐书》《唐会要》《唐诗纪事》等对此都相当明确,那么,"李三郎与杨玉环乃于祀神沐浴之斋宫,夜半曲叙儿女私情。揆之事理,岂不可笑?"白居易的名篇在史实上为什么出此偏差? 寅恪先生认为是"因唐代寝殿习称长生殿",然而"独华清宫之长生殿为祀神之斋宫",是个例外,"乐天未入翰林,犹不谙国家典故,习于世俗,未及详察,遂致失言"。

玄宗去泡温泉,委实够奢侈。唐朝成书的《明皇杂录》便云,其幸华清宫,"新广汤池,制作宏丽"。到什么程度呢? "安禄山于范阳以白玉石为鱼龙凫雁,仍为石梁及石莲花以献,雕镂巧妙,殆非人功"。玄宗很高兴,"命陈于汤中,又以石梁横亘汤上,而莲花才出于水际"。只是因为有一次,玄宗"至其所,解衣将入,而鱼龙凫雁皆若奋鳞举翼,状欲飞动",吓得够呛,才"遽命撤去"。不仅如此,"又尝于宫中置长汤屋数十间,环回甃以文石,为银镂漆船及白香木船置于其中,至于楫橹,皆饰以珠玉"。前几年我到华清池游览,见到已经考古发掘出不少当年的泉眼,复原了若干汤屋,想见典籍记载的不虚了。

"至今汤殿水,呜咽县前流。"唐人温庭筠过华清宫时如此感旧。"当日温泉浴太真,岂知绣袜解尘生。更于洗滑凝脂处,尚忆胡儿在锦绷。"宋人易士达《温泉》诗的见解。类似的诗句汗牛充栋,总的感觉是后人言及于此,颇有归咎意味。这不奇怪,"红颜祸水"论今天也没有退出历史舞台,遑论彼时了。

2016 年 10 月 16 日

柿

深秋时节，柿子是一种重要的时令水果。在我的河北三河老家，好多人家的院子里都有柿树，成熟的果实就像挂着的一盏盏小红灯笼。柿叶在经霜之后，也会变为红色，因之如枫叶一样成为诗文中渲染秋色的重要元素。如白居易《寄内》诗云："条桑初绿即为别，柿叶半红犹未归。不如村妇知时节，解为田夫秋捣衣。"苏东坡《睡起》诗云："柿叶满庭红颗秋，薰炉沉水度春篝。松风梦与故人遇，自驾飞鸿跨九州。"

柿子，也是我国食用极早的果品。研究者说，收集了西周初年至春秋中叶诗歌的《诗》，虽未提及"柿"，然传为西汉礼学家戴圣所编的《礼记》已有记载。其《内则篇》讲的是先秦饮食制度，对国君春夏秋冬应该吃什么都有明确规定，在水果那里，于"枣、栗、榛、瓜、桃、李、梅、杏、楂、梨"等一大堆名目中，便有"柿"这一项。南朝梁简文帝萧纲，显然很爱吃柿子，其《谢东宫赐柿启》有"悬霜照采，凌冬挺润，甘清玉露，味重金液，虽复安邑秋献，灵关晚实，无以匹此嘉名，方兹擅美"，对柿子极尽赞美之能事。到了朱元璋那里更进一步，甚至把柿子树封为"凌霜侯"。明赵善政《宾退录》（非南宋赵与时之同名著作）载："太祖微时，至一村，人烟寥落，而行粮已绝。正徘徊间，见缺垣有柿树，红熟异常，因取食之。后拔采石,取太平,道经此村,而柿树犹在,随下马,解赤袍以被之,曰:'封尔为凌霜侯。'"则柿树受到此封,有相声中"珍珠翡翠白玉汤"的意味。有趣的是,那种由白菜帮子、菠菜叶儿(翡翠)、馊豆腐(白玉)和剩锅巴碎米粒儿(珍珠)做成的杂合菜剩菜汤儿,"汤主"也与"微时"的朱元璋相关。

对柿子树,《酉阳杂俎》说它"有七绝":一寿,二多阴,三无鸟巢,四无虫,五霜叶可玩,六嘉实,七落叶肥大。《邵氏闻见后录》的说法稍有不同:"一有寿,二多阴,三无禽巢,四无虫蠹,五有嘉实,六其本甚固,七霜叶红。"前几项的功能还真没大注意,书上得知,"落叶肥大"被唐朝的郑虔给充分利用了一回。《新唐书》其本传载,郑虔"善图山水,好书,常苦无纸,于是慈恩寺贮柿叶数屋,遂往日取叶肄书,岁久殆遍"。柿叶学书,后来就成了勤苦习字的典故,每为后人津津乐道,如杨万里"却忆吾庐野塘味,满山柿叶正堪书",王之道"君不见郑虔学书晚弥笃,岁收柿叶贮三屋",徐渭"柿叶学书才不短,杏花插鬓意何长",等等。以柿叶为纸,表明家里很穷。时人说郑虔的家,"屋室破漏,自下望之,窍如七星",可窥一斑。但是郑虔属于"穷且益坚"的典范,其"进献诗篇及书画,玄宗御笔题曰'郑虔三绝'。与杜甫、李白为诗酒友"。可惜的是,"天宝初,为协律郎,集缀当世事,著书八十余篇",被人家看到了,"上书告虔私撰国史,虔苍黄焚之,坐谪十年"。后来,又上了安禄山的贼船。安禄山反,被授以"伪水部员外郎",《新唐书》则说授的是"水部郎中",且云"贼平,与张通、王维并囚宣阳里。三人者,皆善画,崔圆使绘斋壁,虔等方悸死,即极思祈解于圆,卒免死"。崔圆,安史之乱时以迎接玄宗之功拜相,长安收复后,奉命审定降贼官员。

众所周知,柿子不像桃李那样可以摘下就吃,需要加工。欧阳修《归田录》云："凡物有相感者,出于自然,非人智虑所及,皆因其旧俗而习知之。今唐、邓间多大柿,其初生涩,坚实如石。凡百十柿以一榠楂置其中,则红熟烂如泥而可食。土人谓之烘柿者,非用火,乃用此尔。"榠楂,即木瓜。烘柿,讲的就是加工,是说将青绿的柿放在器具中自然变红熟,像火烘出来的一样,而且涩味尽去,味甜如蜜。在我们那里,这叫"醂(音懒)柿子",目的就是去涩。醂的工序如何已全然没有记忆,但放个木瓜是不可能的,因为我们那里没有木瓜,而且落籍广东之前,我还从没见过木瓜。按照欧阳修的介绍,醂柿子利用的是一物降一物的原理。因为醂好的柿子"红熟烂如泥",所以催生了"老太太吃柿子——拣软的捏"的歇后语,实际上这是一种必然之选,引申出去成了某个人比较好欺负,或者处于弱势。

"友生招我佛寺行,正值万株红叶满。"韩愈笔下的北方秋天意象,在南国不可设想。诸如叶茵的"柿叶红如染,横陈几席间。小题秋样句,客思满江山"(《柿叶》),张九成的"相去未三月,柿花亦已零。乃兹寻去路,累累满空庭。人生岂无情,眷眷不忍行。严霜八九月,百草不复荣。唯君粲丹实,独挂秋空明。寄语看园翁,勿使堕秋风"(《见柿树有感》),都道出了睹柿思乡的那份情感。台湾电影《红柿子》(1997),讲述败退到台湾的国民党将军一家的生活经历:爸爸忙着"反攻大陆",妈妈为生计操劳,伴随家中众多小孩成长的是姥姥。爸爸对姥姥承诺不久就可以重返老家,但随着时间的推移越来越成为泡影,姥姥唯有不断忆起河南老家的红柿子树。那种浓浓的乡愁贯穿影片始终,令人对那一代人的际遇不胜唏嘘。

即便没有隔着海峡,但远离故乡多年的人又如何不是如此?

2016年10月23日

胡雪岩旧居

应当地友人推荐,昨天中午离开杭州前,抓紧时间去了位于元宝街的胡雪岩旧居。比较意外的是,大门不是对着大街,而是在一条窄窄的巷子里,显得相当局促。那大街或是后世的产物吧。沿着窄巷走进去,先见"全国重点文物保护单位"的水泥标志,旁边便是算不上高大的磨砖大门,与"万仞宫墙"的描述句子相比,很是对不上号。当然,进去之后才会发现,洞中别有天地。

胡雪岩是个很知名的人物,前几年电视剧《红顶商人胡雪岩》轰动一时,更有推波助澜的作用。他的名字实际上是胡光墉,雪岩是字。称字而不称名,在从前有表示尊敬的意味。举国皆言胡雪岩,是否同样包含传统礼仪的这条准则在内?总之,讲起胡光墉,可能相当之多的人反倒不知其谁,换成胡雪岩才会恍然大悟。胡雪岩有"活财神"之称,"偶一出游,车马塞途,仆从云拥,观者啧啧叹羡,谓为神仙中人"。至于富到什么程度,看看给他抬轿子的人的生活,便可窥一斑,这是醉醒生《庄谐选录》中说的——"胡之舆夫,相随既久,亦拥巨资。舆夫有家,兼畜婢仆",夜里下班回来了,则金呼曰:"老爷回来了,快些烧汤洗脚。"

胡雪岩最标志性的符号,正如电视剧剧名:红顶商人。如果用李慈铭的话说,胡雪岩是"以小贩贱竖,官至江西候补道,衔至布政使,阶至头品顶戴,服至黄马褂,累赏御书"。因为头品顶戴是红色的,"红顶商人"始而属于实指,后来才被衍伸开来,当下的"红顶"该相当于罩在商人头上的政治光环了。

胡雪岩的住宅同样出名。资料上介绍,杭州胡雪岩旧居始建于清同治十一年(1872),光绪元年(1875)竣工,"无论是从建筑还是到室内家具的陈设,用料之考究,堪称清末中国巨商第一豪宅"。前人的笔记或日记,不少都涉及到了胡氏旧居。如刘体智《异辞录》云,胡于"上海、杭州各营大宅,其杭宅尤为富丽,皆规禁籞,仿西法,屡毁屡造"。如沙沤《一叶轩漫笔》云,胡"起第宅于杭州,文石为墙,滇铜为砌,室中杂宝诡异至不可状,侍妾近百人,极园林歌舞之盛"。又如李慈铭《越缦堂日记》云,胡"营大宅于杭州城中,连亘数坊,皆规禁籞参西法而为之,屡毁屡造"。籞者,古代帝王禁苑也。《汉书·宣帝纪》宣帝诏曰:"池籞未御幸者,假与贫民。"颜师古引他注曰:"折竹以绳绵连禁御,使人不得往来,律名为籞。"那意思是做上记号,大抵就像今天警察勘查现场时用胶带划定的禁区吧。所以,胡雪岩的房子从前还不是想看就能看的。

如果说这些对胡氏旧居的文字还只是一笔带过,民国许国英的《记胡雪岩故宅》则是专门的游记。他也是游西湖的时候得到友人的"郑重"推荐:"杭城有一特殊建筑物,今将拆毁,后此更无机缘,可再睹庐山面目。盍一往观?"友人所说的特殊建筑物,"即五十年前,大富翁胡雪岩之第宅是也!在元宝街。其构造宏丽,雕镂致巧,甲于近代",因为雪岩败后,"曩以家落,没入宫中,辗转未获售主。今为某银行所有,将取其材,移建他所,已支解十(分)之三。苟不速过,则交臂失眼福,宁非可惜?"许国英,江苏武进人,他的一件比较出名的举动,是上接《纲鉴易知录》写了部《清鉴易知录》,沿用纲鉴的体裁叙述有清一代将近300年的历史。这本书有相当的价值,一度被列为教科书使用。但他在书中把"吕四娘刺雍正"的逸闻当信史来写,受到了近代清史研究奠基者孟森先生的批评:"吕四娘之说,余亲见吾乡许国英伪造,当时责其紊乱史实,为失记载之道德,许唯唯。"然而"吕四娘刺雍正"的故事传播之广,"为浅薄好事者所乐述",怕是为许氏自家也始料不及,因此孟森先生对后来著书者有此告诫:"以好奇之故而不顾常识,愿谈历史者自重,勿蹈此陋习。"

许氏《记胡雪岩故宅》属于实地踏勘,不至于也没必要信马由缰。那么,他在胡雪岩旧居看到了什么呢?破败景象中折射出的奢华。如"木皆樟楠磨漆,榱题楹桷,皆雕刻花草人物极工细;铁马屈戍,丁鸟金铺等,皆精铜镂花,厚几逾指。惟年久泽黯,无以发其光华。门间沤钉兽环,大半摘去而留迹"。导引的人告诉他,"此为军人攫去易资耳!"又如"庭下竹头木屑,纵横碍足。十余匠,斤削锯斧,大斫而小,长截而短。拾视其木,率红楠、紫檀、樟梓美材,或嗅之有香"。干活的工人们说,"彼中将以铺地也"。如此等等。先来看过的许国英友人说,"华人无保存古物特性。若在欧西,必不令市侩轻毁,相与愤慨",由此亦见我们对文物建筑的漠视并非只是市场经济时代的产物。

胡雪岩"偶一出游"之时,有个看热闹的说话了,不是"大丈夫当如是"或"彼可取而代也"一类,而是从他的字中卜了一卦:"雪岩字义近冰山,恐勿能久耳。"不管是什么原因吧,旧居之败当然源于雪岩之败,现在看到的这个,是本世纪初"按原样、原结构、原营造工艺、原使用材料、修旧如旧的要求来恢复建设的",总计耗资多达6亿元。游人能进入,正应了许氏友人的设想:"若开放古迹为公园,则饱眼福者,岂独吾辈?"那位友人但知姓汪,显然是个很有先见之明的人。

2016 年 10 月 31 日

钱王

10月28日中午到杭州,马上就迫不及待地去了西湖。明朝张岱诗曰"日日看西湖,一生看不厌",何况我还只是第三次看。远远见到保俶塔的清癯身姿,不免有些心潮荡漾。在"柳浪闻莺"那里,见到一座"钱王祠",虽然已经来过两次西湖,但钱王祠还是头次看到。介绍中说,这是杭州市政府恢复历史文化景观的一项工程,2002年2月动工重建,2003年国庆前夕竣工落成。那么,1992年5月首游西湖时没见该祠,不算走眼了。

钱王,指的是第一代吴越国国王钱镠,前文曾及,就是衣锦还乡之时仿照汉高祖刘邦高歌一曲,用普通话大家不明所以,"高揭吴喉"则父老"叫笑振席"的那位。吴越国,是唐宋间五代十国时期的一国,国王似乎应该叫钱帝才对,但官修正史中视他们为地方割据势力,并没有给予他们应有的地位。不仅《宋史》中把他们统统列入世家,连清朝编纂的《十国春秋》也是这样,俨然那十国只是诸侯国。并且,吴越先前已然是帝国做派,改府署为朝廷,设丞相、侍郎等百官,只是没有称帝而已。饶是如此,宋太宗也还是进行了正本清源。如"先是镠与战士多赐己姓,后俶归朝,皆称同宗。(太宗)淳化三年,诏令复本姓"。又如,"浙中刘氏避镠讳,改为金氏,亦令还故"。严格地说,虽然"自镠至俶世有吴越之地仅百年",还是应该辟为"本纪"的。

"自镠至俶",一个是打江山的钱镠,一个是丢江山的钱俶;一个是爷,一个是孙。《十国春秋》不讳言钱镠的历史,说他"及壮,无赖,不事家人生产,以贩盐为盗",后来率兵到处平乱,才奠定了立国的资本。钱镠也颇有治绩,刘墉在钱王祠题有一联,"启匣尚存归国诏,解韬时拂射潮弓",说的就是他如何"筑捍海石塘"以保护杭州。当其时也,"塘外植滉柱(护堤木桩)十余行,以折水势。先是江涛汹涌,板筑不时就,王于叠雪楼架强弩五百以射潮,既而涛头趋西陵,潮为顿敛,遂定其基"。强弩射潮,可能是事实,但不可能奏效,然此中显示出的无疑是与自然抗争的那种豪迈气概。

"湖上两浮屠:保俶如美人,雷峰如老衲。"说的是西湖岸边东西呼应的两座塔:保俶塔和雷峰塔。位于宝石山上的保俶塔,按张岱《西湖梦寻》的说法,保的就是钱镠的孙子钱弘俶,因为犯了赵匡胤爸爸赵弘殷的讳,那个"弘"字被去掉了。《宋史·世家三·吴越钱氏》即以钱俶为开篇。"宋太平兴国元年,吴越王俶闻唐亡而惧,乃与妻孙氏、子惟濬、孙承祐入朝,恐其被留,许造塔以保之。称名,尊天子也"。这里的"唐"即南唐,十国中李煜的那个国。宋太祖开宝七年(974)"讨江南",以钱俶为前锋。李煜当时给钱俶写了封信:"今日无我,明日岂有君?一旦明天子易地酬勋,王亦大梁一布衣耳"云云。大梁,北宋都城开封。李煜讲的实际上是唇亡齿寒的道理,但"俶不答,以书来上",不仅没理睬,还向宋太祖进行了举报。宋太祖名言"卧榻之侧,岂容他人安睡耶",就是去收拾李煜时说的,前面还有"江南亦何罪,但天下一家"的字样。南唐灭了,钱俶虽然没有沦为"大梁一布衣",但日子过得诚惶诚恐。那次晋京,"赐礼贤宅以居,赏赉甚厚。留两月遣还,赐一黄袱,封识甚固,戒曰:'途中宜密观。'"钱俶悄悄一看,

"皆群臣乞留俶章疏也",更害怕了,"既归,造塔以报佛恩"。保俶塔余均远观而未到近前,不知如今看到的是何时产物。概据张岱的统计,仅在明朝,保俶塔就历经了数毁数建:"元至正末毁,僧慧炬重建。明成化间又毁,正德九年僧文镛再建。嘉靖元年又毁,二十二年僧永固再建。隆庆三年大风折其顶,塔亦渐圮,万历二十二年重修"。

生活中的钱俶始终是诚惶诚恐的,要三番五次上表,表忠心,检讨自己,要把自己的封号和地盘悉数交出去。在朝里的时候,"俶小心谨恪,每晨趋行阙,人未有至者,必先至,假寐以待旦"。太宗知道后对他说:"卿已中年,宜避风冷,自今入谒不须太早也。"回到自己的地盘,"每视事,徙坐东偏",还告诫手下:"西北者,神京在焉,天威不违颜咫尺,俶敢宁居乎!"他的家人也无时不战战兢兢。有一次,"黄门赵海被酒造其第求见",酒酣耳热之际拿出几丸药对钱俶说:"此颇疗目疾,愿王即饵之。"钱俶马上就吃了。赵海一走,"家人皆惶骇不测"。这一回确实没有出中毒之类的事,但钱俶是在与朝廷派来给他过生日的使者"宴饮至幕"之后,"是夕暴卒"的,则其死因便不能不令人生疑。毕竟宋太宗对自己的皇帝哥哥,也还有说不清楚的"烛影斧声"呢。钱俶 929 年八月二十四日生,988 年八月二十四日卒,生卒同一天,按古人的算法恰好 60 岁。有趣的是,后世的日本名导演小津安二郎与之真是何其相似乃尔:1903 年 12 月 12 日生,1963 年 12 月 12 日逝,按现代人的算法也是恰好 60 岁。

吴越国早成历史沧海之一粟,今日来钱王祠游览,连凭吊也说不上。大抵明朝黄久文《冬日登保俶塔》句,更能代人抒发感怀,道是:"山云自悠然,来者适为主。与子欲谈心,松风代吾语。"

2016 年 11 月 2 日

桂花

昨天到广州农民运动讲习所旧址去看《进击的巨人——从19世纪法国漫画看雨果》展览。一进院子,先闻到了桂花的香味。细一看,果然种了不少,有的已经成树,有的还形同荆条。张九龄《感遇》诗云:"兰叶春葳蕤,桂华秋皎洁。欣欣此生意,自尔为佳节。"桂花即秋季开花,花簇生于叶腋,黄色或黄白色,非常芳香。"何须浅碧轻红色,自是花中第一流",李清照对桂花更给予了极高评价。前几天在杭州,遗憾的是没能像白居易那样"山寺月中寻桂子,郡亭枕上看潮头"。10月中旬,杭州桂子飘香还是热闻,刚刚错过,至于钱塘大潮就错过得更远。要满足此一嗅一睹,只能寄望"何日更重游"了。

桂花是中国传统十大名花之一,集绿化、美化、香化于一体,属于观赏与实用兼备的优良园林树种。范成大《桂海虞衡志·志草木》云:"桂,南方奇木,上药也。桂林以桂名,地实不产,而出于宾、宜州。"这话现在要给桂林人看到恐怕会生气,因为他们认为本地得名正因桂花成林。桂林我只到过一次,是在2012年4月,不是桂花袭人的时节,因而没有相应的感性认识,但听领略过的人说,桂花成林确实不虚。苟如此,恐怕不能排除后来"补种"的结果。就像肇庆的鼎湖山,前些年才在山上建了个宝鼎园,以补无鼎之不足。今天认为,《桂海虞衡志》考察了以桂林为中心的广大广右地区的植物、动物等,堪称该地区的博物志,不仅有高度的历史价值,还有很高的科学价值,因此对桂林的"地实不产",范成大断然不会妄言。当然《桂海虞衡志》也不乏妄言的成分,比如:"凡木叶中心,皆一纵理,独桂有两纹,形如圭,制字者意或出此。叶味辛甘,与皮无别,而加芳美。人喜咀嚼之。"那个桂心"形如圭"的说法就属此类。陆游的祖父陆佃也说过:"桂犹圭也。宣导百药,为之先聘通使,如执圭之使也。"钱超尘先生在《中医古籍训诂研究》中指出,这是穿凿附会的训诂,因为"桂与圭除了声音相同,桂以圭为声符以外,没有任何词义方面的联系",纯属无稽之谈。

《杨文公谈苑》在说到徐锴"博物多识"时举了一例。南唐李后主尝召对徐锴于清暑阁,"阁前地悉布砖,经雨,草生缝中",后主觉得拿那些草没办法,徐锴就说《吕氏春秋》有"桂枝之下无杂木"的记载,因为"桂枝味辛螫"。于是后主令"取桂屑数斗,匀布缝中",果然"经宿草尽死"。但沈括不同意"辛螫"的说法,辛螫,指毒虫刺螫人或比喻荼毒、虐害。在沈括看来,"桂之杀草木自是其性,不为辛螫也"。他又举了《雷公炮炙论》中的"以桂为丁以钉木中,其木即死",认为"一丁至微,未必能螫大木,自其性相制耳"。不论桂"性"如何吧,古人是高看它一眼的。《太平广记》有"服桂"条,云"赵他子,服桂二十一年,毛生。日行五百里,力举千斤"。《本草纲目》讲到"菌桂",亦引《本经》云其主治"百病,养精神,和颜色,为诸药先聘通使。久服轻身不老,面生光华,媚好常如童子"。并且,月宫里仅有的植物也正是桂。《酉阳杂俎》云:"异书言月桂高五百丈,下有一人常斫之,树创随合。"这个"人"当然是神,我们知道就是吴刚(也叫吴质)。李时珍认为"吴刚伐桂之说,起于隋唐小说",说的大约就是《酉阳杂俎》了。在他看来,虽然各种关于月桂的传说汇集在一起,好像"月中真若有树矣",实际上"月乃阴魄,其中婆娑者,山河之影尔"。以后世对月球的科学认知来看,李时珍的这一识见是相当超前的。

"问讯吴刚何所有,吴刚捧出桂花酒。"吴刚伐桂据说是受到的一种惩罚,"学仙有过,常令伐树"嘛,酿酒则未知因何。在李时珍说的桂花具有"生津辟臭化痰,治风虫牙痛",以及"润发,及作面脂"功能之外,桂花的确可以酿酒。去今十几年前,记得广州这里喝"桂花陈酒"曾经风行一时。当然了,与吴刚的那种肯定有质的区别。桂花又称木樨,杨万里"梦骑白凤上青空,径度银河入月宫。身在广寒香世界,觉来帘外木樨风",给"犀"又加了"木",那么北京的"木樨地"从字面上看可能曾经盛产桂花了。可惜检索其得名,却是明代那里种植过大面积的苜蓿,为皇帝的御马提供饲料,是"苜蓿地",叫成"木樨地"或如原"屎壳郎胡同"改称"时刻亮胡同"一样,上得了台面吧。虽然"苜蓿"弄得诗意顿减,但生活本身原本就不是为了满足诗意。

桂,在人文内涵上也无比丰富,"蟾宫折桂"就是一例。《晋书·郤诜传》载,郤诜迁雍州刺史,武帝送他,问他"自以为如何",给自己一个准确评价。结果郤诜一点也不谦虚:"臣举贤良封策,为天下第一,犹桂林之一枝,昆山之片玉。"言外之意自己相当出众。这么自大的人,侍中马上奏免其官,武帝制止了:"吾与之戏耳,不足怪也。"就是从这里开始,"折桂"在后来表示科举及第。《红楼梦》第九回,"彼时黛玉在窗下对镜理妆,听宝玉说上学去,因笑道:'好,这一去,可是要蟾宫折桂了,我不能送你了。'"千百年来,桂花备受国人青睐,正因为自然与人文的双重因素吧。

2016年11月7日

蓝

　　三联书店新近出版了法国历史学家帕斯图罗的"色彩列传"三部曲:《黑色》《绿色》《蓝色》。这套书从历史纵深的视角研究颜色的文化功能,令人有脑洞大开之感。依据各种文献资料,帕斯图罗以多重视角观察色彩史,说明色彩不仅局限于艺术范畴,首先是一个社会现实,"创造"颜色的不是艺术家或学者而是社会,是社会为颜色赋予了定义与含义,确立了它的法规与价值,为其提供用处,决定其利害。

　　一言以蔽之,颜色问题,实质上是社会问题。

　　具体到《蓝色》这一册,帕斯图罗讲述了蓝色从新石器时代到20世纪的演变历史。我们看到,直到12世纪,它还是一种"隐秘的颜色",亦即长期以来都属于背景色。古典社会对蓝色的漠视,使之几乎没有在社会生活、宗教活动或是艺术创作中扮演任何角色。对古希腊人和古罗马人来说,蓝色甚至是野蛮的颜色,价值根本不足一提。从11世纪开始,随着全新色彩秩序的逐步建立,蓝色的地位到14世纪才有了天翻地覆的提升,见证了颜色等级制度在社会规章、思维体系和情感模式中的彻底重建。15—17世纪,蓝色更成为流行颜色,成为属于圣母玛利亚的颜色、皇室的颜色,与黑色一样被视为"道德的"颜色。18世纪直到今天,蓝色更取代红色成为颜色之首,被公认为"杰出的"颜色。通过帕斯图罗的这一梳理,我们清晰地看到蓝色如何成就一部彻底反转的历史,以及在此过程中其与美学、道德以及宗教的相互关联。

帕斯图罗考察的立足点是欧洲文化,正如他在导言中所言,颜色中不存在一个跨文化标准。所以,欧洲的在我们这里不可能通用,但是"蓝"在我们传统文化里的内涵亦相当丰富,倘做一深入研究,或可为比较中西文化异同提供一个样本。

在我们前人的眼里,蓝色也有些"隐秘"的味道。隋唐之前,在颜色谱系中蓝色并没有单独存在,属于"青色"范畴;而"青色"的外延极广,包含了蓝,但也可以是绿、是黑,用法千变万化,具体到"青色"究竟是指绿、蓝、黑中的哪一个,需要根据具体的语境。比如《古诗十九首》之"青青河畔草,郁郁园中柳",青草之"青"显然就是指浅绿色,春季植物的叶子嘛。李白《将进酒》之"君不见高堂明镜悲白发,朝如青丝暮成雪",青丝比喻黑而柔软的头发,青丝之"青"显然就是指黑色。周杰伦不是有首十分流行的《青花瓷》吗?青花是白底蓝花瓷器的专称,青花之"青"显然又是指蓝色。至于《诗·郑风》之"青青子衿,悠悠我心",因为缺乏背景铺垫,所以还真的说不准在城楼上等候情人的那个小伙子的衣领究竟是今天的什么颜色。

具体到"蓝"这个字,金文里已经有了,又是指什么呢?植物。《诗·小雅》有"终朝采绿,不盈一匊,予发曲局,薄言归沐。终朝采蓝,不盈一襜,五日为期,六日不詹",采绿与采蓝相对应,表明这里的"绿"与"蓝"同一性质。而这里的"绿"说的是菉草,液汁可作黄色染料,那么"蓝"就是蓼蓝一类的植物。按照周振甫先生的译文,这段诗"采"的部分可译为:"整个早晨采绿草,采的不满两手掬。整个早晨采蓝草,采的不满一围裙。"蓼蓝,是我国古代重要的染草之一,将其在水中浸泡,并加入一定比例的石灰不断搅拌,就可以提炼靛青、蓝靛。所谓染草,即可作染料的草本植物。《周礼·地官》已有"掌染草"一职,"掌以春秋敛染草之物,以权量受之,以待时而颁之",先收购上来再分配下去。《荀子·劝学》篇有个耳熟能详的著名句子:"青,取之于蓝而青于蓝;冰,水为之而寒于水。"这句话的意思我们都很明白:青是从蓼蓝一类的蓝草中提炼出来的,但颜色却比蓝草更深;冰是水凝结而成的,但却比水更冷。其深层所指我们自然也都清楚,比喻学生如果能用功研究学问,坚持不懈地努力,就可以比他的老师更有成就。此喻中显而易见的是,"青"指颜色而"蓝"不是。

有人研究,大约到了隋唐年间,"蓝"才由植物引申为与绿色相连接而又相区别的蓝色,唐诗中的句子可以为证。杜甫有"上有蔚蓝天,垂光抱琼台",韩驹有"茫然不悟身何处,水色天光共蔚蓝",李贺有"染罗衣,秋蓝难著色",如此等等。这些个"蓝",明白无误地表明就是蓝色。白居易的"日出江花红胜火,春来江水绿如蓝",更讲清楚了绿与蓝的关系和区别。

在植物和颜色之外,我们传统故事里还有一个由"蓝"所营造出的凄美文化意境,那就是《庄子·盗跖》中的著名故事:"尾生与女子期于梁(桥)下,女子不来,水至不去,抱梁柱而死。"据说尾生与女子约定的地点,叫作蓝桥。对尾生的行为,有人嘲之愚,更多的是誉之信,《战国策》拔得更高:"信如尾生,廉如伯夷,孝如曾参,三者天下之高行也。"蓝桥被认为在陕西蓝田,相传为仙窟。美国电影 *Waterloo Bridge* 直译为《滑铁卢桥》,因为同样是两人坠入爱河并互定终身并以悲剧收场的爱情故事,意译为《魂断蓝桥》,成为电影片名翻译的典范。"蓝桥"之着"蓝"字,偶然还是刻意?

  颜色既是一种自然现象,更是一种文化现象。作为文化现象,实际上它是人类"三观"的投射或折射。

2016 年 11 月 19 日

小大雪

今天是二十四节气中的小雪,下一个将是大雪,二者在顺序上是前后脚。《月令七十二候集解》云小雪,"十月中,雨下而为寒气所薄,故凝而为雪。小者未盛之辞";云大雪,"十一月节,大者盛也。至此而雪盛矣"。南朝梁崔灵恩认为:"十一月,大雪为节者,行于小雪为大雪。时雪转甚,故以大雪名节。"明王象晋《群芳谱》还有个说法:"小雪气寒而将雪矣,地寒未甚而雪未大也。"

以上说的主要都是作为节气的小大雪,每年的公历 11 月 22 或 23 日以及 12 月 7 或 8 日,它们会分别准时"来到"。而王象晋所说,主要是气象学意义上的小大雪,对此则有明确的定义,需符合两个条件中的一个:其一,下雪时,水平能见距离在 1000 米或以上为小雪,小于 500 米为大雪。其二,24 小时内降雪量小于或等于 2.5 毫米的雪为小雪,大于 5 毫米则为大雪。节气的小大雪与天气的小大雪之间没有必然联系。节气概括出来的是所谓"普遍性"的一面,比如大雪的三候:一候鹖鴠不鸣,二候虎始交,三候荔挺出。这些费解的文字归结为一点,就是此时阴气最盛,盛极而衰,故阳气已有所萌动。这是一条普遍"规律"。而作为天气的小大雪,则有其"特殊性"的一面,如果说作为节气的小大雪内涵属于"耳听",那么作为天气的则属于"眼见",是否小大雪即便不用按照那两个标准来严格检验,凭借经验也能作出自身的判断。我们在众多前人的文字中,也不难了解到这一点。

比如关于小雪,以唐人诗句为例,戴叔伦有"花雪随风不厌看,更多还肯失林峦。愁人正在书窗下,一片飞来一片寒",徐铉有"寂寥小雪闲中过,斑驳轻霜鬓上加。算得流年无奈处,莫将诗句祝苍华",张登有"甲子徒推小雪天,刺梧犹绿槿花然。融和长养无时歇,却是炎洲雨露偏",等等。大抵都属于借题发挥,抒发人生感悟,概因小雪所增的薄寒,或给人以浪漫遐想,或使人伤感咏怀。相对而言,大雪带给人的感受更加强烈,所营造出的文化意象往往更能达到震撼的效果。

《世说新语》中"雪夜访戴"的故事很有名。说王羲之的儿子徽之在山阴,"夜大雪,眠觉,开室,命酌酒。四望皎然,因起彷徨,咏左思《招隐》诗"。忽然他想起了戴逵,但戴逵远在曹娥江上游的剡县,徽之并不在乎,"即便夜乘小船就之,经宿方至",但是却又"造门不前而返",理由是:"吾本乘兴而行,兴尽而返,何必见戴?"在那样一个寒冷的晚上,王徽之仍然做出了但凭兴之所至的行为,十分鲜明地体现出"魏晋风度"中的士人如何任诞放浪、不拘形迹。

《水浒传》里有"林教头风雪山神庙"的故事。林冲被刺配到沧州,看守军队的草料场,在陆虞候要取他性命的这天,天降大雪,压垮了他住的草房子。林冲"搬开破壁子,探半身入去摸时,火盆内火种,都被雪水浸灭了",他勉强"只拽的一条絮被"。但就是这场大雪,也救了林冲的性命。雪大到什么程度?施耐庵先用了一阕《临江仙》:"作阵成团空里下,这回忒杀堪怜,剡溪冻住猷船。玉龙鳞甲舞,江海尽平填,宇宙楼台都压倒,长空飘絮飞绵。三千世界玉相连,冰交河北岸,冻了十余年。"后来"看那雪到晚越下的紧了",又借"古时有个书生,做了一个词,单题那贫苦的恨雪",道是:"广莫严风刮地,这雪儿下的正好。扯絮挦绵,裁几片大如栲栳。见林间竹屋茅茨,争些儿被他压倒。富室豪家,却言道压瘴犹嫌少。向的是兽炭红炉,穿的是绵衣絮袄。手拈梅花,唱道国家祥瑞,不念贫民些小。高卧有幽人,吟咏多诗草。"

"剡溪冻住猷船",说的正是"雪夜访戴",意谓子猷那时遇到的大雪根本不算什么,放到这时连走都走不了。"富室豪家"云云,无论之前还是之后,都属常见现象。《开元天宝遗事》载:"巨豪王元宝,每至冬月大雪之际,令仆人自本家坊巷口,扫雪为径路,躬亲立于坊巷前,迎揖宾客。就本家具酒炙宴乐之,为暖寒之会。"《郎潜纪闻三笔》载,赵味辛、洪稚存一干友朋,"预订每遇大雪,不相招邀,各集陶然亭,后至者任酒资"。陈康祺以为"此会绝雅,吾辈知交,酒人多而热官少,大可踵而行之"。《曲洧旧闻》里的一件事更有趣味,说宋祁修《新唐书》时,"尝一日逢大雪",但并没有停工,而是"添帘幕,燃椽烛一,秉烛二,左右炽炭两巨炉,诸姬环侍"。磨墨濡毫之余,得意洋洋地问小妾们:"汝辈俱曾在人家,曾见主人如此否?"诸妾都说,没有没有,这种天哪有还工作的。他又问一个来自官宦之家的妾:"汝太尉遇此天气,亦复何如?"对曰:"只是拥炉,命歌舞,间以杂剧,引满大醉而已,如何比得内翰?"不料宋祁却点头表示认可:"也自不恶。"于是"阁笔掩卷,起,索酒饮之,几达晨"。

宋仁宗庆历年间,辽与西夏的侵扰给北宋带来了巨大的生存压力。有一天晏殊"大雪会饮",欧阳修席上作诗,来了句"须怜铁甲冷彻骨,四十余万屯边兵",惹得座师"怏然不悦"。但欧阳修的这种提醒很有必要,在恶劣的大雪天气里,一味"手拈梅花,唱道国家祥瑞,不念贫民些小",这是不行的。

2016 年 11 月 22 日

鹓雏

听到单位上的人们议论班子里一些空缺的"位置",谁谁谁能上,谁谁谁没戏,有鼻子有眼。在任何一个单位,这似乎都是常见的"景观"。所以如此,该在于选人用人虽然早有一套一套的标准,关键仍是说得清或说不清的因素在起作用吧。在"官本位"的社会,当官自然是极有诱惑的,至少很多人认为这是"成功"的一个标志,当然,也有少数人不这么看。脑袋里因此跳出"鹓雏",概李商隐诗曰:"不知腐鼠成滋味,猜意鹓雏竟未休。"

鹓雏,传说中与鸾凤同类的鸟,属于鸟中上品。阮籍《答伏义书》云:"人力势不能齐,好尚舛异。鸾凤凌云汉以舞翼,鸠鹞悦蓬林以翱翔;螭浮八濒以濯鳞,鳖娱行潦而群逝。"大家"各从其好,以取乐焉",不必"据此非彼",又怎么可能划一呢?李商隐《定安城楼》中的这句,用的是《庄子》的典。《庄子·秋水篇》云,惠施在梁为相,老友庄子去见他,挑拨离间的人对惠施曰:"庄子来,欲代子相。"因为"庄子才高德大,(梁惠)王必礼之",那么"国相之位,恐有争夺"。惠施害怕了,"搜于国中,三日三夜",试图把庄子截住,不让他见惠王的面。从"庄子往见之"来推断,应该是庄子闻讯后主动找上门去的,在给惠施讲道理时打了这个比喻:"南方有鸟,其名为鹓雏,子知之乎?夫鹓雏,发于南海而飞于北海,非梧桐不止,非练实不食,非醴泉不饮。于是鸱得腐鼠,鹓鶵过之,仰而视之曰:'吓!'今子欲以梁国而吓我耶?"在庄子眼里,梁国的相位对他正相当于一只死老鼠,你把它当好东西,我根本不屑。显然,庄子视惠施为鸱,也就是猫头鹰,而自己则是鹓鶵,所谓"鸱以腐鼠为美,仰吓鹓鶵;惠以国相为荣,猜疑庄子"。当前猫头鹰所属的鸮形目,所有的种在我国均为国家二级保护动物,但在彼时不要说还很寻常,单凭与神鸟进行对比,自然界的鸟也明显输在了起跑线上。

春秋时期催生了寒食节的介子推,也可归入鹓鶵一类。《吕氏春秋·介立》载,"晋文公反国,介子推不肯受赏"。晋文公还是"重耳"的时候,避难奔翟,随行的介子推极尽犬马之劳,更有"割股奉君"的壮举。复国成功了,他却躲进了深山,认为自己忠君的行为发乎自然,无须加官晋爵。晋文公令士庶人曰:"有能得介子推者,爵上卿,田百万。"实在没招了甚至还放火烧山,而介子推宁可抱树烧死也不出来。所以吕不韦感慨至极:"人心之不同,岂不甚哉!"瞧瞧,"今世之逐利者,早朝晏退,焦唇干嗌,日夜思之,犹未之能得。今得之而务疾逃之,介子推之离俗远矣"。介子推所以能够如此,正在于他具有鹓鶵的品格。

《旧唐书·薛收传》载,薛收的侄子薛元敬"与收及族兄德音齐名,世称'河东三凤'",其中"收为长雏,德音为鹙鹭,元敬年最少为鹓鶵"。不过,"河东三凤"之说可能出现于三人刚刚踏上仕途之时,从日后的表现看,元敬未必当得起鹓鶵。高祖武德时元敬为秘书郎,世民召之到自己的麾下,房玄龄、杜如晦等"处心腹之寄,深相友托",但"元敬畏于权势,竟不之狎",气得杜如晦每每说他"不可得而亲,不可得而疏"。世民成太子后,"时军国之务,总于东宫,元敬专掌文翰,号为称职"。杜如晦的话出自《道德经》,意思是既不亲近、亲密,也不疏远、冷落,见之于道的境界,自然属于极高的那种,而用于评价人的行为,恐怕就有不认同的含义了。很难说,"玄武门之变"之前,元敬不是在观望,其所畏之权势,非建成、元吉而无他。

迷恋官位与不屑官位的人,历史上都可以举出不少。说句凭感觉而没有大数据支撑的话,前者的比重要远远大于后者,甚至根本不在一个量级,所以前人才会说"相逢尽道休官好,林下何曾见一人"嘛。《明皇杂录》载,"张九龄在相位,有謇谔匪躬之诚。玄宗既在位年深,稍怠庶政,每见帝,无不极言得失",该说什么就说什么。而"时方同列"的李林甫则正相反,"闻帝意,阴欲中之"。因为张九龄不同意"实封"朔方节度使牛仙客,"甚不叶帝旨",李林甫抓住机会了,"屡陈九龄颇怀诽谤",偏偏玄宗又有相信的意思,九龄乃作《归燕诗》以贻林甫:"海燕何微眇,乘春亦暂来。岂知泥滓贱,只见玉堂开。绣户时双入,华轩日几回。无心与物竞,鹰隼莫相猜。"林甫览之,"知其必退,恚怒稍解"。这句"无心与物竞,鹰隼莫相猜",何尝不是"不知腐鼠成滋味,猜意鹓雏竟未休"的翻版?近人刘声木评价王安石,"学问文章,足以高视千古,转以相业颓丧生平。他人以致位卿相为美谈,荆公独反是"。就是说,如果王安石不当那个宰相,在学问上不知还会有多大的作为,而且,王安石也未必愿意当那个官。

"永忆江湖归白发,欲回天地入扁舟。"李商隐当年遭到谗伤而并不气馁,反而对谗佞小人发出鄙视和嘲笑。毫无疑问,世间永远是惠施多而庄子少,但无论何时总是会有一些"异人",不可以寻常人等的价值标准去衡量之。"民间组织部"在涎水横流的同时,应该认识到这一点。

2016年11月26日

木瓜

木瓜,如今也是南国"入冬"之后的时令水果。这是指那种落叶灌木或小乔木,果实长椭圆形,色黄而香。

落籍岭南之前,我还从未见过木瓜,更不要说吃过。知道木瓜,是因为1980年邮电部发行《咕咚来了》特种邮票,同时发行的还有尚属比较稀罕的小本票。那个寓言故事说的是树上熟透了的木瓜"咕咚"一声掉进水里,把睡觉的小兔子吓了一跳,睁开眼睛又什么没看到,于是撒腿就跑,一边跑一边不停地叫:"不好了,不好了,咕咚来了,咕咚来了!"浏览故事之余一直琢磨木瓜是什么。"鱼儿离不开水,瓜儿离不开秧",眼前所见之瓜大抵都是趴在地上或结在架上,哪有长在树上的?超出了认知范畴。知道"投我以木瓜,报之以琼琚",自然是好久之后的事,众所周知那是《诗》里脍炙人口的句子。

《诗·卫风·木瓜》第一章:"投我以木瓜,报之以琼琚。匪报也,永以为好也!"《毛诗序》认为该篇意在"美齐桓公也",因为"卫国有狄人之败,出处于漕,齐桓公救而封之,遗之车马器服焉。卫人思之,欲厚报之而作是诗也"。而把"文王""后妃"挂在嘴边的朱熹,此番倒是没有"高攀",认为这是"言人有赠我微物,我当报之以重宝,而犹未足以为报也,但欲其长以为好而不忘耳。疑亦男女相赠答之辞,如《静女》之类"。无论此诗作者的动机是什么吧,其中的"木瓜"究竟为何物,自汉代以降却一直是个悬而未决的问题。

先看两个古人的代表性观点。

一个是宋人王观国的。其《学林》云:"诗之意乃以木为瓜、为桃、为李,俗谓之'假果'者……盖不可食不适用之物也,亦犹画饼土饭之义耳。"就是说,"木瓜"之"木",是木头刻出来的意思,木头刻的瓜、桃、李,自然不是吃的水果。"投我以不可食不适用之物,而我报之以琼琚可贵之物",旨在表明"投我之物虽薄,而我报之实厚"。再一个是明朝李时珍的。其《本草纲目》云:"木瓜可种可接,可以枝压。其叶光而浓,其实如小瓜而有鼻,津润味不木者,为木瓜;圆小于木瓜,味木而酢涩者,为木桃;似木瓜而无鼻,大于木桃,味涩者,为木李。"一句话,木瓜、木桃、木李,都是吃的水果。当然了,在李时珍那里列举的东西还都是可以入药的,木瓜主治"湿痹脚气,霍乱大吐下,转筋不止"。具体怎样,他都开有药方。比如治脚气,"用木瓜切片,囊盛踏之";比如抽筋了,"用木瓜数枚,以酒、水各半,煮烂捣膏,乘热贴于痛处,以帛裹之"。如此等等。

不过,当代潘富俊先生说,中国历代文献所言之木瓜,是指蔷薇科的木瓜海棠,诗文都称木瓜,而今日各地所言之木瓜,原产美洲热带,17世纪末才引进中国,正确名称应为番木瓜,属于番木瓜科。这就意味着,王观国的说法大可姑妄听之,便是李时珍的木瓜跟今天的也不是一回事,更不要说之前的了。

无论木瓜究竟何指,我们都知道《诗·卫风·木瓜》拿它说事,运用的是传统的"比兴"表现手法。朱熹说:"比者,以彼物比此物也;兴者,先言他物以引起所咏之词也。"因此,比是比喻,对人或物加以形象的比喻,使其特征更加鲜明突出。兴是起兴,即借助其他事物作为诗歌发端,以引起所要歌咏的内容。那么

《诗·卫风·木瓜》要表达什么呢？王观国已经挑明了意思，钱锺书先生说得更透彻。《管锥编》云："作诗者申言非报先施，乃缔永好，殆自解赠与答之不相称欤？"认为该诗"颇足以征人情世故"。什么人情世故呢？"赠者必望受者答酬，与物乃所以取物，尚往来而较锱铢，且小往而责大来"。钱先生将之归结为"实交易贸迁之一道，事同货殖"，认为不仅初民如此，后进文胜之世，大抵都"馈遗常责报偿"，而且"每望其溢量逾值，送礼大可生利"，甚至"不特人事交际为然，祭赛鬼神，心同此理"。《史记·滑稽列传》载，楚将攻齐，齐威王使淳于髡之赵请救兵，礼物带少了，结果淳于髡"仰天大笑，冠缨索绝"。他打了个比方，他曾见到路边有个祈祷丰收的人，不过"操一豚蹄，酒一盂"，就希望"瓯窭满篝，污邪满车，五谷蕃熟，穰穰满家"。淳于髡说他当时也笑了，笑那人"所持者狭，而所欲者奢"。威王一听，礼物赶快加码，由"赍金百斤，车马十驷"，加到"赍黄金千溢，白璧十双，车马百驷"。于是淳于髡出发了，赵国派兵了，楚国听说后便赶紧撤退了。淳于髡的故事同时表明，真要"小往而责大来"的话，鬼神好糊弄，人则未必。明清之际的张尔岐，对《木瓜》诗这一类的比兴也有个精辟见解，叫作"当其舍时，纯作取想，如持物予人，左予而右索，予一而索十"。后世的礼物流动，尤其是现代根深蒂固于很多地方的婚丧陋习中，都可以窥到这种影子。

比较可惜的是，《卫风·木瓜》大家耳熟能详，而《大雅·抑》要生涩得多，但用以比喻相互赠答、礼尚往来的成语，由前者生发出的"投木报琼"，却远不及由后者生发出的"投桃报李"闻名，兼且在现代社会中带有贬义的使用，与原本营造出的美好意境背道而驰，都是十分费解之处。

2016 年 12 月 3 日

小目标

12月14日,《咬文嚼字》杂志公布了"2016年十大流行语",万达集团董事长王健林的"小目标"名列第三。

8月份的时候,王健林在一档电视专访中表示:"想做世界首富,这个奋斗的方向是对的,但是最好先定一个能达到的小目标,比如我先挣它1个亿。"不料,"小目标"刚一出口,马上给网友揪住了,极尽调侃之能事。实际上,王健林要表达的只是前奏,他的后续是这么说的:"你看看能用几年挣到一个亿。你是规划五年还是三年。到了以后,下一个目标,再奔10亿、100亿"。但是,网友只做"小目标"的字面文章,他们还将之移花接木成普通人难以达到的"大目标",甚至是一辈子无法企及的目标,尽管表达的意思已与王健林的本义"背道而驰",但其中蕴含的娱乐、自嘲精神,还是颇有些感染力。

以网友眼中的"小目标"来观诸历史,也不失为一件趣事。除了像秦皇汉武一门心思想着长生不老,不知道算是他们的什么目标之外,好多都有迹可循。

光武帝刘秀发迹之前感慨"仕宦当作执金吾,娶妻当得阴丽华",就可以视为他的"小目标"。那是刘秀"适新野,闻后美,心悦之。后至长安,见执金吾车骑甚盛"之后,暗自下定的决心。阴家的姑娘漂亮，娶来；执金吾很威风，干干。至于阴丽华到底漂亮到什么程度，史书上没有交代，想来只是刘秀眼里出了西施；执金吾更不是什么了不得的官。应劭说："吾者，御也。掌金钳，以御非常。"颜师古说："金吾，鸟名也，主辟不祥，天子出行，职主先导，以御非常，故执此鸟之象，因以名官。"归结起来，执金吾就是率禁兵保卫京城和宫城的角色；有时皇帝出行，执金吾率领缇骑、步卒组成仪仗和警卫。《后汉书·百官志》载，执金吾"掌宫外戒司非常水火之事。月三绕行宫外，及主兵器。吾犹御也"。不过，刘秀未必是因为执金吾官职的大小，而是见其"车骑甚盛"，非常威风。就像《汉官》中记载的："执金吾缇骑二百人，（持戟）五百二十人，舆服导从，光满道路，群僚之中，斯最壮矣。"所以说"仕宦当作，娶妻当得"只是刘秀的小目标，因为他后来不仅当了皇帝，皇后也不止阴氏一个。刘秀要是接受采访的话，按照王健林先生的表述就是这样的：你要是想当皇帝，最好先定一个能达到的"小目标"，比如先当个执金吾。

刘秀的"小目标"，引来后世不少枭雄的仿效，此即所谓"丽华之叹"。孙光宪《北梦琐言》云，五代时后梁的开创者朱温就发过此种感慨，"梁祖魏国夫人张氏，砀山富室女。父蕤，曾为宋州刺史，温时闻张有姿色，私心倾慕，有丽华之叹"。后来，朱温"得张于兵间，因以妇礼纳之。温以其宿款，深加敬异。张贤明有礼，温虽虎狼其心，亦所景伏。每谋军国计，必先延访。或已出师，中途有所不可，张氏一介请旋，如期而至，其信重如此"，对张氏到了言听计从的地步。"张既卒，继宠者非人。乃僭号后，大纵朋淫，骨肉聚麀，帷薄荒秽，以致友珪之祸起于妇人"。好家伙，把朱温后来的荒淫归结为张氏早卒了。孙光宪因此对张氏大加推崇，以其"能以柔婉之德制豺虎之心"。

明末清初的吴三桂又是一例。清钮琇之《觚賸》云,吴三桂"美丰姿,善骑射,躯干不甚伟硕,而勇力绝人,沈鸷多谋。弱冠中翘关高选,裘马清狂,颇以风流自赏。一遇佳丽,辄为神留,然未有可其意者"。有一回他读书读到"仕宦当作执金吾,娶妻当得阴丽华",叹曰:"我亦遂此愿足矣。"要遂的自然是后半句,在民间传说中,吴三桂也的确"得"了陈圆圆嘛。而其之所以降清,"冲冠一怒为红颜"云云,大约可姑妄听之了。

在"丽华之叹"之外,也还可以窥见各种"小目标"。如唐朝韦宙除广州节度使,懿宗"以番禺珠翠之地,垂贪泉之戒",也就是对韦宙有个小目标:别贪。韦宙说,我家富得很,"江陵庄积谷尚有七千堆,固无所贪"。韦宙贪否,未见记载,但我们通过今天的巨贪知道,没有哪个不是早已富得流油、却仍然不肯缩手的。如果我们相信《安禄山事迹》中的说法,"安史之乱"罪魁安禄山的"小目标"其实是当宰相,当上了的话,那场导致唐朝由盛及衰的战乱庶几可以避免?这样说的,天宝十三载(754)"三月一日,禄山将拜官也,玄宗以宰相处之,命太常卿、翰林学士张垍草诏"。但是杨国忠不同意:"禄山不识文字,命之为相,恐四夷轻中国。"提拔因此告吹。安禄山回去驻地,玄宗命高力士送之于长乐坡。高力士送回来,玄宗问他安禄山情绪怎么样,力士对曰:"恨不得宰相,颇怏怏。"杨国忠说,这一定是张垍泄密了。惹得玄宗大怒,"黜垍泸溪郡司马"。次年,安禄山起兵反叛,"以诛杨国忠为名",说不定正有这些前嫌的因素。有意思的是,安禄山与杨贵妃打得火热异常,却与贵妃的族兄杨国忠始终水火不容。

不过,好多历史上的以及现在王健林们的"小目标",大抵都属于成功者的骄傲回溯,或者后人的脸上贴金,与那些成功的知青才有资格响亮叫出的"青春无悔"异曲同工。倘若不成功而有过那些"小目标",往往会被等同为"癞蛤蟆想吃天鹅肉"。

2016 年 12 月 17 日

吃瓜

《咬文嚼字》杂志的"2016年十大流行语"里,还有一个是"吃瓜群众"。

网络时代流行语的诞生往往是随机的,不需要任何文化积淀。"吃瓜群众"的横空出世,据说始于某个公路新闻,记者采访一个大约目睹了的老伯,但老伯却说自己什么也不知道,当时正在吃西瓜。这就有了"吃瓜群众"。随后,词意又衍伸为表示对某件事情不了解,对网上的讨论、发言以及各种声音持"围观"态度。

很明显,"吃瓜群众"的吃瓜,始而是真吃。吃瓜的历史相当悠久。《诗·豳风·七月》有"七月食瓜,八月断壶",《小雅·信南山》有"中田有庐,疆场有瓜",讲的就是吃瓜和种瓜。虽然吃的和种的究竟是什么瓜,已经不可能弄清楚。瓜类蔬菜的食用部分为瓠果,在植物学分类上属葫芦科,可以是黄瓜、南瓜、西葫芦、笋瓜、冬瓜、瓠瓜、甜瓜、西瓜、丝瓜、苦瓜、佛手瓜等等。不要说"瓜"之本身令后人莫衷一是,就是"中田有庐"那个"庐",也还有截然不同的观点。周振甫先生在《诗经译注》中释之为萝卜,以"庐"通"芦",即芦菔,萝卜也。而程俊英、蒋建元两先生之《诗经注析》则认为,"庐"是农民建筑在公田中的房子,郑玄云:"中田,田中也。农人作庐焉,以便其田事。"各有各的道理,以后恐怕也不会形成定论。

因为种瓜的普遍吧，瓜熟之时的"瓜时"成了一个特指七月的时间概念，"瓜代"成了官员任职期满的代名词。《左传·庄公八年》载："齐侯使连称、管至父戍葵丘。瓜时而往，曰：'及瓜而代。'"在前人的诗句中，这种用法更为常见。如骆宾王有"旅思徒漂梗，归期未及瓜"，杜甫有"瓜时犹旅寓，萍泛苦夤缘"，杨万里有"醉乡无日不瓜时，书囿何朝无菜色"，等等。

瓜作为果实可食的植物，种植的目的就是用来吃的，"受众"自然不会只是"群众"，各色人等俱不例外。《大唐新语》云，太宗很怀念杜如晦，谓虞世南曰："吾与如晦，君臣义重。不幸物化，实痛于怀。卿体吾意，为制碑也。"后来，太宗"尝新瓜美，怆然悼之，辍其半，使置之灵座"。看，皇帝也"吃瓜"。《朝野佥载》云，"主上以（崔）湜父年老，瓜初熟，赐一颗"，不料崔湜"以瓜遗妾，不及其父"，致使"朝野讥之"。两则放在一起似乎表明，唐朝吃瓜还是件挺隆重的事情，当然前提是不知彼瓜何瓜。

宋人所撰《稽神录》中有个道士张瑾，"好符法，学虽苦而无成"。有次"游至华阴市，见卖瓜者，买而食之"，就是这回吃瓜，时来运转了。"旁有老父，瑾觉其饥色，取以遗之，累食百余"，这么能吃，张瑾觉得这是个神人，"奉之愈敬"。果然，老人临走的时候告诉张瑾，自己是土地神，"感子之意，有以相报"，给了他一本"禁狐魅之术"的书，成了张瑾日后吃穿不愁的资本。看，神人也是"吃瓜"的。

昭梿《啸亭杂录》云清朝安徽巡抚朱珪，"以清介持躬，自俸廉外，毫不沾取"。昭梿的老师吴修圃是朱珪录取的，有一次吴修圃来见座师，"时夏日酷热，公饲吴以瓜，亦必计价付县隶"。朱珪被嘉庆皇帝誉为"文臣不爱钱"的典范，于此可窥一斑。

"吃瓜群众"所真吃的西瓜,赵翼《陔馀丛考》认为,"或谓西瓜自元世祖时始入中国,然元初方夔已有《食西瓜》诗",所谓"缕缕花衫粘唾碧,痕痕丹血掐肤红"者也。方夔是浙江淳安人,表明"是时浙中已有之,则非元初入中国可知矣"。并且,南宋末年方回有《秋热》诗,如"西瓜足解渴,割裂青瑶肤";文天祥有《西瓜吟》诗,如"拔出金佩刀,斫破苍玉瓶"。赵翼又引笔记说"则金时已有之矣"。检宋人洪皓的《松漠纪闻》,书中记录他奉命使金时在金国的见闻。其中有"西瓜,形如匾蒲而圆,色极青翠,经岁则变黄,其瓞类甜瓜,味甘脆,中有汁尤冷"云云。南宋范成大有一首《西瓜园》,"碧蔓凌霜卧软沙,年来处处食西瓜。形模濩落淡如水,未可蒲萄苜蓿夸"云云,未知写自何时,但范成大曾经使金,还留下了使金日记《揽辔录》的确不假。如此,均可见金时西瓜已为平时的节令水果。

《开元天宝遗事》有"任人如市瓜"条,说玄宗酒酣之时问李白,现在和武则天那个时候比怎么样。李白回答:"天后朝政出多门,国由奸幸,任人之道如小儿市瓜,不择香味,惟拣肥大者。我朝任人如淘沙取金,剖石采玉,皆得其精粹者。"玄宗笑曰"学士果有所饰",看出了他在拍马屁。实际上,明皇还可以指出你这是嚼了南北朝时的馍。《北齐书·杨愔传》载,杨愔"典选二十馀年,奖擢人伦,以为己任,然取士多以言貌,时致谤言",认为他所用人,"似贫士市瓜,取其大者"。这个比喻形象地道出了选人用人的不堪,直观来看也说明古今挑瓜,人同此心。

"舟窗尽落,清风徐来,纨扇罗衫,剖瓜解暑",沈三白《浮生六记》中的句子。吃瓜本为解暑,在网络时代顷刻间被赋予了"社会学"意义。细思之,这个所谓热词跟流行过一阵的"打酱油"何其神似,但那个已经很少有人提起,网络热词就是这样短命,图个新

吃瓜　191

鲜而已。有学者担心,这些词会玷污了汉语,貌似低估了汉语的净化能力,但对牙牙学语便遇到这种语言环境的童子来说,这个担心倒不是多余的。

2016 年 12 月 19 日

饕餮

张艺谋电影新作《长城》我还没有看,看过的人说,影片对弘扬中国传统文化颇有贡献,因为除了不断强调火药、指南针都是咱们发明的之外,还普及了咱们的传统怪兽"饕餮",把它打扮得漂漂亮亮,奉到观众的面前。

这是张艺谋的首部英文片,也是好莱坞牵手中国制作出的最大规模的合拍片,以及马特·达蒙的首部亚洲题材电影。至于斥资1.5亿美金、夺了迄今为止国产电影成本之最什么的,不值一提,值得一提的是这些前提注定《长城》将走出国门,进入世界观众的视野,饕餮这一我们的文化符号终于有了展示自己的机会,况且,比他们电影里那些后来才问世的哥斯拉、金刚、异形等等,饕餮的历史要悠久得多。

当然,包括我们的前人在内,也从没有谁见过饕餮。这个神话传说中的怪兽究竟是什么,不要说以前搞不清,以后可能也是同样。如今对饕餮的认知,也只有来自前人的口耳相传和文字记载。

《神异经·西南荒经》这么说的:"西南方有人焉,身多毛,头上戴豕,贪如狼恶,好自积财,而不食人谷,强者夺老弱者,畏群而击单,名曰饕餮。"视之为恃强凌弱的贪残怪物。《左传·文公十八年》又是这么说的:"舜臣尧,宾于四门,流四凶族浑敦、穷奇、梼杌、饕餮,投诸四裔,以御魑魅。"视之为尧舜时流放到四方的四个凶神之一。前三凶分别是帝鸿氏、少皞氏、颛顼氏之"不才子",饕餮则归属于缙云氏,同样没什么优点可言,"贪于饮食,冒于货贿,侵欲崇侈,不可盈厌,聚敛积实,不知纪极。不分孤寡,不恤穷匮"。当代陈梦家先生认为饕餮是蚩尤氏,刘持平先生则认为是神农氏。诸如此类,不一而足。

然而,正如龙、凤凰神话传说中的其他动物一样,唯其无人所见(那些赌咒发誓、言之凿凿、绘声绘色地说"见到过"的排除在外),也留下了大量的想象空间,因而也就不妨碍它拥有自己的形象。商周青铜器上,有一种常见的兽面纹饰被称为饕餮纹,能够代表青铜器装饰图案的最高水平。现在在市面上流通的 20 元面值人民币,在"中国人民银行"字样背后也是饕餮纹。饕餮纹由目纹、鼻纹、眉纹、耳纹、口纹、角纹几个部分组成,面目结构鲜明,营造出了一个神秘的艺术世界。显见那是前人融合自然界虫、鱼、鸟、兽等动物的特征,再加上自己想象而形成的,大约无以名之吧,选中了饕餮。《吕氏春秋·先识》云:"周鼎著饕餮,有首无身,食人未咽,害及其身,以言报更也。"明确鼎上的兽就是饕餮,这段话用来说明恶有恶报,告诫后人"为不善亦然"。邵博《邵氏闻见后录》载,宋哲宗时,他爸爸邵伯温"官长安府,于西城汉高祖庙前卖汤饼民家,得一白玉奁,高尺余,遍刻云气龙风,盖为海中神山,足为饕餮,实三代宝器"。这样看来,饕餮形象不仅可以用于纹饰,还可以支撑重器。可惜的是这件出土文物上交之后,被视为"墟墓之物,不可进御,当籍收官库";到徽宗时,"先人再官长安,问之,已失所在矣",可能给谁偷偷地据为己有了。

饕餮的最大特点,众所周知是特别贪吃、能吃,饕餮纹很多时候表现为一个大头和一个大嘴,传说它贪吃到把自己的身体都吃光了。苏东坡有一篇《老饕赋》,以饕寓人。其实如果按照杜预"贪财为饕,贪食为餮"的说法,本篇该名《老餮赋》才对。东坡爱吃、贪吃是很有名的,"东坡肉""东坡肘子",以他的号命名的菜肴今天也还风行,赋中的老饕很可能是夫子自道。"水欲新而釜欲洁,火恶陈而薪恶劳",不要说水和锅了,连烧火和柴火都很有讲究。至于"九蒸暴而日燥,百上下而汤鏖。尝项上之一脔,嚼霜前之两螯。烂樱珠之煎蜜,滃杏酪之蒸羔。蛤半熟而含酒,蟹微生而带糟"云云,读来都难免吞咽口水。老饕只是贪吃、能吃,未必有"食不厌精,脍不厌细"的讲究,这一串华丽文字,应该是作为美食家的苏东坡借赋饕餮为名所升华出来的理想生活吧。

因为饕餮贪吃、能吃,后来又逐渐演变成了贪得无厌的代名词。《旧唐书·刘蕡传》载,刘蕡"切论黄门太横,将危宗社"时有这一段话,说那些家伙"居上无清惠之致,而有饕餮之害;居下无忠诚之节,而有奸欺之罪。故人之于上也,畏之如豺狼,恶之如仇敌",将横行霸道之人直接与饕餮挂钩,直言"之害"。杜甫《麂》诗云"衣冠兼盗贼,饕餮用斯须",饕餮同样是贬义。前人认为,衣冠乃食肉者,盗贼乃捕兽者,"徇口腹之欲,而戕命于斯须,则衣冠亦等于盗贼矣。此骂世语,亦是醒世语"。这种升华已然超越了生活。

无论饕餮纹代表着什么含义,我倒觉得这个"莫须有"的神秘怪物很有一点儿可爱。如果《长城》能够把饕餮推向世界,算是有"失之东隅,收之桑榆"的意味。因为电影本身甫一亮相,便在影评人和观众、影评人和影评人、观众和观众之间,形成了两极化的口碑,表明电影虽然票房不低,但本身还说不上成功。环球电影娱乐集团主席杰夫·希尔认为,《长城》将会改变中国电影在国际市场上的地位和轨迹。这样的话也不知道发自内心,还是逢场客套。

2016 年 12 月 21 日

校对·校雠

拙作《不栽桃李种蔷薇——潮白新闻时评精选之七》出版社给出了校对样,虽有心理准备,对被校对圈出来的众多疑问还是非常吃惊。因为这些文字在发表的时候已经经过推敲,整理成集时又有一次订正,加上付印之后自家又看过了一遍。语云"事不过三",三遍过后,总觉得字面一定很"干净"了,不料……先前的六集文字也莫不如此,因而在下非常服膺专业校对,能把自己以为根本不会出错的地方毫不客气地拎将出来。

校对,即根据原稿或定本核对校样,订正差错,目的是保证出版物的质量。在手录时代,发现书中差错改起来也是很麻烦的,如《墨客挥犀》所云,"刮洗则伤纸,纸贴之又易脱,粉涂则字不没,涂数遍方能漫灭",因而"以雌黄涂之"最好。当然了,这只是事后补救,印刷到来时代涂不胜涂,更需要尽最大可能将差错消灭于萌芽状态。

沈德符《万历野获编·国学刻书》云,时"南北两雍所贮书籍,俱漫漶不完",乃有"北监奏请重刊二十一史;陆续竣事,进呈御览,可谓盛举矣"。然而,因为"校对卤莽,讹错转多,至如辽金诸史,俱有缺文,动至数叶,俱仍其脱简接刻,文理多不相续",这就是把好事办成了坏事。《清稗类钞·高宗命录昭明文选》亦云,1754年,乾隆皇帝"命翰林工楷书者梁国治、秦大士、梁同书、庄培因等,缮录《昭明文选》,又命朱珪、戈涛、卢文弨、翁方纲等校对于翰林院后堂东宝善亭"。结果"发出宋版《文选》一部,纸墨精好,古香袭人,每册有前贤手题墨迹",乾隆很得意,在第一册前面来了个亲笔题词:"此书在天禄琳琅中,亦不可多得。"天禄琳琅,乾隆藏书室名,尽皆其藏书精华,今主要存于台北故宫博物院。诸如此类的校对,与今天的完全同义。

从前还有个"校雠"与"校对"庶几近之。校雠,校和雠,一人独对为校,二人对校为雠。然而校雠的内涵显然更广,不仅校对文字差错,而且通过版本校勘,既恢复原著的真貌,又纠正原著的谬误,为读者提供善本,成就了一门校雠学。为什么叫校雠呢?按《西溪丛语》所载东汉刘向的说法:"雠校书,一人持本,一人读对,若怨家,故曰雠书。"这种说法虽然稍过,但却十分形象:"雠"有"敌"意,二人对校,不容有错,应视如怨家,互不相容。不过,应该视舛错为雠才是。无论怎么说吧,清朝学者章学诚认为:"校雠之义,盖自刘向父子,部次条别,将以辨章学术、考镜源流,非深明于道术精微、群言得失之故者,不足与此。"明清之前,官职中干脆还有个校书郎,东汉就有了,掌校雠典籍,订正讹误。20世纪50年代,湖南长沙近郊金盆岭西晋墓内出土了一件青瓷持牍对书俑,再现了1000多年前校雠的状况。那是相对而坐的两个戴冠文吏,一个一手持牍作读状,一手拿着多枚木牍;另一个则一手持牍,一手握笔,随时改正的架势。两人之间有一书案,案上还放着待校的木牍,身体贴得很近,上身再前倾,相对的两颗脑袋果然营造出了"怨家"的氛围。

仁宗时的宋次道,可称宋朝校雠的代表人物。《曲洧旧闻》记录了他的一句心得:"校书如扫尘,随扫随有。"因此,他家的藏书"皆校三五遍者"。宋次道当时相当于今天的网红,他家不是在春明坊嘛,"士大夫喜读书者多居其侧,以便于借置故也",导致"当时春明宅子比他处僦直常高一倍",房租都高了许多。朱弁《风月堂诗话》云,王安石在馆阁时就租了春明坊的房子,"与宋次道宅相邻",然后到他家借书去,"借唐人诗集日阅之,过眼有会于心者必手录之,岁久殆录遍"。宋朝的众多知名人物都与宋次道有过交往。欧阳修《送宋次道学士赴太平州》诗云:"藏书万卷复强记,故事累朝能口传。来居侍从乃其职,远置州郡谁谓然。交游一时尽英俊,车马两岸来联翩。船头朝转暮千里,有酒胡不为留连。"梅尧臣、蔡襄等亦均与之有唱和诗。司马光《与宋次道书》,与之交流编纂《资治通鉴》的进展与心得。《资治通鉴》副主编之一刘恕,在"次道知亳州"时,每去"枉道借览"。次道准备好吃的喝的,"日具馔为主人礼",刘恕还不大高兴:"此非吾所为来也,殊废吾事。"拿走拿走,然后自己"独闭阁,昼夜口诵手抄,留旬日,尽其书而去,目为之臀",眼睛都弄出问题了。

此外,宋朝的郑樵也是校雠的代表人物之一,"惟有莆阳郑夹漈,读尽天下八分书"。郑樵读书极多,其《校雠略》成为我国古典目录学重要的理论著作。《宋史·郑樵传》说他"聚书数千卷,皆自校雠",还告诉子孙:"吾为汝曹获良产矣。"郑樵不仅学问了得,而且因为"力诋秦桧和议之非,即挂冠去,当世高之"。

"芳意将阑风又吹,白云辞叶雪辞枝。集贤雠校无闲日,落尽瑶华尚不知。"白居易《集贤院玉蕊》诗,道出了校雠的艰辛。校雠作为一门学问,没有相当的知识铺垫以及专注的敬业精神,都是无法胜任的。前人有曰:"后世谁知子定吾文?"此话今天可用之于编辑,实则校对也是一样,他们的功劳很大,但是往往被忽略,也很容易被忽略。

2016 年 12 月 29 日

音乐会

12月30日晚上，在广州大剧院欣赏了英国伯明翰市立交响乐团与瓦西里·辛奈斯基演出的新年音乐会。我对音乐完全是门外汉，此番没有听到熟悉的旋律，每奏一曲又只是干巴巴的字幕名称而没有任何其他介绍，听得也就不明所以。电视剧《空镜子》里，"姜武"在这种情况下呼呼大睡，令"陶虹"很难堪。本人倒是还不至于，但思绪也不在现实而飞到了从前。

从前应该也是有音乐会的吧。1978年湖北随县曾侯乙墓出土了一套战国编钟，总共60多件，沉睡地下两千多年被唤醒并全部组装完成之后，便演奏了一场音乐会，更不要说当年了。那场音乐会举办于1979年8月，以《东方红》开场，中有《楚商》《友谊地久天长》、贝多芬第九交响乐《欢乐颂》等，最后以《国际歌》收尾。古今中外皆可，足征这套编钟在战国时代完全可以胜任一台音乐会。与今日交响乐包含多个乐章的大型管弦乐曲所不同的是，奏出优美旋律的全套64件曾侯乙编钟，没有弦乐和管乐，全部是青铜打击乐，但是十二律俱全。钟磬上铸造有大量乐理乐律铭文，为后来的《吕氏春秋》印证了不少。

曾侯乙编钟的成就，代表了我国古代音律科学的发达程度。在此之前，自然已有端倪。由孔子手订的《诗》里面，出现的乐器就有 20 多种,属于土石制品的有缶、埙,属于金属制品的有钟、镛,属于竹制品的有笙、箫,属于综合制品的有琴、瑟、鼓、贲,等等。由此可知西周时人制作与使用乐器的手段,十分发达。

如今的新年音乐会只是音乐会的一个时间节点,其功能显然在于陶冶人们的性情,普通人群得以参与。从前的也有这方面的功能,但更偏重实用,大抵用于宴会、祭祀等等,参与者因而往往限于帝王将相、各级官员。在陶冶性情方面,《荀子》是这么说的:"夫乐者,乐也,人情之所必不免也,故人不能无乐。乐则必发于声音,形于动静,而人之道,声音、动静、性术之变尽是矣。"所以,先王制乐在于借之"以感动人之善心,使夫邪污之气无由得接焉"。当然了,在荀子看来,音乐也如一枚硬币的两面,所谓"姚冶之容,郑、卫之音,使人之心淫;绅端章甫,无《韶》歌《武》,使人之心庄"。改革开放之初,海峡彼岸邓丽君的歌曲在此岸被指为"靡靡之音",指斥者大抵正有"郑声淫"的出发点。

唐朝一定有很多音乐会。玄宗也许要算是皇帝音乐家,"梨园弟子"的名词就是从他那儿催生的。《新唐书·礼乐志》载:"玄宗既知音律,又酷爱法曲,选坐部伎子弟三百教于梨园,声有误者,帝必觉而正之,号'皇帝梨园弟子'。"此外,"宫女数百,亦为梨园弟子,居宜春北院。梨园法部,更置小部音声三十余人"。这里的"坐部伎",对应的是"立部伎"。顾名思义,"堂下立奏,谓之立部伎;堂上坐奏,谓之坐部伎",这也是玄宗的发明。二者的区别还在于,"不可教者隶立部,又不可教者,乃习雅乐"。玄宗应该是个音乐全才,演奏中但"声有误者"而"必觉而正",表明他具有乐团指挥的耳朵。他还擅长作曲,著名的《霓裳羽衣曲》就不用说了,"民间以帝自潞州还京师,举兵夜半诛韦皇后,制《夜半乐》《还京乐》二曲。帝又作《文成曲》,与《小破阵乐》更奏之"。杨贵妃生日,其幸骊山,"命小部张乐长生殿,因奏新曲,未有名,会南方进荔枝,因名曰《荔枝香》"。玄宗又好敲击羯鼓,以为羯鼓乃"八音之领袖,诸乐不可方也",什么乐器也比不了。

"渔阳鼙鼓动地来,惊破霓裳羽衣曲。"安禄山、史思明的战鼓,直接击碎了玄宗的羯鼓。此前,唐太宗曾谓侍臣曰:"古者圣人沿情以作乐,国之兴衰,未必由此。"但御史大夫杜淹马上举例表示并不认同:"陈将亡也。有《玉树后庭花》,齐将亡也,有《伴侣曲》,闻者悲泣,所谓亡国之音哀以思,以是观之,亦乐之所起。"杜淹的观点并不新,《礼记》中早就说了:"治世之音安以乐,其正和;乱世之音怨以怒,其正乖;亡国之音哀以思,其民困。声音之道,与正通矣。"然太宗坚持认为,那是就结果而反推其事所导致:"夫声之所感,各因人之哀乐。将亡之政,其民苦,故闻以悲。今《玉树》《伴侣》之曲尚存,为公奏之,知必不悲。"后来,他又重申了自己的观点:"朕闻人和则乐和,隋末丧乱,虽改音律而乐不和。若百姓安乐,金石自谐矣。"魏徵也认为:"乐在人和,不在音也。"唐朝到玄宗的时候虽未亡国,但他过分沉迷其中,导致国家由盛及衰却是不争的事实。

新年音乐会自在我们这里流行之后,各地或同一地的不同乐团便目不暇接了。但在中国演奏音乐会,还是应该接下地气。当年,理查德·克莱德曼以一曲《太阳最红》,把全场观众的情绪一下子调动起来了。印象中此后他在中国演出,总要和观众"共鸣"一下,《浏阳河》《我爱北京天安门》等都曾从他的琴键中流淌出来。相信观众中真正懂得音乐的极少,作为音乐场所,不能满足于把乐团拉来了事,还得多做些普及文章,要让观众有所收益离去,而不只是附庸高雅,单纯地看个稀奇。

2017年1月2日

读白字

去年岁末,某位省级领导在一个正式场合上致辞时读错了字,引发舆论哗然。很难认的字吗?并不是,"滇"读成了"镇",原本的"滇越铁路"因此被读成"镇越铁路",前后有两次,显见不是一时口误。该领导尽管新上任不久,官职之前尚有个"代"字嘛,但将主政省份的简称读错,显然太不应该。"滇"字十分常见,没到过云南的人一般也知道"滇池",不像当年"觚离分裂力谁任"中的那个觚,因为过于生僻才难住了正在诵读的清华大学校长顾秉林先生。此番若不是有视频为证,真的以为会是什么人在存心捣乱。

"滇"而读成"镇",一般叫作读别字或白字。《后汉书·儒林传·尹敏》载,"谶书非圣人所作,其中多近鄙别字,颇类世俗之辞,恐疑误后生。"顾炎武《日知录》云:"近鄙者,犹今俗用之字。别字者,本当为此字,而误为彼字也,今人谓之'白字',乃'别'音之转。"就是说,"别"与"白",本是同根生。似乎可以武断地认为:人皆不免读白字,不拘官职大小,学问高低。首先是因为汉字的总量太大,1990年徐仲舒主编的《汉语大字典》收了5万多字,1994年冷玉龙等编著的《中华字海》收了8万多字,台湾还有收了超过10万的。这么庞大的数量,任何人也没有理由全都认识。

其次,汉字具有"形声"的特点,据说这部分字占了70%左右,所以对自己不认识的,"见字读半边,不会错上天"。不过,另外30%往往也是个陷阱,碰上了,就可能读成白字。比如"刚愎自用"的"愎",读半边的话就会读成"复"。随便再举几个,如龃、踽、糯、蚋等,则是读哪半边都不行。

读白字的原因很多,一种可能是疏忽大意,看花眼了,顺嘴溜了出来;还有一种可能则是不识字。明朝《解愠编》里有"玉堆宫"条,说是两个蒙师在路上遇见了,"道傍有鲁叁之墓",其中一个认为是曾参墓,赶忙下拜。另一个说,这明明是"萧规曹随"的那个曹参嘛,怎么会是曾子? 争论了半天,"相殴讼于王推官处"。王推官说,这好办,"召坟邻询之"。待到弄明白了,原来谁也不对,两蒙师遂被"各笞二十逐出"。好朋友在玉堆宫设宴,想作个和事佬,不料两人来到,"举目见轩扁",吓得都赶快跑了,相顾惊愕曰:"此是王推官家,如何又去惹他?"这当然是个笑话,编出这样的笑话,是在讥讽那两个所谓蒙师实属草包,连常见的字也不认识,更不要指望其他了。《鹤林玉露》云"西汉诸儒,扬子云独称识字",韩愈说:"凡为文者,宜略识字。"因此,真正识字也不是件容易之事。

本来学富五车,忽然得了怪病而不识字了,这种现象也是可能的。《墨客挥犀》之"奇疾"条,列举了好多奇奇怪怪的病症。比如,"有一人家妾,视直物皆曲,弓弦界尺之类,视之皆如钩",凡是直的一概看成弯的。又比如,京兆醴泉主簿蔡绳"得饥疾,每饥立须啖物,稍迟则顿仆闷绝。怀中常置饼饵,虽对贵官,遇饥亦便龁啖",连礼节都顾不上讲了,照吃不误。蔡绳是作者友人,作者很了解他,"绳有美行,博学有文,为时闻人,终以此不幸,无人识其疾,每为之哀伤"。再有就是松滋令姜愚,"无他疾,忽不识字,数年方稍稍复旧"。《宋史》里有姜愚这个人,见于《王陶传》。"陶微时苦贫,寓京师教小学。其友姜愚气豪乐施,一日大雪,念陶奉母寒馁,荷一锸划雪,行二十里访之。陶母子冻坐,日高无炊烟。愚亟出解所衣锦裘,质钱买酒肉、薪炭,与附火饮食,又捐数百千为之娶"。但是,姜愚却是好人未得好报。"陶既贵,尹洛,愚老而丧明,自卫州新乡往谒之,意陶必念旧哀已。陶对之邈然,但出尊酒而已。愚大失望,归而病死"。只是不知,两个姜愚是否为同一人,但此姜愚患的是目疾,眼睛不好的古人数不胜数,一般不会累及不识字。

其实,即便真的不识字也不要紧,只要肚里有货。《容斋四笔》云:"(南朝)宋孝武尝令群臣赋诗,沈庆之手不知书,每恨眼不识字。"但皇帝逼令作诗,怎么办呢?庆之曰:"臣不知书,请口授师伯。"请别人代笔,不会就是不会。孝武即令颜师伯执笔,庆之口授之曰:"微生遇多幸,得逢时运昌。朽老筋力尽,徒步还南冈。辞荣此圣世,何愧张子房?"因为"上甚悦",所以"众坐并称其辞意之美"就是必然的了。张子房是与韩信、萧何并称为"汉初三杰"的张良,庆之自信可以与之比肩。这样,马屁拍了,顺带也提高了一下自己。

当然,白字形成的原因还有重要的一条,就是"笔吏不谨",写错了,导致以讹传讹。还是《容斋四笔》,洪迈说他记得曾纮所书陶渊明《读山海经》诗,其中的"形夭无千岁,猛志固常在"令他生疑,"上下文义若不贯,遂取《山海经》参校",才明白前五个字原来是"刑天舞干戚",五个字全都抄错了,因而弄得句子不明所以。"滇"而成"镇",不能排除这种状况。秋瑾女士当年在给侄子秋壬林的信中写道:"接汝手书,尚为清楚,阅之甚喜,惟有白字,亦因中文程度尚浅之故。"把写白字归结为文化水准,承继的自然是韩文公的衣钵了。

2017 年 1 月 7 日

针灸

因为维基百科坚持在针灸英文页面上把针灸称为"伪科学",由世界各地志愿者组成的"针灸现状基金会"近日发起请愿书,要求维基对此进行更正,主要发起者、英国的梅尔·科普曼正是一名针灸医生。2016《中国的中医药》白皮书显示,中医药目前已传播到183个国家和地区,103个世界卫生组织会员国认可使用针灸,其中29个国家和地区设立了法律法规,18个国家和地区将针灸纳入医疗保险体系。维基百科不仅无视这一切,而且不允许添加任何能够证明针灸科学性的文章,霸道得很。

早在2010年,"中医针灸"就已被联合国教科文组织列入"人类非物质文化遗产代表作名录"。我国最早的医学典籍之一《黄帝内经·素问》中讲到:"有病颈痈者,或石治之,或针灸治之,而皆已。"针灸,针法和灸法的总称,传统中医学的重要组成部分。针法是应用各种特制针具作用于经络穴位,灸法则是以艾绒等物熏灼经络穴位进行热刺激,从而改善和提高经络之气对人体的调控功能,祛邪正身。新石器时期,前人便知道利用锐利的小石片(即砭石)砭刺人体的某一部位能治病;火被认识和应用之后,前人又逐渐发现身体的某一部位受到灼烤也可以减轻病痛。这些实践经验,或是针灸之源吧。

两汉三国的典籍中,出现了许多擅长针灸的医学家。《史记·扁鹊仓公列传》载,汉文帝诏问淳于意,你决断病人是死是活的时间有时并不能应验,为什么?淳于意答:"此皆饮食喜怒不节,或不当饮药,或不当针灸。"既有病人自身的原因,也有医治方面的原因。据业界人士研究,淳于意正是针灸理论体系的奠基人之一,他用"气"与"脉"的关联来诊断病证,如"切其脉时,右口气急,脉无五藏气""肾气有时间浊,在太阴脉口而稀,是水气。肾固主水,故以此知之"等,透过脉象判断体内藏府之气的运行状况,表明在他的医理中,气是经脉的基础和主导,经脉之气与藏府之气相通。

《三国志·方技传》讲到华佗医术高超时也说到针灸,"若当灸,不过一两处,每处不过七八壮,病亦应除。若当针,亦不过一两处,下针言'当引某许,若至,语人'。病者言'已到',应便拔针,病亦行差"。华佗的病人里,最著名的就是曹操了,曹操"苦头风,每发,心乱目眩,佗针鬲,随手而差"。这里的"差"通"瘥",病愈的意思。当然了,"若病结积在内,针药所不能及",华佗还有开刀法,"当须刳割者,便饮其麻沸散,须臾便如醉死无所知,因破取"。不知怎么搞的,到了唐高宗的时候,针灸治疗头痛反而不可思议。《旧唐书·高宗本纪》载,高宗"苦头重不可忍",侍医秦鸣鹤曰:"刺头微出血,可愈。"武则天在帘子里听到,要把秦鸣鹤杀了,因为岂可"欲刺血于人主首耶"。高宗痛得受不了,权且一试,秦鸣鹤"即刺百会",高宗痊愈了,秦鸣鹤才算保住命。这是永淳二年(682)的事。在此前,武则天已经垂帘听政,如上元二年(675),"时帝风疹不能听朝,政事皆决于天后。自诛上官仪后,上每视朝,天后垂帘于御座后,政事大小皆预闻之,内外称为'二圣'"。

《贞观政要·征伐》载,礼部尚书王道宗从太宗征高丽,"在阵损足",太宗"亲为针灸,赐以御膳"。看起来,唐太宗也懂这些。《新唐书·刑法志》说太宗尝览《明堂针灸图》,因为"见人之五藏皆近背,针灸失所,则其害致死",还发出感叹:"夫箠者,五刑之轻;死者,人之所重。安得犯至轻之刑而或致死?"感叹之余,又下诏施笞刑时不要再打罪人的后背。《明堂针灸图》是唐朝官修医书,图文并茂,成书即在贞观年间。唐朝这类的书有不少,胡三省注《资治通鉴》曰:"《唐·艺文志》有《黄帝明堂经》《明堂偃侧人图》《明堂人形图》《明堂孔穴图》,皆针灸之书也。"敦煌文献《明堂五脏论》曰:"明者,命也;堂者,躯也。立形躯于世间,着明堂而医疗。"这就是说,明堂相当于专门为针灸而作的人体挂图。正是这些直观的人体结构图,深深地触动了唐太宗吧。《册府元龟》云太宗看的是《明堂孔穴》,《资治通鉴》又说是《明堂针灸书》,不管书名究竟是什么,因为针灸穴位而更改了法律条文是既成事实,反映了太宗的人本情怀。

北宋仁宗天圣五年(1027),诏命翰林医官王惟一所制造的针灸铜人,更加形象直观,在今天也可以作为经络腧穴教学的教具。铜人高度与正常成年人相近,胸背前后两面可以开合,体内雕有脏腑器官,铜人表面镂有穴位,穴旁刻题穴名。同时以黄蜡封涂铜人外表的孔穴,其内注水。如取穴准确,针入而水流出;取穴不准,针不能刺入。可惜北宋原件早已下落不明,明清乃有仿制,故宫博物院现藏一具明代铜人,高89厘米,男童形状。

国务院去年印发了《中医药发展战略规划纲要(2016—2030年)》,明确今后5年中国将多引擎驱动助力"中医药强国"建设,推动中医药走向世界。但维基此番"伪科学"甚至还对整个中医予以否决的事件表明,达成我们以中医宝库和中国智慧造福更多民众的初衷,还有漫长的道路要走。

2017年1月13日

铠甲

今年第1期《国家人文历史》封面文章做的是《铠甲》。为什么做这样一个专题不大清楚,然而通过对古今中外铠甲的粗粗梳理,使读者对之有了比较完整的认识的目的,显然是达到了。

铠甲,古代战士护身的装备,由皮革或金属做成。"操吴戈兮被犀甲,车错毂兮短兵接。旌蔽日兮敌若云,矢交坠兮士争先",屈原《九歌·国殇》中的名句。《孟子》"五十步笑百步"的故事里有"弃甲曳兵而走"。秦始皇兵马俑更以实物的形式呈现了将军、士兵如何身披铠甲。如此等等,表明很早的时候,铠甲与武器就是战士的标配。这期封面文章更俏皮的说法是:冷兵器时代的男人装。

早期的铠甲是皮革制成的。犀甲,已然道明。《国语·晋语》有"昔吾先君唐叔射兕于徒林,殪,以为大甲",是说唐叔虞射死犀牛,用它的皮来做铠甲。《左传·宣公二年》有一段宋国筑城役人与华元骖乘的对歌。役人歌:"睅其目,皤其腹,弃甲而复。于思于思,弃甲复来。"骖乘歌:"牛则有皮,犀兕尚多,弃甲则那?"役人曰:"从其有皮,丹漆若何?"按沈玉成先生的翻译,这几句意思是:"挺着肚子瞪着眼,丢了皮甲往回转。连鬓胡子长满腮,丢了皮甲又回来。""有牛就有皮,犀兕多的是,丢了皮甲又有什么了不起?"

"即使有牛皮,哪里又去找红漆?"这段对歌在折射役人艰辛的同时,也道出了当时皮甲的材质来源以及加工时须用的主要原材料。杨泓先生从中还看到,先秦时期对歌的形式并不限于爱情场合,而在社会生活中被广泛采用着。然对《晋语》这段,孔颖达指出:"遍检书传,犀、兕二兽并出南方,非宋所有。假令波及宋国,必不能多。言'尚多'者,苟以答讴者也。"孔疏表明,华元的随从是在信口开河。

  铁器使用之后,铁甲的出现也成为必然。《史记·苏秦传》载,苏秦为楚合纵说韩王曰:"韩卒之剑戟皆出于冥山……皆陆断牛马,水截鹄雁,当敌则斩,坚甲铁幕,革抉咙芮,无不毕具。以韩卒之勇,被坚甲,蹠劲弩,带利剑,一人当百,不足言也。"这里的"坚甲铁幕",索隐以为即"谓以铁为臂胫之衣"。《吕氏春秋·贵卒篇》讲到中山一个叫吾丘鸠的大力士,"衣铁甲、操铁杖以战,而所击无不碎,所冲无不陷"。此外,保定满城中山靖王墓、广州西汉南越王墓等,均出土有铁甲。南越王墓这一件,通长49厘米,重9.7公斤,共用709片甲片,甲片均为四角抹圆的长方形,然后以丝带穿结成形,无立领、无衣袖、无垂缘。比对研究更发现,这件铁甲与秦始皇兵马俑中一种骑兵俑身上的戎装几乎完全一样,意味着南越国士兵的服装仍然部分地保留着秦朝骑兵服的式样。

  曹植《上先帝赐铠表》云:"先帝赐臣铠:黑光、明光各一领,两当铠一领,环铠一领,马铠一领。今世以升平,兵革无事,乞悉以付铠曹。"这里共涉及了五种铠甲,先帝即曹操,铠曹即管理铠甲之官。《周书·蔡祐传》载,西魏大将蔡祐与高欢交战,就是"时着明光铁铠,所向无前",至于"敌人咸曰'此是铁猛兽也',皆遽避之"。当然,蔡祐是打出的声名,不是单凭一领铠甲,但"铁猛兽"那个绰号,显然与"明光铁铠"密切相关。蔡祐跟着宇文泰在河桥与东魏那一战,虽被"围之十余重",但"东魏人弗敢逼,乃募厚甲长刀者,直进取祐",还有三十步的距离了,"左右劝射之",蔡祐说不要紧;"敌人渐进,可十步,祐乃射之"。那一仗打得惊心动魄,打完之后,宇文泰"心惊,不得寝,枕祐股上,乃安"。

《水浒传》第五十六回,为了破掉呼延灼的连环马,汤隆献计把东京的金枪班教师徐宁拉上梁山。徐宁是汤隆的姑舅哥哥,汤隆知道徐宁的软肋在哪里,就是徐家先祖留下的那件宝贝:雁翎砌就圈金甲。"这一副甲披在身上,又轻又隐,刀剑箭矢,急不能透。人都唤做赛唐猊",汤隆认为这副甲是徐宁的性命,"若是先对付得他这副甲来时,不由他不到这里"。结果"吴用使时迁盗甲",轻而易举地就得手了。唐猊,即"唐夷"。古代传说中的猛兽,皮坚厚,可制甲。后因借以称良甲。《吴越春秋·勾践伐吴外传》载:"越王乃被唐夷之甲,带步光之剑,杖屈卢之矛。"《三国演义》第三回,董卓与丁原交战,吕布也是"擐唐猊铠甲,系狮蛮宝带,纵马挺戟,随丁建阳出到阵前"。可见,徐宁丢了"祖宗留传,四代之宝",没有不乖乖就范的道理。徐宁——当然是梁山的——对手呼延灼那方,"鞍上人披铁铠,坐下马带铜铃",三路兵马出城之时,"人顶深盔垂护项,微漏双睛;马披重甲带朱缨,单悬四足"。《水浒传》中的这一情节,颇类《晋书·吕光载记》中的记载:吕光攻龟兹城,"胡便弓马,善矛矟,铠如连锁,射不可入",至于"以革索为罥,策马掷人,多有中者。众甚惮之"。于是吕光"迁营相接阵,为勾锁之法,精骑为游军,弥缝其阙",才终于把仗打赢。

铠甲退出历史舞台,只能于舞台上、影视中再现雄风,是一种必然。如《国家人文历史》某篇篇目:火器之下安有完铠?但铠甲曾经的辉煌,足令我们回味不已,甚至可以长久地回味下去。

2017 年 1 月 15 日

小大寒

昨天是二十四节气中的大寒。《授时通考·天时》引《三礼义宗》云:"大寒为中者,上形于小寒,故谓之大……寒气之逆极,故谓大寒。"《春秋繁露》亦云:"小雪而物咸成,大寒而物毕藏。"大寒节气的到来,意味以农历计算的一年已经走到了年尾。

二十四节气中属于"小大"组合的共有三对,顺序来看分别是:小暑、大暑,小雪、大雪,小寒、大寒。有趣的是,还有一"小",却没有对应"大",那就是有"小满"而没有"大满",理论上该是"大满"的位置实际上代之以"芒种"。为什么呢?《七修类稿》"小满芒种"条有一种说法:"夫寒暑以时令言,雪水以天地言,此以芒种易大满者,因时物兼人事以立义也。盖有芒之种谷,至此已长,人当效勤矣;节物至此时,小得盈满意,故以芒种易大满耳。"就是说,按照作物生长的规律,小满之后尤其需要辛勤劳作,不可以"大满"。另,《说文解字》云:"满,盈溢也。"俗谚又有"水满则溢,月盈则亏",因此,不要说小满之后不会接着大满,在前人的哲学中,大满根本不可能存在。

就气候而言,小寒表示轻微的寒意,大寒则是酷寒、极冷。元萨都剌《过嘉兴》有"芦芽短短穿碧沙,船头鲤鱼吹浪花,吴姬荡桨入城去,细雨小寒生绿纱"。《新五代史·晋臣传》载,吴峦守贝州以拒契丹,"会天大寒,裂其帷幄以衣士卒,士卒皆爱之"。这里的小寒、大寒就都不是节气。作为节气,小大寒对应着一定的物候。"花木管时令,鸟鸣报农时",花草树木、鸟兽飞禽以其规律性的行动,被前人视为区分时令节气的重要标志。按照七十二候理论,小寒三候乃"雁北乡""鹊始巢"和"雉始雊"。候鸟顺阴阳而迁移,此时阳气已动,所以大雁开始向北迁移。喜鹊感觉到了阳气而开始筑巢。雊,雌雄之同鸣也,雉也是"感于阳而后有声"。元稹《小寒》诗意地进行了描述:"小寒连大吕,欢鹊垒新巢。拾食寻河曲,衔紫绕树梢。霜鹰近北首,雏雉隐丛茅。莫怪严凝切,春冬正月交。"而东坡的"小寒初渡梅花岭,万壑千岩背人境。清远聊为泛宅行,一梦分明堕乡井",连同后面的"天南看取东坡叟,可是平生废读书",就透出无限悲凉了。

大寒三候乃"鸡乳""征鸟厉疾"和"水泽腹坚"。乳,育也,鸡妈妈此时可以孵小鸡了。鹰隼之类的杀伐之鸟,"至此而猛厉迅疾也",则正处于捕食能力极强的状态中。"水泽腹坚"呢,前人曰"冰之初凝,水面而已,至此则彻上下皆凝,故云腹坚,腹犹内也",是说水域中的冰一直冻到水中央,最结实,孩童们可以尽情在河上溜冰。大寒之寒,前人每有道及,邵雍《大寒吟》有"清日无光辉,烈风正号怒。人口各有舌,言语不能吐";白居易《村居苦寒》有"北风利如剑,布絮不蔽身。唯烧蒿棘火,愁坐夜待晨。乃知大寒岁,农者尤苦辛。顾我当此日,草堂深掩门。褐裘覆绌被,坐卧有余温。幸免饥冻苦,又无垄亩勤。念彼深可愧,自问是何人",流露出诗人对劳动人民一贯同情的心境。

小大寒时的民俗,旧时亦颇可观,《梦粱录》载之较详。说那些豪贵之家,"如天降瑞雪,则开筵饮宴,塑雪狮,装雪山,以会亲朋,浅斟低唱,倚玉偎香,或乘骑出湖边,看湖山雪景,瑶林琼树,翠峰似玉,画亦不如"。那些诗人才子,"遇此景则以腊雪煎茶,吟诗咏曲,更唱迭和。或遇晴明,则邀朋约友,夜游天街,观舞队以预赏元夕"。因为要过年了,"席铺百货,画门神桃符,迎春牌儿,纸马铺印锺馗,财马、回头马等,馈与主顾。更以苍术、小枣、辟瘟丹相遗……医士亦馈屠苏袋,以五色线结成四金鱼同心结子,或百事吉结子,并以诸品汤剂,送与主顾第宅,受之悬于额上,以辟邪气"。与此同时,"街市扑买锡打春幡胜、百事吉斛儿,以备元旦悬于门首,为新岁吉兆。其各坊巷叫卖苍术小枣不绝。又有市爆杖、成架烟火之类"。穷人也有自己的乐子,他们"三五人为一队,装神鬼、判官、锺馗、小妹等形。敲锣击鼓,沿门乞钱,俗呼为'打夜胡',亦驱傩之意也"。

  岳珂《桯史》中有则记载,说宋宁宗朝韩侂胄当政时,"其弟仰胄为知阁门事,颇与密议,时人谓之大小韩。求捷径者争趋之"。有天宫廷宴会,优人扮一"衣冠到选者"表演节目,先"自叙履历材艺,应得美官,而留滞铨曹,自春徂冬,未有所拟,方徘徊浩叹",又云时一算命者"弊帽持扇过其旁,遂邀使谈庚甲,问以得禄之期",不料人家厉声曰:"君命甚高,但于五星局中,财帛宫若有所碍。目下若欲亨达,先见小寒,更望成事,必见大寒可也。"以寒为韩,借助谐音,大家都不难理解明了优人的用意,至于"侍燕者皆缩颈匿笑"。岳珂又忆庆元五年(1199),其在客店"见壁间一诗",似出赵姓举子之手,道是:"塞卫冲风怯晓寒,也随举子到长安。路人莫作亲王看,姓赵如今不似韩。"韩侂胄以"奸臣"而入正史,时人这样评价他并不足怪,怪的是岳珂也持这种态度。岳珂是岳飞的孙子,而追封岳飞为鄂王、追削秦桧官爵的正是韩侂胄。

节气从历史中走来,打捞其中的文化内涵,对于认识节气乃至认识历史无疑都大有裨益。

2017 年 1 月 21 日

修文・龙场

2月2日到贵州修文一游，专为拜谒阳明洞。2005年曾经慕名来过一次，印象中彼时阳明洞尚在荒郊野岭，如今已"旧貌换新颜"。快进修文县城时，先穿过一座高大的"王学圣地"牌坊。阳明洞所在，不仅有身处闹市区之感，而且还修建了面积颇大的"中国阳明文化园"，作为2006年被国务院公布为第六批全国重点文物保护单位之一的阳明洞本身，有蜷缩一隅之感。旅游勃兴之后，国人喜欢"放大"景点，动辄弄个广场，注水之余，完全漠视了对文物环境的保护。

阳明洞，因宋明心学集大成者王守仁而得名。守仁幼名云，字伯安，号阳明，谥文成，世称"阳明先生"。其客居修文，乃贬谪而来，因为那个著名的"立皇帝"、宦官刘瑾，那一年，阳明37岁。《明史》载，武宗正德元年（1506）冬，"刘瑾逮南京给事中御史戴铣等二十余人。守仁抗章救，瑾怒，廷杖四十，谪贵州龙场驿丞"。此事在任继愈先生主编的《中国哲学史》里，被视为"宦官与官僚争夺朝政的斗争"。龙场在当时乃"万山丛薄，苗、僚杂居"之地，如果带上情感色彩来描述，难免说不出好话，"蛇虺魍魉，蛊毒瘴疠，与居夷人缺舌难语，可通语者，皆中土亡命"云云，但阳明来了不同，他"因俗化导，夷人喜"，他们"相率伐木为屋，以栖阳明"，这就是阳明名之的"何陋轩",显系取自《论语》"君子居之,何陋之有"。而在此前,阳明可能真的栖居洞中,即今日所存明万历十七年(1589)贵州宣慰使安国亨所题之"阳明先生遗爱处"。直到刘瑾被武宗凌迟处死,阳明才离开龙场,"量移庐陵知县"。

顾祖禹《读史方舆纪要·贵州二》"梯岭"条云,"龙冈,在(贵阳军民)府北五十五公里龙场驿侧。又有东洞,正德初王守仁谪居于此,改名阳明洞"。顾氏还考证了龙场驿之得名,源自著名的奢香夫人。"奢香者,明初水西酋霭翠之妻也。霭翠死,香为贵州都督马烨所辱。香诉于朝。明太祖为诛烨而封香为顺德夫人。香归,开贵州西北赤水、乌撒道以通蜀乌蒙,立龙场九驿,世办马匹廪饩以报德,故驿因以名"。所谓"水西酋霭翠",即贵州宣慰使、水西彝族默贵州宣慰府部首领陇赞霭翠,霭翠去世,奢香代替幼子世袭了贵州宣慰使职。但所谓奢香为马烨所辱,我的朋友温春来教授曾发表过一篇论文《明初贵州水西君长国与中央的关系——奢香故事之考证与解读》,认为像很多传说一样,其实一捅就破。奢香夫人去世四十多年后,马烨依然健在并继续指挥打仗,那都是英宗正统四年(1439)的事了,怎么会有太祖"诛烨而封香"呢?春来兄由此生发的感慨振聋发聩:可怕的是,人们宁愿去一代一代相信编造的传说,对历史的真相,包括我们可以轻易破解的真相也是不屑一顾!

如果修文阳明洞只是单纯的谪居之所,那么充其量只能算是"守仁旧居",不足为奇,此地所以蜚声中外,实因正是在这里:阳明对《大学》主旨有了全新的诠释,完成了心学的思想体系。《明史·王守仁传》是这样记载的:阳明"谪龙场,穷荒无书,日绎旧闻。忽悟格物致知,当自求诸心,不当求诸事物,喟然曰:'道在是矣。'遂笃信不疑",进而认为"阳明学"即因此而生。"忽悟"云云,在哲学史上被称为"龙场顿悟"或"龙场悟道"。在黄宗羲总结的"王学三变"中,这是阳明思想的第三次转变。第一次,是弃"词章之学"而求"圣人之道";第二次,是疑朱子理学而转向研究佛、老;这一次,标志其心学理论的正式确立。阳明弟子钱德洪所辑《王阳明年谱》对此说得更活灵活现:"时(刘)瑾憾未已,(阳明)自计得失荣辱皆能超脱,惟生死一念尚觉未化",乃为石墩自誓曰:"吾惟俟命而已!"于是,阳明"日夜端居澄默,以求静一;久之,胸中洒洒。而从者皆病,自析薪取水作糜饲之;又恐其怀抑郁,则与歌诗;又不悦,复调越曲,杂以诙笑,始能忘其为疾病夷狄患难也"。某一天,阳明"忽中夜大悟格物致知之旨,寤寐中若有人语之者,不觉呼跃而起,从者皆惊。始知圣人之道,吾性自足,向之求理于事物者误也"。悟道之余,阳明在这段时期还有著名的《象祠记》《瘗旅文》《示龙场诸生》等名篇传世。

"三载栖迟,洞古山深含至乐;一宵觉悟,文经武纬是全才。"镌刻在龙冈山顶王文成公祠门柱上(阳明所创龙冈书院故址)的这副楹联,高度概括了阳明作为思想家、军事家的辉煌一生。该联算四句的话,其中三句半关联龙场,表明龙场地位非比寻常的一面。但阳明洞里留下的不少痕迹,如"贵州省立师范学校童子军团旅行纪念,民国十九年八月十九日""一九三五年五月达中学生一百三十人至此",甚至还有"大日本帝国高山公通、金子新太郎、冈山源六、清宫宗亲,明治三十六年八月即中历光绪癸卯六月来游此洞访阳明先生明悟之迹"等等,完全是"到此一游"类的涂鸦,阳明倡导的"知行合一""致良知"不知被吸收了多少。

漫步修文县城大街上,随处可见的也只是"从心开始的地方——中国修文",以为对多数人来说,恐怕不明所以。当然,这要较湖北利川"我靠重庆"、江西宜春"一个叫春的城市"等推介自家城市的用语不知高明几许了。

2017 年 2 月 5 日

知行合一

修文"中国阳明文化园"的大门牌坊上,端书"知行合一"四个大字。走进去,在阳明洞上方"王文成公祠"对面的大石头上,镌刻有蒋中正第三次游览时留下的手迹,也是"知行合一"。再用任继愈先生主编的《中国哲学史》说:"像国民党反动派所提倡的'力行哲学',就是抄袭了王守仁的哲学思想,把法西斯主义与封建主义思想结合在一起,提倡反理性主义,用来控制人民的思想。"国民党能提倡这个,应该与蒋的"三顾"相关吧。

知行合一,正是阳明文化的核心内容,由王阳明在龙场(今修文)首次提出,与"致良知"相辅相成。从字面上看,知行合一很容易被理解为言行一致,实际上这个概念的内涵相当丰富,在与门生、友人的交流之中,可见阳明的本意。如,"是非之心,人皆有之,即所谓良知也。孰无是良知乎?但不能致之耳。曷谓知至至之?知至者,知也;至之者,致知也,此知行之所以一也"。如,"知是行之始,行是知之成。若会得时,只说一个知,已自有行在。只说一个行,已自有知在"。又如,"今人学问,只因知行分作两件,故有一念发动,虽是不善,然却未曾行,便不去禁止。我今说个知行合一,正要人晓得一念发动处便即是行了,发动处有不善,就将这不善的念克倒了,须要彻根彻底,不使那一念不善潜伏在胸中。

此是我立言宗旨。"黄宗羲评价:"如此说知行合一,真是丝丝见血。先生之学真切乃尔,后人何曾会得。"

所谓"一念发动处便即是行",阳明用《大学》里的"好好色""恶恶臭"进行过具体阐释:看见美丽的事物属知,喜爱美丽的事物属行;闻到臭的气味属知,厌恶臭的气味属行。在他看来,"凡谓之行者,只是着实去做这件事,若着实做学问思辨工夫,则学问思辨亦便是行矣。学是学做这件事,问是问做这件事,思辨是思辨做这件事,则行亦便是学问思辨矣"。这就是说,知决定行,行体现知,知之时俨然即行,行乃知的补充。"知行合一"是针对朱熹的"知先行后"而提出,但阳明的诸多阐释难免如王夫之所认为:"彼非谓知之可后也,其所谓知者非知,行者非行也。知者非知,然而犹有其知也,亦倘然若有所见也。行者非行,则确乎其非行,而以其所知为行也。以知为行,则以不行为行。"鉴于此,任继愈先生没那么客气,他斩钉截铁地指出:"王守仁这里故意抹杀了知和行在性质上的区别。"

不过,在阳明的概念里,"行"也未必就是"天桥的把式——光说不练"。弟子徐爱以孝悌为例指出世人多知应孝应悌,但是不一定能孝能悌,阳明就是这么回答的:"世间有两种人,或是不解思惟即任意去做,或是悬空思索不肯躬行。"这个"躬行",应当就是身体力行。紧接着"行之明觉精察处便是知,知之真切笃实处便是行",他还说了:"若行而不能明觉精察,便是冥行,便是学而不思则罔,所以必须说个知;知而不能真切笃实,便是妄想,便是思而不学则殆,所以必须说个行。"因此,真知一定要表现为行,没有践行过的知算不得真知,"如称某人知孝,某人知弟,必是其人已曾行孝行弟,方可称他知孝知弟;不成只是晓得说些孝弟的话,便成称为知孝知弟"。冯友兰先生对此也是这样理解的:"良知是知;致良知是行。吾人必致良知于行事,而后良知之知,方为完成。此阳明知行合一之说之主要意思也。"

在现实中,知行之所以不能合一,阳明认为在于"私欲隔断"。再看冯友兰先生就孝悌问题的阐释:"见父自然知孝",顺此知之自然发展,则必实行孝之事。其有不能行孝之事者,则必其心为私欲所蔽者也。其心为私欲所蔽,则有良知而不能致之,其良知亦即不能完成。这就是"行是知之成"。知与不知,终究要靠行与不行来验证。《玉堂丛语·廉介》讲到明朝大臣刘大夏的故事也是这样。刘大夏"为广东方伯时,广中官库有一项羡余钱,自来不上库簿,旧任者皆公然取去,以充囊箧,相袭以为固然"。所谓"羡余钱",大抵相当于今天的小金库,可以由一把手自由支配或中饱私囊。刘大夏初来乍到,"发库藏,适前任有遗下未尽将去者,库吏以故事白,云不当附库簿"。刘大夏内心显然经历了"私字一闪念",后来有大声"呼曰"嘛:"刘大夏平日读书做好人,如何遇此一事,沉吟许多时,诚有愧古人,非大丈夫也。"于是,"命吏悉附簿,作正支销,毫无所取"。所以黄宗羲对知行合一的理解值得推崇:"夫以知识为知,则轻浮而不实,故必以力行为功夫。良知感应神速,无有等待,本心之明即知,不欺本心之明即行也。"

怎么理解"知行合一",从其问世起便见仁见智。《论语》不过万把字,千百年来阐释不绝,今天也还热闹非常,甚至胡说八道的也能风光一时,赚得盆满钵满。我们社会今天方方面面存在的问题,窥其实质,都在于知与行完全变成了两张皮,道理谁都懂,讲起来滔滔不绝,然后却全然不是那么回事,知归知,行归行。对落马贪官,我们早已掷去了"两面人"的大帽子,对可能包括每个人自身在内的这种"两张皮"现象,又该如何命名呢?

2017 年 2 月 8 日

致良知

致良知,是王阳明哲学的中心思想。

《明史·王守仁传》载:"其为教,专以致良知为主。"按照黄宗羲的说法,江右以后,阳明才专提"致良知"三字,其"默不假坐,心不待澄,不习不虑,出之自有天则"。也就是说,王阳明早年在贵州时提倡"知行合一",认为那是"致良知"的方法之一,晚年在江西时反复讲的则是后者。任继愈先生主编《中国哲学史》解释这种现象,说阳明是为了避免陷于一般认识论方面的知行问题的争辩,"只要领会了他的'良知'真谛去'致良知',不论静处体悟,事上磨练,便不会违背封建道德规范"。仍旧聊备一说吧。归根到底,任先生那部著作的时代烙印未免过深,单就认为"致良知"学说旨在"企图通过加强封建道德的灌输来拯救社会危机",就不能不如鲠在喉。

什么是王阳明思想中的良知?就是天赋的道德观念。明朝大学士申时行等曾言:"阳明言致知出《大学》,良知出《孟子》。"那么,《孟子》是怎么说的呢?《尽心上》有云:"人之所不学而能者,其良能也;所不虑而知者,其良知也。"即是说,仁、义、礼、智等道德观念是天赋予人人,不是从外面学得来的。阳明据此提出的"致良知"说,是要作为道德的修养方法。在他看来,人的本心无所不知,无所不该,乃不学而知的良知,"见父自然知孝,见兄自然知弟,见孺子入井自然知恻隐,此便是良知"。人人都有良知,但是私欲把它蒙蔽了,因此要克服私欲,"致良知"。在他看来,"人若知这良知诀窍,随他多少邪思枉念,这里一觉,都自消融"。所以有人问他:"除却良知,还有什么说得?"表示意犹未尽,希望得到进一步阐发。阳明则用原话回答:"除却良知,还有什么说得?"表示除此之外,已经无话可说。

用一个民间传说来具体地看。阳明弟子有一次半夜里捉到一名小偷,对他讲"良知"的道理,小偷笑问自己的良知在哪里。当时天气很热,阳明弟子就请小偷逐件把衣服脱掉,先外后内;到该脱裤子时,小偷犹豫了,弟子说:"这便是你的良知。"如果还不能理解,那就再看看阳明《与黄勉之》的信,其中说"慎独即是致良知"。

慎独,我们都不陌生,就是独处无人注意时,自己的行为也要谨慎不苟。《礼记·中庸》云:"莫见乎隐,莫显乎微,故君子慎其独也。"郑玄释曰:"慎独者,慎其闲居之所为。"闲居之时,也就是没有外部监督、全凭自觉之时。东汉杨震暮夜却金,留下"天知地知,子知我知"的佳话,是慎独的一个正面典型。宋朝《续墨客挥犀》则提供了一个反面典型,说的是陶穀。陶穀出使南唐,心高气傲,但很快给韩熙载窥见了七寸,给左右先放下了话:"陶秀实(穀字)非端介者,其守可隳,当使诸君一笑。"然后他设了一计,把陶穀在驿舍安顿好,"使歌姬秦蒻兰衣弊衣为驿卒女"。果然,"穀见之而喜,遂犯慎独之戒,作长短句赠之",给人家弄了首艳词,什么"好因缘,恶因缘,奈何天,只得邮亭一夜眠"之类,行撩拨之能事。第二天南唐中主李璟宴请,陶穀起初还端着架子,一副"凛然不可犯干"的模样,待到"中主持觞,使蒻兰歌续断弦之曲侑之",把他那艳词当场演唱了一遍,立刻就蔫了,"大惭而罢"。陶穀自诩"平生目不视邪色,耳不听淫声",但人家一个小小的美人计就将他一举拿下,表明他那只是公开场合的大言,私底下全然另一副模样。陶穀不能慎独,也就是没有做到致良知。

"良知"之外无知,"致良知"之外无行。王阳明以行为知,是为了强调人的主观内省活动的重要性,加强进行道德修养的自觉性。实际上,每个人都有良知,这良知就是人的本心。人凭着良知,懂得什么是对的,什么是错的,所谓"凡意念之发,吾心之良知,无有不自知者。其善欤,惟吾心之良知自知之,其不善欤;亦惟吾心之良知自知之"。冯友兰先生说,人所当做的是遵行良知的命令,这就是阳明的"致良知"。当前神州大地造假横行、各种诈骗手段亦无所不用其极,打击的力度不可谓不大却收效甚微,究其根本,全在于许多国人的良知坏了。那么,重新提倡"致良知"便显得相当必要。"王门四句教"——无善无恶心之体,有善有恶意之动,知善知恶是良知,为善去恶是格物——这一阳明全部学说的宗旨,弘扬之,便有了相当的现实意义。当年,黄宗羲《明儒学案》在"黔中王门"之外,按地域分布又划分了浙中、江右、南中、楚中、北方、粤闽等若干王门门派,表明阳明学说影响重要而深远。实际上,阳明学说更超越了国界,在日本、朝鲜半岛以及东南亚国家乃至全球都引起了共鸣。日本近代著名军事家东乡平八郎,就有一方"一生俯首拜阳明"的印章。

1529年1月9日,王阳明病逝于江西。临终之际,弟子问他有何遗言,他以"此心光明,亦复何言"作答。终其一生,阳明先生不仅提倡致良知,而且是践行致良知的典范。正如清初著名学者王士禛所评价:"王文成公为明第一流人物,立德、立功、立言,皆居绝顶。"

2017年2月11日

诗词大会

这个春节里,央视连续推出的时间长达半个月之久的《中国诗词大会》,火爆一时。节目以"赏中华诗词、寻文化基因、品生活之美"为宗旨,邀请全国各个年龄段、各个领域的诗词爱好者共同参与诗词知识比拼,虽然从内容看,该叫中国诗词背诵大会更合适一些。盖古人常有"诗词大会"一类的活动,也就是雅集,无论是友朋之间,还是奉和御制,都相当于诗词创作大会。

史上最有名的诗词大会,当推东晋穆帝永和九年(353)的"兰亭之会"。40多个名士或准名士写了30多首诗,汇成一集,王羲之还因之留下了享誉后世的《兰亭序》。没这么著名的,还有曹氏兄弟与建安七子等的"邺下之游"、石崇在此基础上形成二十四友的"金谷宴集"等等。对前者,曹丕在《与吴质书》中有过回忆:"昔日游处,行则连舆,止则连席,何曾须臾相失。每至觞酌流行,丝竹并奏,酒酣耳热,仰而赋诗,当此之时,忽然不自知乐也。"对后者,石崇《金谷诗序》云,当时参与的30多人"遂各赋诗,以叙中怀,或不能者,罚酒三斗"。金谷酒数,就此成为罚酒三大杯的代名词。李白《春夜宴从弟桃花园序》云:"如诗不成,罚依金谷酒数。"兰亭会上没作品的那些人被"罚酒各三斗",想必也是从中而来。去除那些附庸风雅者,从前诗词大会的创作状况可窥一斑。

央视《中国诗词大会》已经是第二季,这次增加了"飞花令"环节,那是借鉴了古人饮酒助兴时玩儿的一种高雅游戏。所谓飞花令,就是直接说一句带"花"的诗,然后按照"花"在诗中的位置,顺序对应到在座的人,对应到了谁,谁就要喝酒。巴金先生的小说《家》里对此有一段生动的描写。那是在吃年饭时,一大家子玩儿起"飞花令",琴先说了句"出门俱是看花人",然后"众人依次序数过去,中间除开淑芬、觉世、觉群三个不算,数到花字恰是觉慧,于是都叫起来:'该你吃酒。'"觉慧喝了之后,马上来个"以牙还牙",他得意地对琴说:"现在该你吃酒了。——春风桃李花开日。"大家"从觉慧数起,数到第五个果然是琴。于是琴默默地端起酒杯呷了一口",琴又说了句"桃花乱落如红雨",这回该坐在她下边的淑英吃酒。到觉英吃酒之后,冲口说出一句"感时花溅泪",然而瑞珏不依:"不行!不行!五言诗不算数。另外说一句。"这一段描写,清楚地交代了"飞花令"的规矩。

"飞花"一词,据说出自唐代诗人韩翃的《寒食》:"春城无处不飞花,寒食东风御柳斜。"但"飞花令"局限于"花"字,开玩笑说,有些漠视诗词高频用字中丰富多彩的一面。《中国诗词大会》则拓展了"飞花令"的外延:每场比赛设一个关键字,由场上选手得分最高者和百人团答题第一名,轮流背诵含有这个关键字的一联诗句。因此除了"花"之外,我们还看到了山、月、春、云、夜、酒、水等悉数登场,而且不仅五言诗七言诗算数,甚至词也可以,对字眼在诗句中的位置要求也没有那样严格,选手只要背诵出含有关键字的句子即可过关。较之前不同的是,上下联句要同时说出,比如只说出"侬今葬花人笑痴"不行,还得加上"他年葬侬知是谁"。这个新增的改进版"飞花令"环节,在节目进程中最为紧张激烈,观众也看得最过瘾。

  浩如烟海的传统诗词,足以为改进版"飞花令"提供取之不竭的素材。其实不要说整体用字的高频,诗人个体也往往偏爱某字。江盈科《谈言》说,南唐进士黄可诗中好用"驴"字。如《献高侍郎诗》云:"天下传将舞马赋,门前迎得跨驴宾。"可惜,《全唐诗》中黄可的诗只有这一首、只有这两句,不能一窥其"好用"的程度。周密《浩然斋雅谈》也归纳了一下,说杜诗喜用"悬"字,例句这回可多,"江鸣夜雨悬""侵篱涧水悬""山猿树树悬""空林暮景悬""当空泪脸悬""猕猴叠叠悬""疏篱野蔓悬""复道重楼锦绣悬"……又说东坡诗则喜用"谒来"两字,"谒来东观弃丹墨""长陵谒来见大姊""谒来城下作飞石""谒来畦东走畦西""谒来从我游""谒来齐安野""谒来清颍上""谒来廉泉上"……"谒来"的释义很多,在句子里究竟是什么意思要具体问题具体分析。晚唐诗人许浑则喜欢与"水"关联,其《秋日赴阙题潼关驿楼》有"残云归太华,疏雨过中条",《汴河亭》有"凝云鼓震星辰动,拂浪旗开日月浮",《金陵怀古》有"石燕拂云晴亦雨,江豚吹浪夜还风",《咸阳城东楼》有"行人莫问当年事,故国东来渭水流",等等,以不同的形式表现了"水"。南宋胡仔《苕溪渔隐丛话》引《桐江诗话》云:"许浑集中佳句甚多,然多用水字,故国初士人云'许浑千首湿'是也。"千首湿,说不清是玩笑还是嘲讽。

  某个诗人对某个字眼都如此偏爱,集纳起来当然更不得了。央视的改进版,给"飞花令"赋予了新内涵的同时也赋予了新生机,借高频字眼来以点带面,对熟稔诗词无疑大有裨益。引申来看,清朝钱泳有句话说得很精辟:"古人诗文,不过将眼面前数千字搬来搬去,便成绝大文章。"进而他认为"圣贤学问,亦不过将伦常日用之事,终身行之",这就更发人深省了。

2017 年 2 月 18 日

记忆力

有人说,央视《中国诗词大会》比的只是记忆力,看谁的记性好。这话在某种程度上确有一定道理,尤其是"飞花令"环节,脑袋里如果没有大量的诗词做基础,比拼便无从谈起。当然了,还要看谁更伶牙俐齿,满腹诗书若不能快嘴道出,在这里也"全无用处"。

记忆力好,从来都是国人津津乐道的一项本领。过目不忘、过目成诵早成了成语。《开元天宝遗事》云张说当宰相时,"有人惠说二珠,绀色有光,名曰'记事珠'。或有阙忘之事,则以手持弄此珠,便觉心神开悟,事无巨细,涣然明晓,一无所忘"。把张说的超强记忆力归结为神秘力量的庇护,这是前人的正常心理。《三国演义》第六十回,张松因有"语倾三峡水、目视十行书"的本领,令杨修大惊:"公过目不忘,真天下奇才也!"那是杨修给他看曹操的新书,"共一十三篇,皆用兵之要法"。不料张松"从头至尾,看了一遍",全记住了,然后大笑曰:"此书吾蜀中三尺小童,亦能暗诵,何为'新书'?此是战国时无名氏所作,曹丞相盗窃以为己能,止好瞒足下耳!"并且他说:"公如不信,吾试诵之。"于是"从头至尾,朗诵一遍,并无一字差错"。这故事当然也有一点儿神,但文学作品中的这些成分同样基于现实生活。

现实中的确不乏记忆天才。《晋书·苻融载记》云,苻融"耳闻则诵,过目不忘,时人拟之王粲"。王粲是谁呢?"建安七子"之首。《三国志·魏书·王粲传》载,王粲与人共行,读道边碑,人问曰:"卿能闇诵乎?"曰:"能。"于是"背而诵之,不失一字"。《啸亭续录》云齐次风,"貌清癯,村俗之状,见于眉宇。性强记,诵《十三经注疏》,不遗一字"。陈康祺《郎潜纪闻四笔》云徐乾学,甚至能"横阅碑文"。有一次他和姜西溟观看古碑,"碑甚高,公令人扶掖而升,横阅之,已又横阅其中间,复俯而横阅其下截,遂乃尽举其辞",结果"姜大惊,以为绝才无对"。陈康祺也因而感叹:"世果有天纵异质,记性绝人,以目光分烛其零句,即能以意匠贯串其全篇。"

如今提及陈寅恪、钱锺书诸先生,即便是相熟的友朋,也不免惊诧他们的记忆力之强。金岳霖先生回忆,有一天他到陈寅恪先生那里去,有学生来问一个材料,陈先生说:"你到图书馆去借某一本书,翻到某一页,那一页的页底有一个注,注里把所有你需要的材料都列举出来了,你把它抄下,按照线索去找其余的材料。"古人这类记载也很多。《墨客挥犀》云,北宋目录学家杜镐"博闻强记,凡有检阅,先戒小吏某事在某书第几行,取视无差。士大夫有所著撰,多以古事询之,无不知者。虽晚学卑品,亦应答不倦,时人号为杜万卷"。《曲洧旧闻》云,北宋历史学家赵彦若"无书不记,世谓著脚书楼"。有一回,"馆中诸公方论药方,有一药不知所出,虽掌禹锡大卿曾经修《本草》,亦不能省",这时有人说了,"元考(彦若字)安在?但问之,渠必能记也。"彦若就在下面坐着,对曰:"在几卷,附某药下,在第几叶第几行,其说云云。"检之果验。然后大家啧怪说"诸公纷纷,而子独不言,何也?"彦若答:"诸公不见问,某所以不敢言耳。"还有一回,"三韩人使在四明唱和诗,奏到御前,其诗序有'惭非白雪之词,辄效青唇之唱'之句",神宗不明白"青唇"是什么意思,"近臣皆不知,因荐元考"。彦若对曰:"在某小说中,然君臣间难言也,容臣写本上进。"原来"止是夫妇相酬答言语",神宗问大臣:"赵彦若何以不肯面对?"有人说:"彦若素纯谨,僚友不曾见其惰容,在君父前,宜其恭谨如此也。"史云赵彦若"性不伐,而尤恭谨",可窥一斑。

大抵对卓有建树的学者而言,记忆力这类的"雕虫小技"先天具备。《啸亭杂录》云清朝学者钱大昕,"幼聪敏,过目成诵,凡天文、地理、经史、小学、算法无不精通。所著《经史答问》数卷,其畅发郑、贾之学,直接嫡乳,非他稍知皮毛之可比者。近时考据之儒,以公为巨擘焉"。王国维次子王仲闻先生一直寂寂无闻,新近读到不少人士的回忆,知道这位上世纪五六十年代的中华书局临时工,竟是《全唐诗》的审订者、《全宋词》的修订者!凡是有关唐、宋两代的文学史料,尤其是宋词、宋人笔记,只要向他提出问题,无不应答如流,甚至一个普通作者的一句普通宋词,他也能写出全文!至于相熟的人们戏称之为"宋朝人"。

不过我们都应当清楚,前辈学人的杰出成就,不在于单纯的记忆力,而在于治学方法的得当。不少人刻意强化钱锺书先生"照相机般的记忆",杨绛先生便撰文指出,他本人并不以为自己有那么"神"。他只是好读书,肯下功夫,不仅读,还做笔记;不仅读一遍两遍,还会读三遍四遍,笔记上不断地添补,所以他读的书虽然很多,也不易遗忘。钱先生的笔记手稿,商务印书馆2011年将中文部分影印成了20册,2015年将外文笔记影印成了48册,洋洋大观。因此,我们看待大师,不要一味盯着他们先天禀赋的一面,更要看到他们后天刻苦治学的一面。

2017年2月25日

惊蛰

惊蛰到了,黄河中下游一带,大部分地区开始进入春耕、春种时期。我在京郊顺义县富各庄中学读书的时候有一门"农业"课,老师讲到这个节气时记忆尤深,其实就是照本宣科:蛰伏在地下的小动物开始苏醒云云。但可能是拿腔拿调的缘故吧,引起大家的笑声。那老师平时说话很像韩乔生先生的体育解说,明明是口语却追求"主谓宾定状补"一应俱全,弄得口语、书面语"两不似"。老师的女儿正在我们班,个子很矮,坐第一排,从此不知被谁奉送了个外号就叫"小动物"。

气温上升,土地解冻,春雷始鸣,蛰伏过冬的动物惊起活动,惊蛰因而得名。《七修类稿》云:"万物出乎震,震为雷,故曰惊蛰。是蛰虫惊而出走矣。"蛰者,动物冬眠时潜伏在土中或洞穴中不食不动的状态。当然了,人如隐藏不出,也可以是蛰居斗室。有些本领或传说中有些本领的人隐藏不出,就是所谓隐逸高士了。与人的刻意闭门不同,变温动物冬蛰或称冬眠,是它们对冬季不利的外部环境条件(如寒冷和食物匮乏)的一种适应,但前人弄不大清楚这是怎么回事,认为是"蛰草"在起作用。姚元之《竹叶亭杂记》说:"草中有蛰草,闻之久矣。"但他不了解详细情况,而"朱莘仙言之颇悉",老朱怎么说的呢?"此草高寸许,叶微似艾,八楞三尖,有毛。每霜后,草枯而此独鲜。恒于立冬时放花,花着于叶之近本处,如石竹而小,黄色,心似菊,有红色一线围之。花时,凡蜈蚣蝎虿诸虫纷趋,旋绕三四匝,舐其叶而去。最后则蛇至,且食其花及叶与茎而去,去则蛰矣。诸虫之来先于蛇,次春出亦在蛇先。蛇最后蛰,故出亦在后。蛇之行屈曲,及食此花行不百曲即止,昂首若噎,少顷复行,行复如是。至可蛰处,以首着地,而后盘屈不动焉。百虫不嗅此花,不能蛰也。"有趣的是,蛰草不仅作用于动物,而且作用于人,"茌平有王氏妇,一日拾薪于野,归觉头晕,但昏睡。医胗视无病,不食亦不起,如是者两月余。立春后渐醒,惊蛰忽起,病恍然失。家人问故,乃言拾薪时见有鲜草开花,虫竞来嗅花,因亦摘食之,有顷但觉头晕,其沉睡初不自知也"。

不知道为什么,历代的不少人都喜欢谈论惊蛰与雨水的时序问题,孰先孰后,而比对来看,都是在炒冷饭。清朝赵翼《陔馀丛考》云:"第三代以上,惊蛰在雨水前。"他依据的是《左传》《月令》等,考证一大堆,得出"汉初亦以惊蛰为正月,是汉初惊蛰犹在雨水前。其后改雨水在正月,惊蛰在二月者……然《淮南子》已先雨水后惊蛰,则汉武时已改"。可是,"新旧《唐书》又先惊蛰后雨水,至《宋史》始雨水在前,惊蛰在后。此不知何故,岂唐又改从古法,至宋而定今制耶?"赵翼说的这些,明朝顾炎武《日知录·雨水》早已考证在先,依据的文本也几无二致,只结论为"则当依古以惊蛰为正月中,雨水为二月节为是"。然而,顾炎武的这些,宋朝周密《齐东野语》也早就说过了,"汉以前惊蛰为正月节。余尝读班史《历》,至周三月二日庚申惊蛰,而有疑焉。……然后知汉以前,皆以立春为正月节,惊蛰为中,雨水为二月节,春分为中也。至后汉,始以立春、雨水、惊蛰、春分为序"。这里只是撮其要者罗列一下,经眼所见的更多,用当下流行的"论文查重"软件检测一下的话，大多不免沦为"抄袭"的嫌疑，只是找出"原创"者可能比较困难。

对于惊蛰，与其重重复复做这种了无新意的考据文章，不如多关注一下相关民俗，爬梳由民俗而生发出的文化意象。如《清嘉录》云，"土俗，以惊蛰节日闻雷，主岁有秋"，所谓"惊蛰闻雷米似泥"，就是说惊蛰那天如果听到打雷，收成就好，米多的会像地里的泥一样。但是，"若雷动于未交惊蛰之前，则主岁欠"，这回的俗谚是"未蛰先蛰，人吃狗食"。又如《扬州画舫录》云，八月"红梅"新熟，新酒上市，各肆择日贴帖，曰"开生"，人争买之，曰"尝生"，至惊蛰后止，谓之"剪生"。这里的记载过于简略，那么，研究一下"三生"就该很有意思。《万历野获编》云嘉靖十一年（1532）惊蛰，"当祈壳于园丘，上命武定侯郭勋代行"。郭勋为明初开国勋臣郭英六世孙，袭爵。这个人挟恩宠，揽朝权，擅作威福，声名狼藉，根本不配"代行"，但是张永嘉、夏言他们这些位高权重者却"不闻一言匡正"，只有刑部主事赵文华上言。沈德符感慨道："时文华登第甫三年，其辞严而确，使其末路稍修洁，固俨然一直臣矣。"别的且不计较，惊蛰之"当祈壳于园丘"，也有相当可以研究的内容。

苏辙诗曰："新春甫惊蛰，草木犹未知。高人静无事，颇怪春来迟。"因为他们要"肩舆出东郊，轻裘试朝曦。百草招生意，乔松解寒姿，尺书招友生，冠盖溢通逵"，视之为"人生瞬息间，幸此休暇时"的到来，与韦应物的"微雨众卉新，一雷惊蛰始。田家几日闲，耕种从此起，丁壮俱在野，场圃亦就理"相比，形成鲜明对照，要是在大讲阶级斗争的时代，根据惊蛰时的作为，恐怕要成为划分两个阶级的一道界限。开个玩笑。

2017 年 3 月 5 日

颐和园

3月11日,游览了北京颐和园。来过好多次了,记不清究竟有多少次。记得清的是上一次来也是采访全国"两会"的间隙,那还是2003年的事,距今已有整整14年。14年,在人类历史长河中连弹指半挥间也算不上,但于个人则大不然,外貌、心境、学识等难免发生"变迁"。以日益浓厚的寻古癖而言,面对去甲午国殇两个甲子的日子尚未太久,至少还记忆深刻,不免睹物思情,翻动一下陈年流水簿子。

颐和园始建于清乾隆十五年(1750),其营建以杭州西湖为蓝本,汲取了江南园林的设计手法和意境。今天看到的颐和园不仅湖山秀丽,殿阁辉煌,而且自园内向西望去,西山、玉泉山群峰亦尽收眼底,极大地拓展了视野空间。颐和园的设计者没有定论,大抵"样式雷"家族是参与其中的。几天前在北京市规划展览馆里看到,"样式雷"始祖雷发达被列为规划北京城的先驱之一,其乃明朝万历年间生人,清朝康熙年间去世。按照朱启钤诸先生《哲匠录》的爬梳,明确"样式雷"第四代传人雷家玺,于乾隆五十七年(1792)"承办万寿山、玉泉山、香山园庭、热河避暑山庄,及昌陵等工程"。其中的万寿山,即颐和园主体景区。这个颐和园在咸丰十年(1860)被英法联军焚毁,光绪年间得以重建,"样式雷"

第七代传人雷廷昌亦"与其役"。

众所周知,颐和园背负了一项污名,那就是重建费用来自慈禧太后挪用的海军经费。《中国大百科全书》上就是这么说的,遑论野史。《清稗类钞》"孝钦后大兴土木"条云:"恭王出军机,以醇王继任,于是迎合孝钦者先修三海,包金鳌、玉蝀于海中,然犹以西苑在城中,山水之趣不及郊野,乃又有重修圆明园之议。其后以圆明园荒芜岁久,水道阻塞,不如万寿山昆明湖水面广阔,施工较易,乃辍圆明园工而修万寿山,且锡名为颐和园。不三年,园成,孝钦率帝后等居之"。又"颐和园"条云:"光绪乙酉(1885)冬,有诏天下今已太平,可重修清漪园以备临幸,改名颐和园。"钱从哪来呢?该书说是恭亲王奕䜣"为孝钦后言,以兴办海军名义,责疆吏年拨定款,就中挪移十之六七,园可成也",实际上干这事的应该是醇亲王奕譞。奕譞委托李鸿章以建设北洋海军之名,在各地督抚中募集260万两巨资,本金存储,利息用于颐和园的工程和维修支出。除此之外,还有挪用海防捐。那是清政府出售官衔筹集海军资金的一种方式,捐银1000两可得蓝翎、2000两可得四品以下、3000两可得三品以上官衔等等。这么一挪用,"庶于垫款有着,而要工亦无延宕之虞"。

然而即便在当时,反对重修颐和园的声音也有不少。何刚德《春明梦录》谈及慈禧,"其英明处,不能不令人钦服。惟平日在宫中驭下过严,且性喜游观。如重修颐和园一事,宝师谈次,亦颇有微词"。宝师,即何氏进士座师大学士宝鋆。宝鋆曾对何氏叹曰:"太后当时尚想巡幸五台山,赖我们诸人劝谏而止。否则,南巡之役,未必不见于今日(即颐和园大兴土木)。"在何刚德看来,"只此数言,言外固有无限感慨也",重修颐和园算是两害相权取其轻了。吴庆坻《蕉廊脞录》中的"湖北三御史"干脆是直截了当地反对。其中,屠仁守"以光绪十四年(1888)十二月上疏,请皇太后收回成命,仍前听政,懿旨严责,交部议,革职";吴兆泰"于十六年(1891)九月疏请停颐和园工程,奏旨交部严议,亦革职"。巧的是,加上"请行日讲"的高燮曾,三位都是湖北人。当然了,籍贯只是巧合而已。《清史稿·林绍年传》载,"时议修颐和园,先是疆吏筹设海军经费,输存北洋,及园工兴,阴移其费以助工,号为进献",御史林绍年极陈:"生民疲敝,当以俭化天下,使督抚爱养百姓。若诛求进献,未足以言忠。请即下诏停输,还所进奉。"最后自然"得旨严饬"。林绍年就是福建闽县人。前几年福州搞城建,林绍年墓地神道碑因为处于施工范围内,如何安置一时间竟成为难题。

颐和园重建经费既有"前科",甲午之败,人们便每归咎于此。李鸿章常恨恨曰:"使海军经费按年如数发给,不过十年,北洋海军船炮甲地球矣,何至大败!此次之辱,我不任咎也。"以余之视野所及,复旦大学冯玮教授颇有些力排众议。其《甲午国殇启示录》指出,长期以来有一种观点认为中国海军之所以落后,在于建设海军的费用被挪用于为慈禧太后建颐和园,实际上并非如此,"主要原因是甲午战前十年,清朝当局国防战略的重点是东北,即防范并非主要威胁的俄国,如1886年后,原本不多的1/3的海防经费被挪至东北,未能觉察早已觊觎中国的日本。一言以蔽之,海军发展迟滞,源于中国国防战略的失误"。苟如是,让颐和园来背负甲午战败之辱,颇有些冤哉枉也。

站在理智而非情感的立场上看待我们的历史事件,尤其是烙有耻辱印记的部分,是一件很难做到的事。我们有个屡试不爽的"奸臣模式",有个自动弹出的"归咎情结"。又比如导致我们沦为殖民地半殖民地社会的鸦片战争,茅海建先生在《天朝的崩溃》

中指出,对于这场战争,我们反思得最少的是"中国人在这个过程中究竟犯了哪些错误"。而正视历史,才能正视现实,也才能正视未来。

2017 年 3 月 18 日

会馆

距离采访全国"两会"住地——东交民巷饭店——不远的前门地区,曾是明清时期各地会馆的聚集地,同乡会馆、行业会馆等。3月13日上午转悠了一回。沿正义路南行,穿过前门东大街进入草场三条,事前做好的功课得知,左右两侧就该有会馆点缀其中了。果然,信步沿条横街左转,未几就看到了挂着一块亮晶晶长方形牌子的"粤东会馆"。再转转,又看到了"广东韶州会馆""湖北黄冈会馆"等等,点缀于民居之中,或破败不堪人去屋空,或径直仍然住着人家。巧的是碰到了好几个广东的,每每有不期而遇的感觉。当然,不期而遇之后并没有惊喜,只有惊诧。

会馆,为旧时同省、同府、同县或同业的人群所设立,京城之外,还可以设在省城甚至国外,大抵关联商埠。按照明朝刘侗、于奕正《帝京景物略》的考证,"会馆之设于都中,古未有也,始嘉(靖)隆(庆)间",所谓"用建会馆,士绅是主",表明在京师的大都是外地的官僚士绅所组织,以期"凡入出都门者,藉有稽,游有业,困有归也"。在商业城市的会馆,每为外地工商行帮机构。有人研究,汉代京师已有外地同郡人的邸舍,南宋杭州已有外郡人为同乡谋公益的组织,这些都可视为会馆的影子或前身,应该有一定道理吧。北京迄今所知最早的会馆,是建于明朝永乐年间的芜湖会馆。顾名思义,那一定属于安徽芜湖人。资料介绍,该会馆正由时任工部主事、芜湖人俞谟自掏腰包,在前门外"置旅舍数椽,并基地一块"所建。显然,芜湖会馆去此不远,可惜没有碰到。

会馆的功能,大处着眼主要是防范异乡人或行外人欺凌,实用一面则是以馆址的房屋供同乡、同业聚会或寄寓。《清稗类钞·宫苑类》"会馆"条云:"各省人士侨寓京都,设馆舍以为联络乡谊之地,谓之会馆。或省设一所,或府设一所,或县设一所,大都视各地京官之多寡贫富而建设之,大小凡四百余所。"又"公所"条云:"商业中人醵资建屋,以为岁时集合及议事之处,谓之公所,大小各业均有之,亦有不称公所而称会馆者。"从前人的诸多回忆中,不难看到他们来北京后最早的落脚点,往往便是各地设立的会馆。鲁迅先生《呐喊·自序》中提到 S 会馆,"有三间屋,相传是往昔曾在院子里的槐树上缢死过一个女人的,现在槐树已经高不可攀了,而这屋还没有人住;许多年,我便寓在这屋里钞古碑"。这个 S 会馆,指的就是他故乡设立的绍兴会馆。在老北京大学沙滩红楼陈列的一张教授授课表中,我看到讲授"欧洲文学史、十九世纪文学史"的周作人,其住所填写的也是"宣武门外南半截胡同绍兴会馆",道明了绍兴会馆的方位。有趣的是,《清稗类钞·园林类》"怡园"条告诉我们北半截胡同也有个会馆,潼川会馆,说会馆"南院有石山,曲折有致,昔与绳匠(后名丞相)胡同毗连,为明严嵩父子别墅,北名听雨楼,世蕃所居,南名七间楼,嵩所居也。康熙间,相国王熙就七间楼遗址构怡园,中饶花木池台之胜,其听雨楼遗址则归查氏,诸名士文酒流连无虚日"。作者讲那么多,是要感叹"不及百年,池塘平,高台摧,地则析为民居,鞠为茂草,仅余荒石数堆,供人家点缀"。

《清稗类钞·考试类》"进士殿试之胪唱"条,进一步展示了会馆在邑人眼中的重要地位。"进士及第,有胪唱,胪凡五唱,第一甲第一名某,第二名某,第三名某,二甲第一名某等,三甲第一名某等",唱罢之后,"榜眼探花送状元归第,探花送榜眼归第,探花自归第,无人送",这种考场上"大一级压死人"的现象且不理他,关键是"名曰归第,实归其本省之会馆,虽有私第,必先至会馆而后归也"。会馆这边也没闲着,"先已召集名伶演剧,张盛筵,待贺客,历科鼎甲之在京者毕至"。除此之外,某些会馆还不啻历史的见证者,比如位于西城区南横西街的粤东新馆,当年曾是康有为、梁启超等人策划"戊戌变法"的集会之地,"公车上书议政之所",保国会就是在那儿成立的。但在上世纪90年代末的城市改造中,会馆主体建筑被野蛮拆除,酿成北京市破坏文物建筑的标志性事件之一。

现场目测,以草场三条为界,东边的四到十条正在进行"修旧如旧"的改造,西边的头条二条尚未轮到吧,面貌基本上不忍卒睹。以《城南旧事》奠定文坛地位且为大陆读者所熟知的台湾作家林海音,在上世纪八九十年代初回"城南"时难掩失望之情,可以充分理解。早几年《新京报》报道说,前门地区用两年时间再修缮10座会馆,分别是贵州会馆、吉州会馆、晋冀会馆、广东惠州会馆、粤东会馆、平镇会馆、安徽旌德会馆、石棣会馆、湖北黄安会馆和江西庐陵会馆。时间逻辑上推断,这些会馆早该修缮一新了,然而,至少在修缮之列的粤东会馆,看到时还是面目全非的模样;不在之列的,湖北黄冈会馆是个大杂院,韶州会馆则已濒于倒塌。这些建筑的门面上,如果不是那块"北京市东城区普查登记文物"的镀锌牌子,不会有人想到昔日还承载了相当的热闹或辉煌。

会馆是不是真的到了连形体都该退出历史舞台的地步了呢?

2017年3月19日

春分

  3月20日是春分。春分这一天,太阳几乎直射地球赤道,因而全球各地昼夜几乎等长,各12小时。春分过后,太阳直射点开始移向北半球,北半球的白昼便长于黑夜;到夏至,直射北回归线,到达一年的最北端,这一天白昼最长、黑夜最短,然后又开始南移。回到赤道,就到了秋分;回到南回归线,就到了冬至……周而复始。

  "二月惊蛰又春分,种树施肥耕地深。"天文学上明确,春分为北半球春季之始。欧阳修有一阕优美的《踏莎行》:"雨霁风光,春分天气。千花百卉争明媚。画梁新燕一双双,玉笼鹦鹉愁孤睡。薜荔依墙,莓苔满地。青楼几处歌声丽。蓦然旧事心上来,无言敛皱眉山翠。"这句"千花百卉争明媚",道尽了春分时节万物复苏的欣荣景象。这种感受,具有北方生活经验的人体会当尤深一些。在我生活过的齐齐哈尔,每逢此时,便是树木的颜色也几乎一天呈现出一种不同的绿,令人在愉悦的同时生出期待。然而,永叔先生缘何大煞风景地"蓦然旧事心上来"?需要研究该词的写作背景才能得出答案了。

  为什么叫春分?《月令七十二候集解》云:"二月中,分者半也,此当九十日之半,故谓之分。秋同义。"就是说,如果将春夏秋冬细化的话,可以各自三分。春,分孟春、仲春、季春;秋,分孟秋、仲秋、季秋。每一分为一个月,共 90 天。春分、秋分正是春季、秋季 90 天的中分点,因此得名。用董仲舒《春秋繁露·阴阳出入上下》的说法:"仲春之月,阳在正东,阴在正西,谓之春分。春分者,阴阳相半也,故昼夜均而寒暑平。"那么,夏,也分孟夏、仲夏、季夏;冬,也分孟冬、仲冬、季冬,为什么却没有夏分和冬分呢? 同样是个饶有趣味的话题,《集解》之"夏冬不言分者,盖天地闲二气而已",过于简略,不解何意。

古代春分有一个重要习俗:祭日。与之相对应的,是秋分祭月。《礼记·祭义》有"祭日于坛,祭月于坎",孔颖达疏曰:"祭日于坛谓春分也,祭月于坎谓秋分也。"用清朝潘荣陛的说法:"春分祭日,秋分祭月,乃国之大典,士民不得擅祀。"擅祀,属于僭越。作为全国文物重点保护单位的北京日坛,在明清两代就是帝王祭祀大明之神(太阳)的所在,届时由"皇帝亲祭"。如《明会要》所载,嘉靖十年(1531)"二月庚辰,上亲祀大明于朝日坛;八月癸未,亲祀夜明于夕月坛",说的就是嘉靖皇帝春分祭日、秋分祭月。在民俗方面,南朝梁宗懔《荆楚岁时记》云:"春分日,民并种戒火草于屋上。有鸟如乌,先鸡而鸣,架架格格,民候此鸟则入田,以为候。"戒火草,相传是火灾克星,反映出古人已有相应的防火意识并且非常重视。至于如乌之鸟,显然为燕子。春分三候中的第一候,即"元鸟至"。元鸟,又称玄鸟,就是燕子。

上古传说中有著名的"玄鸟生商"故事,商,夏商周三代中的殷商。《诗·商颂·玄鸟》云:"天命玄鸟,降而生商,宅殷土芒芒。"朱熹认为,这是"祭祀宗庙之乐,而追叙商人之所由生,以及其有天下之初也"。周振甫先生译曰:"上天命令燕子,降下卵来生出商,住在殷土一片茫茫。"以之为肇始,故事得到广泛流传。如屈原《天问》,便有"简狄在台嚳何宜? 玄鸟致贻女何喜?"之问。怎么生出商的呢?《史记·殷本记》载:"殷契,母曰简狄,有娀氏之女,为帝喾次妃。三人行浴,见玄鸟堕其卵,简狄取吞之,因孕生契。"契,殷商的始祖。有娀氏吞了燕子的卵,而生出了契,时间点就是在春分。

对这个带有史诗性质的神话传说,清朝方溶师罗列前人观点予以驳斥,如"尧、舜与人同耳,血气之类,父施母生,耳听目视,二足而行,是圣智、愚不肖之所同也,何必有恢奇诡谲之观,然后为圣且神哉!"这是"好事者多从而附益之,则怪以传怪"。具体到《玄鸟》诗,则云"毛公止谓春分玄鸟时降,有娀氏女简狄配高辛氏帝,帝率与之祈于高禖而生契,无他异也",本来是春分时帝喾与简狄举行求子祭祀礼,适值玄鸟降临,郑玄笺《诗》时却说"本《史记》等书,谓玄鸟遗卵,简狄吞之而生契"。郑玄何以如此,在于其"为人,酷信哀、平间谶纬之书,当是暗引谶纬,而隐其所本",但"人类生育,决无吞一燕卵而能生子之理也"。引申来看,"则刘邦之生决无梦与神交而生之理"。《史记》对此也是言之凿凿:"刘媪尝息大泽之陂,梦与神遇。是时雷电晦冥,太公往视,则见蛟龙于其上。已而有身,遂产高祖。"回到"玄鸟生商",郑玄对《诗》无疑属过度解读,周振甫先生的译文也可商榷。

像众多节气一样,春分的三候也不适用于岭南,但不等于岭南定然漠视。《广东新语·食语》讲到茶的时候,把节气视为采摘的一个重要时间点。说西樵山有一种茶,"宜以白露之朝采之,日出则味稍减";又说曹溪茶,"气味清甜,岁凡四采,采于清明、寒露者佳"。也说到了春分,罗浮山"幽居洞北有茶庵,每岁春分前一日,采茶者多寓此庵",准备采茶。未知西樵、曹溪、罗浮诸地,今日尚存此采茶传统否?

2017 年 3 月 23 日

朗读

《中国诗词大会》获得成功之后,央视又同时推出了《见字如面》《朗读者》等大型文化情感类节目。其中,后者仍由因《中国诗词大会》而大受欢迎的董卿来主持,在节目的影响力上远远超过了前者。《朗读者》的朗读内容包罗万象,有著名翻译家许渊冲的弟子用中英法文为他朗读的文学经典,有来自成都"鲜花山谷"的丈夫为妻子献上感人至深的《朱生豪情书》,有贾平凹《写给母亲》这类表达集体记忆和大众情感的作品,也有如柳传志写给儿子婚礼讲话的个人感受。

朗读,犹言朗诵,即大声诵读。这是我们文化传统中的一种读书方法。书声琅琅,每为旧时学堂一景,鲁迅先生《从百草园到三味书屋》中有生动的描绘:先生一句"读书","于是大家放开喉咙读一阵书,真是人声鼎沸"。先生自己也读,"后来,我们的声音便低下去,静下去了,只有他还大声朗读着"。追溯的话,《周礼·春官》已载:大司乐"以乐语教国子,兴、道、讽、诵、言、语"。郑玄注:"倍(背)文曰讽,以声节之曰诵。"诵,就是朗读。《论语·子罕》篇:"衣敝缊袍,与衣狐貉者立而不耻者,其由也与?'不忮不求,何用不臧?'"子路因而"终身诵之",老是叨念这两句。孔子是说,穿着破烂旧丝袍子和穿着狐貉裘的人一道站着却不觉得惭愧的,恐怕只有子路。不难想见,缊袍之弊与狐貉之盛,以其反差太大,很容易因贫富之念动而耻心生。"不忮不求,何用不臧",《诗·邶风》中的句子,什么意思呢?忮,害也;求,贪也;臧,善也。前人就此的阐释很多,比如,"忮者,嫉人之有而欲害之也。求者,耻己之无而欲取之也。是皆为外物之所累者也。能于外物一无所累焉,则何往而不善哉"。又比如,"夫耻己之无而恨人之有则忮,耻己之无而羡人之有则求,天下只此两类矣,而苟不之,何所为而不善"。归结起来,讲的都是人所应该追求的德行之美。

与诵类似的,还有吟。《庄子·德充符》有"倚树而吟",成玄英疏曰:"行则倚树而吟咏。"吟咏,亦为有节奏地朗读。

韩愈《进学解》与李商隐《与陶进士书》,均提到了朗读。《进学解》借弟子之口,说某个国学先生——其实是韩愈自己——的人生相当失败,虽然"口不绝吟于六艺之文,手不停披于百家之编",但是"公不见信于人,私不见助于友。跋前踬后,动辄得咎。暂为御史,遂窜南夷。三年博士,冗不见治。命与仇谋,取败几时。冬暖而儿号寒,年丰而妻啼饥"。别的且不计较,这里的"口不绝吟",显然是韩愈倡导的达成"业精于勤,行成于思"的途径之一。《与陶进士书》是李商隐自道早年的坎坷。其"被乡曲所荐,入来京师,久亦思前辈达者,固已有是人矣。有则吾将依之"。但是几年过去了,"寂寞往返其间",且"卒无所得",找不到伯乐。又有人出主意,你的东西"宜贡于某氏某氏,可以为子之依归矣"。马上去了,然而人家呢,"乃复有置之而不暇读者;又有默而视之,不暇朗读者;又有始朗读,而中有失字坏句不见本义者"。大抵在李商隐看来,看文章"默而视之"不行,必须得朗读。这段经历显然对李商隐的打击很大,"故自(文宗)大和七年(833)后,虽尚应举,除吉凶书,及人凭倩作笺启铭表之外,不复作文",而"文尚不复作,况复能学人行卷耶?"把自己科举迭遭失利,亦归咎为这一时期。

如果将"朗读"拆开来看,朗,有声音洪亮的意思,因其如此吧,一不小心就可能会滑向"朗言"——大话,吹牛。《西游记》第四十六回,虎力大仙弟兄三个要与孙悟空比本领,打赌"砍下头来,又能安上;剖腹剜心,还再长完;滚油锅里,又能洗澡"。虎力大仙说:"我等有此法力,才敢出此朗言。"结果悟空被砍掉的头,给鹿力大仙做了手脚,"即念咒语,教本坊土地、神祇:'将人头扯住,待我赢了和尚,奏了国王,与你把小祠堂盖作大庙宇,泥塑像改作正金身。'"而"那些土地、神祇因他有五雷法,也服他使唤,暗中真个把行者头按住了"。因此,任悟空怎么叫"头来",他"那头一似生根,莫想得动"。但悟空大喝一声,"飕的腔子内"可以再"长出一个头来"。虎力大仙被砍掉的头,则被悟空用毫毛变作的黄狗叼走,扔进河里,令它"须臾,倒在尘埃。众人观看,乃是一只无头的黄毛虎"。第五十一回,魔王瞧不起前来挑战的哪吒三太子,也说了句:"量你这小儿曹有何武艺,敢出朗言。"

研究者指出,朗读有助于读者更好地进入作者营造的情境中,从中培养语感,更好地调动自己的人生体验,来想象作品所描绘的意象,体会作品的意境。然朗言之外,朗读本身也未必会天然带来奇效。《论语·子路》篇:"诵《诗》三百,授之以政,不达;使于四方,不能专对;虽多,亦奚以为?"孔子是说,即使把三百篇《诗》朗读得滚瓜烂熟,为政不顶事,出使不胜任,又有什么用呢?对于《朗读者》这样的文化栏目,营造出相应的文化氛围非常必要,但如果以为它可以承载某种使命,怕也是缘木求鱼。

2017年3月26日

少年

不久前当了回广东团省委组织的中学生征文比赛评委,有一点儿吃惊。吃惊的是不仅大量文章的结构皆出于同一思维模式,而且连"论证"所需的"征引"都如出一辙,都是梁启超名篇《少年中国说》中的那一段,"少年强则国强"云云。稍稍补一下上文的话,是这样的:"故今日之责任,不在他人,而全在我少年。少年智则国智,少年富则国富;少年强则国强……"我胡乱估计,少年们未必读过全文,但一句"少年强则国强",便足以使他们——首先应该是他们的老师——望文生义,以为天降大任了,纷纷表决心"我们少年"应该如何努力。

落笔的这些少年们显然不知,梁氏笔下的"少年"实际上是"青年",与老年相衔接,并非今天所指的像他们这样介于童年与青年之间的年纪的人。因为前人的词语表里,向来没有"青年"的概念。曹植之"不见旧耆老,但睹新少年",高适之"且与少年饮美酒,往来射猎西山头",东坡之"老夫聊发少年狂",岳飞之"莫等闲,白了少年头,空悲切",革命党人时期汪兆铭之"引刀成一快,不负少年头"等等,都是这些意思。追溯的话,还可以更早。《韩非子·内储说上》云,子产死后,"郑少年相率为盗,处于萑泽,将遂以为郑祸",游吉叹曰如果早听了子产的话,一定不会像现在这样后悔。《癸辛杂识》云:"王右军少年多用紫纸,中年多用麻纸,又用张永义制纸,取其流丽便于行笔。"直接用"中年"衔接"少年",表明昨天的"少年"就是今天的"青年"。

《汉书·韩信传》载,"淮阴少年"如此侮辱韩信:"虽长大,好带刀剑,怯耳。"他们接着给韩信出了道难题:"能死,刺我;不能,出跨下。"众所周知,韩信凝神注目观察之后,选择了"俯出跨下",甘愿受辱。积经验来推断,这些"少年"应当与韩信年岁相仿,苟如是,则"淮阴少年"也是青年,因为漂母说韩信:"大丈夫不能自食,吾哀王孙而进食,岂望报乎!"而在孟子眼里,"居天下之广居,立天下之正位。得志,与民由之;不得志,独行其道。富贵不能淫,贫贱不能移,威武不能屈,此之谓大丈夫"。这些,显然都不是今日"少年"概念所能承载的。

如果说,这些"少年"仍然语意模糊,或比较宽泛,那么不妨再看一些名曰"少年"实乃"青年"的行为。汉乐府之《陌上桑》描写罗敷出来采桑,"行者见罗敷,下担捋髭须。少年见罗敷,脱巾著帩头。耕者忘其犁,锄者忘其锄。来归相怨怒,但坐观罗敷"。《东京梦华录》"饮食果子"条云:"更有百姓入酒肆,见子弟少年辈饮酒,近前小心供过,使令买物命妓,取送钱物之类,谓之'闲汉'。"又"驾回仪回"条云:"妓女旧日多乘驴,宣、政间惟乘马,披凉衫,将盖头背系冠子上。少年狎客,往往随后,亦跨马轻衫小帽。有三五文身恶少年控马,谓之'花褪马'。"被罗敷所忘情吸引的劳作者、嫖客以及为嫖客的跟班,都没有理由属于今天的少年,后者以"闲汉"名之倒真恰如其分。《东轩笔录》说得更直接:"皇甫泌,向敏中之婿也,少年纵逸,多外宠,往往涉夜不归。敏中正秉政,每优容之,而其女抱病其笃,敏中妻深以为忧,且有恚怒之词。敏中不得已,具札子乞与泌离婚。"在彼时,刚结婚的年轻人照称少年。《陔馀丛考》考证:"周瑜称周郎,何晏称粉郎、何郎,潘岳称潘郎、檀郎,江学文称江郎,谢道韫称其夫王凝之为王郎,王僧辩称鲍泉为玉郎,隋滕王瓒尚周武帝妹顺阳公主,美姿容,时人称曰杨三郎,此皆少年之美称。"这几个郎,也没有一个适用于今日少年的概念。

《唐摭言》云,白居易一举及第,留下"慈恩塔下题名处,十七人中最少年"的诗句。此慈恩塔,即西安今日仍见存之大雁塔。"慈恩题名"又称"雁塔题名",是唐朝新科进士的又一莫大荣誉。因此,这是白居易进士及第时心情的真实写照,得意于17名同年之中自己最年轻。这里就更清楚地表明古人的"少年"概念了,因为白居易这时已经27岁!联合国官方微博去年5月一则更正"青年"标准的"严正声明",其给出的定义是"介于15~24岁之间的那些人"。这则声明在国内如何引起轩然大波不在本文讨论范围,倘若按照这个标准,进士及第时的白居易已然"中年",遑论"少年"了。当然,这里开个玩笑。

再多读一段《少年中国说》,还可证梁启超的"少年"为何正是"青年"。他这么说的:"玛志尼者,意大利三杰之魁也。以国事被罪,逃窜异邦。乃创立一会,名曰'少年意大利'。"玛志尼,今译马志尼,列宁把他归为马克思主义以前的非无产阶级社会主义的代表人物。马志尼所致力于建立的那个秘密革命组织,今日正称之为"青年意大利"。因此,同样的词语,世易时移,今古未必同义。如"丈夫",古指男子,今指女子配偶。又如"学者",古指求学的人,今指学业有一定造诣的人。

令人担忧的是,这种对"少年"的望文生义,如果不及时纠偏,中年、青年已矣,不知还要贻误多少少年。

2017年4月7日

宣德炉

杭州《都市快报》的一则消息说,在杭州南宋序集艺术空间,这一段正在进行"巧生虹烟——陈巧生香炉杭州首展"分享会。制炉者陈巧生,中国铜炉大师,1957年出生于江苏,因高超的宣德炉制作技艺享誉海内外。宣德炉,理论上是指明宣宗朱瞻基宣德年间所铸的铜香炉,宣德是宣宗的年号。为了与历史上的宣德炉相区别,陈巧生给自己的制作品起了一个全新的名字:巧生炉。

宣德炉,以铜经精炼,色泽极为美观,为明代著名美术工艺品。历史地看,皇帝年号能入铜器名者,唯有宣德炉。宣德炉一向鼎鼎大名,鲁迅小说《阿Q正传》中,赵秀才他们到静修庵来"革命",结果呢,"尼姑待他们走后,定了神来检点,龙牌固然已经碎在地上了,而且又不见了观音娘娘座前的一个宣德炉"。显然,赵秀才他们便知道宣德炉的珍贵。一种说法是,宣德炉得名于明代吕震等奉敕编撰之《宣德鼎彝谱》。其中说到,宣德三年(1428),暹罗国进贡数万斤精炼铜,礼部尚书吕震等遵旨从宋代《考古图》《宣和博古图录》所录夏商周三代青铜器及内府秘藏宋代汝官哥钧定诸窑名瓷中,"遴选款式典雅者……共一百一十七种谨为图形",铸造了3365件用以祭祀陈设的铜器,以各式香炉为主,御用之外,分赐王府、嫔妃、大臣,以及京郊坛庙、天下名寺宫观等。

不过,《明史》载吕震"宣德元年四月卒",则《宣德鼎彝谱》本身又引发了真伪之争,的确,"元年"去世的人怎么会在"三年"编书呢?

宣德炉问世之后,其造型遂成为后世铜器典范。行家说,最妙在色,其色内融,从黯淡中发奇光。还有人总结:"后人评宣炉色五等:栗色、茄皮色、棠梨色、褐色,而藏经纸色为最。"与此同时,"大明宣德年制"等楷体年款形式,也成为宣德以后明代历朝乃至清代题写年款的主要形式。"篆烟隐约黄云里,二百年来声价起"。明人林云凤诗中还说,"百炼因之范成器,遂令昭代称神工。即今此炉世已少,光采晶莹成至宝。夏鼎周鼎及商彝,雕文博山勿复道",在宣德炉面前,商周青铜器、汉晋博山炉什么的,根本不值一提。《帝京景物略·城隍庙市》讲到庙市上售卖的各种商品,其中鼎彝之器器首即"宣庙之铜",宣铜,又"炉其首"。事实上,名曰宣德"炉",其品种的造型却不仅是"炉",还有鼎、簋、鬲、尊等样式,如前书所云:鼎彝。因此,如识者所云,将宣德炉理解为一种泛称更合理,不仅指宣宗年间所铸香炉,而且泛指与之形制相近的铜炉。惟其"宣德炉"几乎成为铜炉的代名词,不管哪个朝代制作的铜炉,都愿意这样称呼,所谓历代皆仿,名称依旧。从这个意义上看,尼姑庵中的宣德炉未必不是鲁迅先生的调侃,城隍庙市上的宣德炉也未必是真家伙。

宣德炉出现在宣宗朝,诚非偶然。在历代皇帝里,宣宗朱瞻基算是个"超级玩家"。北京故宫博物院藏有《明宣宗射猎图轴》,画幅右旁贴一黄色小签,明确这是他"御容行乐",画面只一人一马,宣宗倒提一头射获的鹿,注视着惊慌逃窜的另一头。另一幅明人商喜全景式构图的《朱瞻基行乐图轴》,描绘的则是宣宗与官员内侍集体出猎游玩的情景,人物众多,场面壮观。如果说田猎尚有武备的性质,那么《明宣宗宫中行乐图卷》表现的就纯粹是"玩儿"了。在这幅纵36.7厘米、横690厘米的大型图卷里,大致可分三个部分:卷首,身着正装的宣宗观看射箭、蹴鞠等;卷中,宣宗走下座位,亲自上场玩儿捶丸、投壶;卷末,轿子里的宣宗回头张望,一幅流连忘返之状,而前导执着灯,表明夜幕已经降临。他自己也作有关于玩乐的诗,如《蹴鞠》:"密密清荫皆贝宫,锦衣花帽蹴东风。最怜宛转如星度,今古风流气概同。"

  宣德皇帝所玩之物最有名的,当推蟋蟀。蒲松龄《聊斋志异·促织》讲了一个众所周知的惨烈故事,前提就是"宣德间,宫中尚促织之戏,岁征民间",地方官狐假虎威,"假此科敛丁口,每责一头,辄倾数家之产"。王士禛对此殊为不解,评点曰:"宣德治世,宣宗令主……顾以草虫纤物殃民至此耶?抑传闻失实耶?"概《明史·宣宗本纪》称他"即位以后,吏称其职,政得其平,纲纪修明,仓庾充羡,闾阎乐业,岁不能灾",完全是"宣宗之治"的景象。但明朝野史中还是有相应依据的,如《万历野获编》云:"我朝宣宗最娴此戏,曾密诏苏州知府况钟进千个,一时语云:'促织瞿瞿叫,宣德皇帝要。'此语至今犹传,苏州卫中武弁,闻尚有以捕蟋蟀比首房功,得世职者。今宣窑蟋蟀盆甚珍重,其价不减宣和盆也。"又如《菽园杂记》云:"宣德年间,朝廷起取花木鸟兽及诸珍异之好,内官接迹道路,骚扰甚矣。"当代考古发现也印证了这一点。1993年江西景德镇中华路明清御窑厂遗址出土了许多残破的青花蟋蟀罐,五爪龙纹的图案之外,正有"大明宣德年制"的楷书款!

  王世襄先生曾经指出,与《宣和鼎彝谱》记载完全符合的标准器,世上其实难觅一件,不仅北京、台北两地故宫博物院尚未发现,著名藏炉家也没有!这又是怎么回事?对圈外人而言,完全懵圈了。

2017年4月15日

石敢当

不久前,山东省泰安市泰山区邱家店镇申请的"石敢当故里"商标,得到了国家商标局审核通过。这意味着,盛于唐代,至今遍布全国乃至日本、韩国、东南亚的石敢当民间习俗,今后要"认祖归宗"的话,都要去膜拜那个小镇了。此前,在国务院公布的首批国家级非物质文化遗产名录上,"泰山石敢当"已经榜上有名。

石敢当,或曰"泰山石敢当",稍微留心的话,在见存的传统建筑中仍然清晰可见,就是嵌于正门的墙壁上,正对桥梁、巷口立的刻有相关字样的小石碑。古代正是这样。《南村辍耕录》云:"今人家正门适当巷陌桥道之冲,则立一小石将军,或植一小石碑,镌其上曰石敢当,以厌禳之。"并指出石敢当之名始见于西汉史游《急就章》(一云《急就篇》),"师猛虎,石敢当。所不侵,龙未央"云云,该书引用了颜师古的说法,"敢当,所向无敌也"。石呢?"卫有石碏、石买、石恶,郑有石制,皆为石氏。周有石速,齐有石之纷如。其后以命族"。春秋时的这些石氏,都是了得的人物,"则世之用此,亦欲以为保障之意"。在颜师古看来,石敢当是借用了石姓的这个石字。

《通俗编·居处》引《墨庄漫录》云:"庆历中,张纬宰莆田,得一石,其文曰:'石敢当,镇百鬼,压灾殃,官吏福,百姓康,风声盛,礼乐昌.'有大历五年县令郑押字记。"大历是唐代宗的年号,大历五年即公元770年。又引《继古丛编》云:"吴民庐舍,遇街衢直冲,必设石人或植片石,镌'石敢当'以镇之。"需要注意的是"吴民庐舍",吴之所指地域固然范围较大,但无论如何不会是表示山东,如清朝学者王士禛所云,"泰(太)山石敢当"之"泰山"二字,"义亦难解,或以(应)劭为太山太守而转讹耳"。应劭,东汉学者,灵帝中平六年(189)至兴平元年(194)任泰山郡太守,现存其《汉官仪》《风俗通义》等著作。"太山太守"如何"转讹"成"泰山石敢当",王士禛没有细说,只说石敢当也是齐鲁之俗。

综合《南村辍耕录》和《通俗编》的这些爬梳,基本上将石敢当的名称、来历、历史勾勒出了一个清晰线条。

在民俗学里,石敢当属于先民灵石崇拜的一种,以为可以禁压不祥。《扬州画舫录》云,"大东门外城脚下,河边皆屋。路在城下,宽三五尺,里中呼为'拦城巷'"。就是这条巷子,向东折入河边的那一段,以前老是闹鬼,"每晚有碧衣人长四尺许,见人辄牵衣索生肉片,遇灯火则匿去,居人苦之"。有个道士说,去掉此怪也容易,要立个"泰山石敢当",到除夕的时候再"用生肉三片祭之",就可以了。道士开方,自然是不用讲原理的,照做就是,扬州百姓于是"以法立石,怪遂帖然"。然而,对于巫鬼作祟,历来一些决绝的有识之士有他们的一套做法,那就是在权力范围内予以雷厉风行的打击,战国时的西门豹治邺最为有名。《郎潜纪闻三笔》"陈文恭抚吴时逸事"条云,康熙时汤斌抚苏革除五通神,便是"攘斥异端,觉幠愭诞"之举。其时,"少妇病,巫辄言五通将娶为妇,往往愯死。斌收其偶像,木者焚之,土者沉之,并饬诸州县有类此者悉毁之,撤其材修学宫"。乾隆时陈宏谋开府吴中也是这样,他看不惯的正是石敢当,盖"石将军者,吴人以镇不祥,云古之石敢当也。或祷焉如响,士女坌集,奸盗并作"。陈宏谋对百姓说:"吾闻石之灵者,入水不沉,果尔,吾当为立庙,盍从我试之乎?"大家说好啊,陈宏谋乃"命武夫乘高投诸渊",石头果然——当然没有浮起来。陈宏谋说:"嘻,是弗灵也已。"大家于是散去。这故事的可信度要打些折扣,但石敢当被巫婆神汉一类利用呈现了为害的一面,显系不争的事实。正如陈康祺所言,陈宏谋之举"若出于机谲权变之所为,究其厉俗化民,志除奸宄,则与文正(汤斌)同一作用也"。

五代时有个勇士叫石敢,倘颜师古在世,可能更要将之与石敢当发生关联了。《旧五代史·汉书·高祖记》载:"应顺(后唐闵帝李从厚年号)初,晋高祖镇常山。唐明宗召赴阙,会闵帝出奔,与晋高祖相遇于途,逐俱入卫州,泊于邮舍。闵帝左右谋害晋高祖,帝密遣御士石敢袖铁槌立于晋高祖后,及有变,敢拥晋高祖入一室,以巨木塞门,敢寻死焉。帝率众尽杀闵帝左右,逐免晋高祖于难。"《新五代史·汉本纪》也有相关记载,云"(石)敢与左右格斗而死"。在后世,太平天国的时候,果真出了个"石敢当",那就是太平军将领石达开。石达开与清军大小数百战,战无不胜,攻无不克,令清军闻风丧胆,送其"石敢当"雅号。

"石敢当故里"如今出炉了,当然是有一定依据的。报道说,自2011年起,由泰安市泰山区政府主办、邱家店镇政府承办的"泰山石敢当文化节"已经举办到第六届,然而终有自娱自乐的性质。"吴民""吴人"等字眼的内涵,怕非为"泰山"二字所能遮盖。并且,这种故里的厘定与大量极富争议的名人故里的本质区别在哪里,余亦不知,但是显然,这种垄断式的"确认",于继承和弘扬石敢当民俗本身而言有损无益。

2017 年 4 月 20 日

遗民

林志宏《民国乃敌国也——政治文化转型下的清遗民》是一部给人深刻启发的著作。作者从一群敌视民国、忠于清室的遗民出发,通过认识他们的历史角色和地位,以为"非但足以再思考'忠诚'概念自传统到现代的变迁,而且有助于重新检视中国在20世纪时如何从王朝迈向民族国家的历程"。

遗民,指那些改朝换代后仍然忠诚地眷恋故国旧君的人。这是中国历史上比较独特的一个现象。如林氏所言,中国与其他民族或国家迥异的地方,即以改朝换代作为解决治乱的最终之道。遗民正产生于江山易手之际,而我们历史上王朝的更迭眼花缭乱,因而也就势必催生了大量效忠前朝皇室的遗民群体。俞樾云:"顾亭林、王船山,皆明之遗老而卒于清。"顾炎武、王夫之,还有明清之际三大思想家中的另一位——黄宗羲,都是著名的遗民,他们不仅不仕于清,而且积极参与各种反清的武装斗争。

历史上有不少著名的遗民。殷商之际的伯夷、叔齐,历来都是抱节守志的典范。《史记·伯夷列传》载:"武王已平殷乱,天下宗周,而伯夷、叔齐耻之,义不食周粟,隐于首阳山,采薇而食之。"周武王伐纣,天下一统,伯夷、叔齐认为这是件可耻的事,不仅"以臣弑君",而且"以暴易暴"。二人决心不做周臣、不食周粟,跑到首阳山上隐居,直到饿死。明朝还有个叫朱舜水的,入了鲁迅先生的法眼。其《朝花夕拾·藤野先生》云,某日经过一个叫作"日暮里"的驿站而想到"水户",因为"这是明的遗民朱舜水先生客死的地方"。朱舜水即朱之瑜,崇祯十一年(1638)以"文武全才第一"荐于礼部,国变后流亡日本,遗言有曰:"予死矣,奔赴海外数十年,未求得一师与满虏战,亦无颜报明社稷。"并且特别说明:"见予葬地者,呼曰'故明人朱之瑜墓',则幸甚。"

"有宋遗臣郑思肖,痛哭元人移九庙"(顾炎武句)。至于非著名遗民,那就多了去了。

《晋书·徐广传》载,桓玄篡位迁安帝出宫,徐广陪列,"悲动左右"。及刘裕受禅,恭帝逊位,"广独哀感,涕泗交流"。谢晦见了,谓曰:"徐公将无小过也。"徐广收泪而言曰:"君为宋朝佐命,吾乃晋室遗老,忧喜之事固不同时。"谢晦始而仕晋,继而追随刘裕,徐广则要铁心忠晋。

沈德符《万历野获编·兵部·安南纳款》云,元世祖曾三征安南,"初征时,故宋陈尚书子丁孙,及其壻梁奉御;苏少保子苏宝章,及赵孟信、叶郎将等,俱降附。盖宋遗臣逃异国,不特陈宜中入占城也"。

刘献廷《广阳杂记》讲到一个崇祯朝的拔贡,"鼎革后即弃去,终老荒村,未尝见一俗人。家贫好饮,尝袖残帙,提壶易酒,鳖鳖行风雪中,绝不受人怜"。

梁章钜《归田琐记》讲到一个叫陈普的,"以宋遗民不受元聘,隐居授徒,岿然为后学师表"。

诸如此类,数不胜数。

对著名遗民的行为举止,不少前人也都不以为然。縻元《吊夷齐文》曰:"夫五德更运,天秩靡常。如有绝代之主,必有受命之王……不弃殷而饿死,何独背周而深藏?首阳谁山?而子匿之!彼薇谁菜?而子食之!行周之道,藏周之林,读周之书,弹周之琴,饮周之水,食周之芩,谤周之主,谓周之淫。"《太平广记》引《小说》记东方朔论夷、齐:"古之愚夫,不能与世推移,而自苦于首阳。"鲁迅先生《故事新编·采薇》也有这样一段演绎:有一天,伯夷、叔齐正在吃烤薇菜,来了一个"好像是阔人家里的婢女",问他们"怎么吃着这样的玩意儿的呀"?伯夷刚说"因为我们是不食周粟……"叔齐便赶紧使一个眼色,"但那女人好像聪明得很,已经懂得了",冷笑着,兼且"大义凛然的斩钉截铁的"说道:"'普天之下,莫非王土',你们在吃的薇,难道不是我们圣上的吗!"伯夷、叔齐闻言,"就好像一个大霹雳,震得他们发昏"。当然了,鲁迅先生的演绎并非凭空杜撰,谯周《古史考》即有此传说:伯夷、叔齐采薇而食之,"野有妇人谓之曰:'子义不食周粟,此亦周之草木也。'"

就整个遗民群体的判定,清朝学者章学诚论述得非常精辟:"家亡国破,必有所失之由。先事必思所以救之,事后则哀之矣。不哀已之所失,而但怨兴朝之德,是犹痛亲之死,而怨人之有父母也。故遗民故老,没齿无言。或有所著诗文,必忠厚而悱恻。其有谩骂讥谤为能事者,必非真遗民也。"而清遗民,大抵对民国正行谩骂诽谤之能事。必须看到,清遗民之所以不像既往的诸多遗民一样得到同情,在于较之前遗民具有本质区别:既往的终究是"臣民",清遗民则理当变身"国民",忠于一家一姓的价值观念已经极其陈腐。然清遗民并没有滋生出"国民"意识,如鲁迅先生所辛辣嘲讽:"我们民国已至十五年了,而遗老们所刻的书,'仪'字还'敬缺末笔'。"

"不降其志,不辱其身。"遗民之忠诚,契合了我们传统文化中一以贯之的道德取向。但是,清遗民则不然,他们所面对的时代问题发生了质变,"不独为自己所效忠的王朝结束而已,而且还是背后的整套意识形态——王朝循环观念的终结"。在这一点上,他们显然更没有丝毫认识。

2017 年 4 月 29 日

武艺

4月27日,四川一家拳馆里上演了一场争议十足的"武林对决"——对打。约定好的,一方号称是"太极拳师",另一方是格斗搏击教练。结果,不到20秒的功夫,"太极拳师"惨遭KO(出局)。消息传出,力压各路体育新闻,引发了人们对武术实战能力的隐约怀疑和现实中的心理落差,传统武术中鼎鼎大名的太极拳也遭遇到空前的信任危机。

武术,是千百年来国人用以锻炼身体和自卫的一种方法。武艺则是指骑、射、击、刺等武术方面的技能。在冷兵器时代,武艺高强是一名武将的标配。《三国志》载刘备的养子刘封,"有武艺,气力过人"。《陈书》载陈高祖"读兵书,多武艺"。衡量一个人的武艺高低,有句俗话可为标准,叫作"十八般武艺,样样精通"。十八般,即十八样,始而乃实指,如翟灏《风俗通》"武功"条将之一一列举:"一弓、二弩、三枪、四刀、五剑、六矛、七盾、八斧、九钺、十戟、十一鞭、十二简、十三挝、十四殳(打击型兵器)、十五叉、十六杷头(抓扭对方头部)、十七绵绳套索、十八白打(徒手相搏,拳术)。"引申开来,成了泛指各行各业工作能人的代称。

传统武术在国人心目中的实战能力,改革开放之初的电影《少林寺》功不可没,成为同类电影难以逾越的经典。一个很重要的因素,是主要角色均为武艺真正高强的人士出演。演觉远的李连杰不用说了,少年成名,累次在全国武术大赛上获得全能冠军、全运会武术套路全能冠军等,各种兵器都抄得起来;演师傅的于海、演王仁则的于承惠、演秃鹰的计春华等等,分别以螳螂拳、醉剑、鹰爪拳在武林中占有一席之地,甚至演白无瑕的丁岚,也有一定的武术功底。精彩的对打,一拳一脚、一招一式都是真功夫,一反旧式武打片中纯表演的花架子与镜头技巧的卖弄,令观众不能不如醉如痴。正是因此,《少林寺》以1毛钱的平均票价,当年竟然创下了1.61亿元的票房纪录。

《少林寺》演绎的是民间流传的少林寺十三棍僧救李世民的故事。顾炎武认为,僧兵即起源于少林寺。《日知录》卷二十九对"少林僧兵"进行了一番考证,云少林寺中有唐太宗为秦王时的《赐寺僧教》,辞曰:"王世充叨窃非据,敢违天常。法师等并能深悟几变,早识妙因,擒彼凶孽,廓兹净土。闻以欣尚,不可思议。今东都危急,旦夕殄除。并宜勉终茂功,以垂令范。"且云"嘉靖中,少林僧月空受都督万表檄,御倭于松江。其徒三十余人,自为部伍,持铁棒击杀倭甚众,皆战死"。顾氏还有一首《少林寺》诗,"清梵切云霄,禅灯晃苍翠。颇闻经律馀,多亦谙武艺"云云。赵翼《陔馀丛考》言及"少林寺僧兵"时,以为顾氏"虽列举古来僧兵十数事",然"尚有未尽者",又补充了若干条,"崇祯中,史记言知陈州,以流贼充斥,乃募士,聘少室僧训练之",少林武僧成了地方官兵的教练。

僧兵当然非少林寺所独有。《宋史·范致虚传》载,钦宗靖康元年(1126),"金人围太原,声震关中,致虚修战守备甚力",京师破,"致虚合步骑号二十万,以右武大夫马昌佑统之,命杜常将民兵万人趋京师"。在这只队伍里便有僧兵,由僧人宗印统领,其"以僧为一军,号'尊胜队',童子行为一军,号'净胜队'"。可惜的是,"致虚勇而无谋,委己以听宗印",而宗印"徒大言,实未尝知兵"。高宗时,"金将银朱兵压境,致虚遁,宗印兵不战走"。顾炎武也说了,靖康时"有五台僧真宝,与其徒习武事于山中。钦宗召对便殿,命之还山,聚兵拒金。昼夜苦战,寺舍尽焚,为酋所得,诱劝百方,终不顾,曰:'吾法中有口回之罪,吾既许宋皇帝以死,岂当妄言也!'怡然受戮"。恭帝"德祐之末,常州有万安僧起义者",且作诗曰:"时危聊作将,事定复为僧。"

国人对武艺高强十分神往,文学作品添枝加叶,塑造了诸多理想化的人物:"过五关斩六将"的关羽、《说唐》里的十八条好汉、《水浒》里的一百单八将……更上一个台阶的,还有金庸的那些武侠小说,"飞雪连天射白鹿,笑书神侠倚碧鸳"。毋庸讳言,金庸以其对武林的高超想象力,对诗词、绘画、书法等的稔熟,对儒释道的深刻理解,加以优美的文笔,在历史文化的虚拟空间中畅想遨游,带给国人极大的精神愉悦。近世以来,中华民族备受列强欺凌,更涌现了不少凭借武艺为国争光之辈,典型如霍元甲、黄飞鸿等,经过影视的不断渲染,故事曲折离奇,亦真亦假,然大抵有蓝本可寻吧。《清稗类钞》云霍元甲,"绰号黄面虎,以拳鸣于时者七世矣……光绪朝,美有大力士方侨沪,绝有力,能载重百斤,闻元甲名,请来沪较艺,元甲应之。及至,而某惧,不果较"。又云其"创办精武学堂,尝曰:'欲使强国,非人人尚武不可。'"

当下,搏击教练诚然痛扁了"太极拳师",后者的成色如何还需方家鉴别,因为如《水浒传》中的宋江也是"更兼爱习枪棒,学得武艺多般",刘备还表演了一下"三英战吕布"呢,何尝见过宋江一显身手?无论如何,如果中国传统武术因为一场"斗殴"而"声名扫地"的话,那就是太低估了它的文化魅力。

2017 年 5 月 3 日

立夏

昨天是立夏。在天文学意义上,立夏表示正式告别了春天。不过,若按气候学的标准,日平均气温稳定在22℃以上方是夏天的开始。从这点来看,广州差不多一个月之前就已经入夏。"立夏小满,江河易满",这句俗谚倒是更适合广州,这两天,大雨真的是说来就来。

《逸周书·时训》云:"立夏之日,蝼蝈鸣;又五日,蚯蚓出;又五日,王瓜生。"这说的是立夏的三种物候现象:先听到蝼蛄的叫声,然后看见蚯蚓掘土、王瓜攀藤生长。明朝《七修类稿》云蝼蝈有好多别名,"各地方言之不同也",确是。我们家乡就叫它拉拉蛄,有句口头禅叫"听见拉拉蛄叫还不种地了呢",用来比喻因为害怕有人反对而不敢去做本该做的事。这口头禅的渊源,或与立夏有关了。王瓜是什么?郎瑛引《图经》说了,"生平野田宅及墙垣,叶似栝楼,乌药,圆无丫缺,有毛如刺,蔓生,五月开黄花,花下结子如弹丸,生青熟赤,根似葛,细而多糁……今药中所用也"。虽然描述得算是具体,但对没见过王瓜的人而言还是很难形成图像。

物候反映的是自然现象,二十四节气的重要功能正在于指导农业生产。"立夏前后,种瓜点豆。"各地的俗谚很多。清朝叶梦珠是松江府上海县人,其《阅世编》记录了他们那里立夏时节的农业生产状况:"吾邑土高水少,农家树艺,粟菽、棉花参半。向来种粳稻有三种,而秫不与焉。其最贵者曰瓜熟稻,计渍种以及收成不过七八十日,大约三月终下种,六月中便可登新谷,收成后尚可种菉豆也,然而收数不能丰,最上之田,亩不能过三斛,故种者亦罕。其次早者曰百日稻,计渍种迄收成百余日,皆于立夏渍种,布散于水田,不必插秧成列,总谓之川珠。"

在文化层面,立夏的内涵也比较丰富。先看看官俗。《礼记·月令》云:"立夏之日,天子亲率三公、九卿、诸侯、大夫,以迎夏于南郊。还返,行赏、封诸侯,庆赐逐行,无不欢悦。"那是先秦时的。《燕京岁时记》之"赐冰",记的是清朝的事,"京师自暑伏日起至立秋日止,各衙门例有赐冰。届时由工部颁给冰票,自行领取,多寡不同,各有等差"。按《帝京景物略》的说法,"前明于立夏日启冰赐文武大臣。编氓卖者,手二铜盏叠之,其声嗑嗑,曰冰盏。是物今尚有之,清泠可听,亦太平之音响也"。点明赐冰的时间点不仅在明朝已有,而且明确为立夏。

再看看民俗。潘荣陛《帝京岁时纪胜》云:"立夏取平日曝晾之米粉春芽,并用杨面煎作各式果叠,往来馈遗。"顾禄《清嘉录》云,苏州附近"立夏日,家设樱桃、青梅、垄麦,供神享先,名曰立夏见三新。宴饮则有烧酒、酒酿、海蛳、馒头、面筋、芥菜、白笋、咸鸭蛋等品为佐,蚕豆亦于是日尝新。酒肆馈遗于主顾,以酒酿、烧酒,谓之馈节"。其所附《崑(山)新(阳)合志》云,他们立夏见的三新则是另三样:樱桃、青梅、麦蚕。入夏之后,可能"眠食不服",一旦如此怎么办呢?"于立夏日取隔岁撑门炭烹茶以饮,茶叶则索诸左右邻舍,谓之'七家茶'。或小儿嗜猫狗食余,俗名'猫狗饭'。是日虽寒,必著纱衣一袭,并戒坐户槛,俱令人夏中壮健"。此外,还有"立夏三朝开蚕党",蚕党,即育蚕者,概"环太湖诸山,乡人比户蚕桑为务。三四月为蚕月,红纸粘门,不相往来,多所禁忌。治其事者,自陌上桑柔,提笼采叶,至村中茧煮,分箔缫丝,历一月而后弛诸禁"。吃不了育蚕这种辛苦的,则"往往于立夏后买现成三眠蚕于湖以南之诸乡村"。

对文人而言,立夏时节循例要"送春"。《浪迹三谈》云:"杭州城东有药园,康熙中,毛西河先生会同城诸名士,于立夏前一日集此,作送春诗,橐笔者数十人,多有佳句",然"末坐钱景舒杲年甚少,独集唐句为之,如用王建、杜甫句云:'每度暗来还暗去,暂时相赏莫相违。'又用翁绶、白居易句云:'百年莫惜千回醉,一岁惟残半日春。'"陈康祺《郎潜纪闻初笔》里的一则就弄得像神话了,说道光二十九年(1849)立夏,潘祖荫"在私宅,晨起,突见窗上一蝶,黄质黑章,四趺古朴,类枯叶",老潘画画了得,觉得这只蝴蝶是来求画的,"遂取笺为写影,稿成即入署";晚上回来蝴蝶还在,原来怪他画得不像,等到"皆曰肖,蝶始翩然去"。陈康祺说这只蝴蝶一定成仙了,"清衙久住,岁久通灵,遍识名流,至能择人索画"。

民俗层面最有趣的,前文《立秋》曾经说过,立夏之时,南方一些地方比如杭州,"立夏日悬大秤,男妇皆秤之,以试一年之肥瘠",到立秋的时候再复秤,所谓"悬衡——判低昂,轻重休夸蜡貌强。莫是菜人须论价,就中愁绝是猪王"。清人所撰之《上海县竹枝词》,有"春蚕吃罢吃摊牺,一味金花菜割畦。立夏称人轻重数,秤悬梁上笑喧闻"。《沪城岁时衢歌》也有"深院垂帘静昼长,家厨樱笋酒初香。持衡笑语论轻重,骨相凭君仔细量"。秤人习俗据说起源于三国时期,与刘阿斗和孟获有关。浏览这两日新闻所见,今日浙江等地仍然保留这一有趣民俗。倘若"振兴"立夏的话,这是一个极好的抓手。

2017 年 5 月 6 日

蚝

4月24日,丹麦驻华大使馆官方微博发布了一条消息:《生蚝长满海岸,丹麦人却一点也高兴不起来》。消息说,一种叫作太平洋生蚝的物种入侵了丹麦,对海岸生态环境造成了极大的破坏,科学家和渔民都束手无策。这种生蚝原本不属于丹麦,而是来自南方海域,经过数十年时间的生长,形成了现在如此巨大的规模。他们鼓励大家去海岸边采集这些生蚝带回家煎炒烹炸,但并没有多少人响应。

消息既出,引起咱们百姓的兴奋与躁动。有网友提出了最直接也最有趣的建议:把签证放宽,开辟个吃生蚝的,十年内无限次往返,每次停留最长一个月,估计五年差不多就消灭它们了。以国人对蚝的消费规模和速度,此建议倒未必是妄言。北京智研咨询发布的《2017—2022年中国牡蛎行业分析及市场深度调查报告》显示,2015年我国蚝的消费量约457.43万吨,同比2014年的435.24万吨增长了5.1%。

诉诸典籍,蚝之作为食物的历史相当悠久。唐刘恂《岭表录异》云:"蚝,即牡蛎也。其初生海岛边,如拳石,四面渐长,有高一二丈者,巉岩如山。每一房内,蚝肉一片,随其所生,前后大小不等。每潮来,诸蚝皆开房,伺虫蚁入即合之。"又云:"卢循昔据广州,既败,余党奔入海岛野居,惟食蚝蛎,垒壳为墙壁。"卢循,晋安帝时与大舅哥孙恩一道起兵造反,"恩亡,余众推循为主"。在当时晋帅、后来南朝宋开国皇帝刘裕的追击下,卢循"泛海到番禺,寇广州,逐刺史吴隐之,自摄州事,号平南将军"。这样来看,食蚝的历史至少可以上溯至东晋了。

蚝乃一种美味,至少在岭南当下的食谱里是这样。广东人吃蚝,生熟不拘,各有各的吃法,吃生蚝在高档自助餐里往往还不可或缺。不仅如此,用蚝熬制而成的蚝油是广东传统的鲜味调料,将蚝晒干而成的蚝豉可备一年四季食用,"发菜蚝豉"更成为粤人过年时必有菜式,"发财好事"嘛。番禺屈大均《广东新语》云:"凿之(蚝),一房一肉,肉之大小随其房,色白而含绿粉,生食曰蚝白,腌之曰蛎黄,味皆美。"天然的蚝生长在海边,附着在礁石上,就像屈氏说的,"香山(今广东中山)无蚝田,其人率于海旁石岩之上打蚝,蚝生壁上,高至三四丈,水干则见"。《酉阳杂俎》亦云:"介虫中唯牡蛎是咸水结成也。"介虫,即有甲壳的贝类和水族,在《广东新语》中,蚝便属于"介语","咸水所结,其生附石"云云。当然了,吃蚝于蚝,颇有些惨烈。在刘恂的记录里,"往往以斧揳取壳,烧以烈火,蚝即启房,挑取其肉,贮以小竹筐,赴墟市以易酒。蚝肉大者腌为炙,小者炒食"。在屈大均的笔下,也是"以草焚烧之,蚝见火爆开,因夹取其肉以食,味极鲜美"。

如果说唐朝时吃的蚝还是野生,那么,传为(因不见于《宛陵先生集》)梅尧臣所做的《食蚝》诗,表明北宋年间广东沿海先民已经掌握了今天仍在应用的"插竹养蚝"技术。盖梅诗云:"亦复有细民,并海施竹牢;掇石种期间,冲激恣风涛。"又因起首"薄宦游海乡,雅闻归靖蚝"句,可知描写的正是岭南。归靖蚝,一种观点认为即指产于归德(今深圳宝安沙井)、靖康(今东莞长安霄边)一带的蚝。前几年,宝安还开设了沙井蚝博物馆。如果那确是梅诗的话,我国人工养蚝的历史便可以溯至北宋。屈大均说:"东莞、新安有蚝田,与龙穴洲相近……其地妇女皆能打蚝",大抵就是收获人工所养之蚝了。当其时也,"打蚝之具,以木制成如上字,上挂一筐,妇女以一足踏横木,一足踏泥,手扶直木,稍推即动,行沙坦上,其势轻疾。既至蚝田,取蚝凿开,得肉置筐中,潮长乃返"。他还收集了两首《打蚝歌》,其一:"一岁蚝田两种蚝,蚝田片片在波涛。蚝生每每因阳火,相叠成山十丈高。"其二:"冬月真珠蚝更多,渔姑争唱打蚝歌。纷纷龙穴洲边去,半湿云鬟在白波。"蚝田景观,以及姑娘们收获的喜悦,毕现无疑。

《岭表录异》所说的"垒壳为墙壁",则是岭南建筑中比较独特而别致的一种工艺:以生蚝壳拌上黄泥、红糖、蒸熟的糯米,一层层堆砌起来。这种墙据说不仅具有隔音效果,而且冬暖夏凉,坚固耐用。屈大均说,"广州诸大县,其村落多筑高楼以居。凡富者必作高楼,或于水中央为之……墙以砖或牡蛎壳,其崇五六丈"。他家乡的茭塘村,"居人墙屋率以蚝壳为之,一望皓然"。在今天珠三角的乡村中还可以见到各种"蚝宅",蚝壳墙七棱八角,凹凸不平而排列有序,极具线条感和雕塑感。许是渐渐稀少了的缘故吧,残存的每成当地颇具视觉震撼的特色景观。

当年,对于吃蚝,没来过岭南的梅尧臣"宿昔思一饱",来过并吃过的苏东坡给儿子苏过写信,戏曰"无令中朝士大夫知,恐争谋南徙,以分此味"。5月2日,对中国开始正式访问的丹麦首相拉尔斯·勒克·拉斯穆森表示,非常欢迎中国游客到丹麦品尝生蚝。同时他也看到了向中国出口生蚝的潜力和商机,访问期间和中方探讨的58个领域的合作,就包括食品。苟如是,那里的自然环境消了灾,这里的人们满足了口福,真算是不折不扣的双赢,"发菜蚝豉"了。

2017 年 5 月 12 日

铁马

最近搬回到中山大学居住,晚间校园漫步成为常态。路过哲生堂、陆祐堂等仿古建筑的时候,对其檐角处的铁马,总不免凝望一回。记忆中,最早知道那叫铁马,源于上世纪80年代初在《纵横》或《文史集萃》丛刊上看到常书鸿先生回忆敦煌的文章:《铁马响叮当》。在此之前,见到"铁马"二字大抵联系到的是"金戈",那种雄狮劲旅的景象,像辛弃疾说的,"气吞万里如虎"。

建筑檐角处的铁马,别称也比较多,檐铃、檐马、风铎,等等。宋人施枢《檐玉鸣》有"晓窗风细响檐铃,一曲云璈枕上闻。梦断不知仙路杳,鹤衔松露入青云";元人周文质散曲《塞儿令》有"西风穿户冷,檐马隔帘鸣,叮,疑是珮环声";宋人张耒《宿柳子观音寺》有"野僧治饭挑蔬至,童子携茶对客煎。夜久月高风铎响,木鱼呼觉五更眠",诸如此类,可资为证。诗人、曲人,都是借铁马响叮当之时抒发自己的浪漫遐想。

有研究指出,铁马起源于古代的占风铎。什么是占风铎呢?测风的器具。五代王仁裕《开元天宝遗事》云:"岐王宫中,于竹林内悬碎玉片子,每夜闻玉片子相触之声,即知有风,号为占风铎。"占,有卜问、预测的意思。再按《清稗类钞》的说法:"风铎,寺庙、塔檐悬之铃,因风成声者也。闻声,即知有风矣。"铎,古代乐器,大铃的一种。显然,它还很有可能是风铃的前身。历史上有不少岐王,既有"开元天宝"的前提,这个岐王该是睿宗的儿子、玄宗的弟弟李隆范了。《嫩真子录》云:"明皇兄弟六人,一人早亡,故明皇为太子时,号为'五王宅'。宁王、薛王明皇兄也,申王、岐王明皇弟也。"因为杜甫名篇《江南逢李龟年》中的"岐王宅里寻常见",所以明皇之外,岐王在另外四兄弟中显然最为知名。至于他为什么喜欢占风,不得而知,不过,清代钦天监天文科职掌观察晴雨风雷,倘若搞"行业崇拜"的话,他们该以岐王为祖师才行。

至于屋檐下所悬的铁马,清人顾张思所撰之《土风录》认为"始于隋炀帝",依据的是唐冯贽《南部烟花记》的说法:"临池观竹,既枯,隋后每思其响,夜不能寐。炀帝为作薄玉龙数十枚,以缕线悬于檐外,夜中因风相击,与竹无异。民间效之,不敢用龙,以什骏代。今俗则以烧料谓之铁马,以如马被甲作战斗形,且有声。"姑且认为炀帝有"檐前悬铁马"之举吧,但是"始于"则不可能。北魏杨衒之的《洛阳伽蓝记》,已有若干关于佛塔悬风铎亦即铁马的记载。如卷第一讲到"城内"的永宁寺,"浮图有九级,角角皆悬金铎,合上下有一百二(三)十铎",于是在"高风永夜,宝铎和鸣,铿锵之声,闻及十余里"。卷第五讲到"城北"的粪塔,"旭日始开,则金盘晃朗,微风渐发,则宝铎和鸣。"另有研究指出,佛教传入中国后,铎便被悬挂在寺庙宝塔之檐上,成为风铎。这样推算的话,铁马的历史还要上溯到东汉明帝时期。但至少在隋炀帝之后,风铎成了后世诗人们取材的一个重点。前面张耒的诗之外,白居易《游悟真寺诗一百三十韵》,有"前对多宝塔,风铎鸣四端",宋之问《奉和圣制闰九月九日登庄严总持二寺阁》,有"风铎喧行漏,天花拂舞行。豫游多景福,梵宇日生光"。袁枚《随园诗话》收有蒋廷镕句,"自从环珮无消息,檐马丁当不忍听"……

不论铁马的起源如何,也不论其功能是否惊鸟辨风、祈福辟邪,还是演畅妙法的清和雅音吧,作为客观存在,铁马之声所演绎出的文化意象,不独见诸诗人们的句子之中,在经典文学作品中也着实不难领略。

《西厢记》第二本第五折有一曲【天净沙】,道的是莺莺自度:"莫不是步挤得宝髻玲珑?莫不是裙拖得环珮叮咚?莫不是铁马儿檐前骤风?莫不是金钩双控吉丁当敲响帘栊?"连同后面的【调笑令】和【秃厮儿】,表现的是红娘定计让张生以琴声对莺莺作出试探,莺莺为之感动,决心以身相许。初时,莺莺不辨何处声响,因而怀疑是"宝髻玲珑""环珮叮冬",又怀疑是风摇"铁马""金钩"敲窗。继而,莺莺为这种美妙声音触动,并听清琴声"近西厢""在墙角东"。以整场的排句,将诉诸视觉的琴声转换成铁骑刀枪、落花流水、风清月朗、小窗儿女等视觉形象,展示出莺莺对琴声中意境的理解。《红楼梦》第八十七回,林黛玉"添了香,自己坐着,才要拿本书看,只听得园内的风,自西边直透到东边,穿过树枝,都在那里'唏嚼哗喇'不住的响。一会儿,檐下的铁马也只管'叮叮当当'的乱敲起来。"在这种情境下,黛玉又看到了宝玉旧帕及自己题诗,触物伤情,"不觉的簌簌泪下"。铁马的"乱敲"之声,衬托的是黛玉寄人篱下的感叹。

常书鸿先生的文章内容已经忘记了,但铁马的文化意象始终烙印在脑海里。不难想象,千佛洞九层大佛殿檐角铁马的叮当声,在一生醉心于敦煌艺术、被称作"敦煌守护神"的常先生听来,奏出的一定是非常美妙的乐章,与莺莺听到的、黛玉听到的大异其趣。说实话,我自从知道铁马时起,似乎还从来没有听过它的叮当响声,虽然无比神往。

2017 年 5 月 22 日

人心无算处，国手有输时

5月28日，我国小将柯洁九段执白不敌阿尔法围棋（AlphaGo，人戏称之阿尔法狗），人机大战第二季遂以0:3宣告结束。去年3月进行的第一季，阿尔法狗曾以4:1击败韩国棋手李世石。第一季之前，李世石自信将以5:0取胜；李氏落败之际，柯洁在微博中放言：就算阿尔法狗战胜了李世石，但赢不了他。今年早些时候，升级版的阿尔法狗终于成功约战柯洁。李与柯，均非寻常人物，各自国家的围棋第一人，响当当的国手。

"人心无算处，国手有输时。"唐朝裴说的《棋》诗，似为谶语。面对这台通过两个不同神经网络"大脑"——落子选择器与棋局评估器——合作进行出招的机器，果真是"人心无算处"。不同的是，两位国手不只是"有输时"，而是输得非常彻底，柯洁表示心服口服。第二季之前，2016年末2017年初，该程序在中国棋类网站上以"Master"为注册账号，已与中日韩数十位围棋高手进行快棋对决，连续60局无一败绩；在柯洁最后一盘进行之前，由5名中国顶尖棋手陈耀烨、周睿羊、芈昱廷、时越、唐韦星组成的团队，集群体智慧之力也未能打败AlphaGo。这意味着，举世瞩目的人机大战以"人"的完败而告终，围棋界公认它的棋力已经超过人类职业围棋顶尖水平。

围棋是我们历史悠久的一项文化遗产,历朝历代都不乏天才的国手。《三国志·魏书》载,王粲"观人围棋,局坏,粲为覆之。棋者不信,以帊盖局,使更以他局为之。用相比校,不误一道"。《酉阳杂俎》云,"(僧)一行公本不解弈,因会燕公(张说)宅,观王积薪棋一局,遂与之敌",笑曰:"此但争先耳,若念贫道四句乘除语,则人人为国手。"王积薪乃玄宗时的国手,其"每出游,必携围棋短具,画纸为局,并棋子盛竹筒中,系于车辕马鬣间。道上虽遇匹夫,亦与对,胜则征饼饵牛酒"。《酉阳杂俎》又云,晋高僧鸠摩罗什"与人棋,拾敌死子,空处如龙凤形"。《北梦琐言》亦云,唐僖宗时有个翰林待诏滑能,"棋品甚高,少逢敌手"。一张姓少年,"年可十四,来谒觅棋,请饶一路",貌似谦逊,不料滑生"沉吟良久,方下一子。张生随手应之,都不介意,仍于庭际取适,候滑生更下,又随手著应之"。这个小张的下法,阿尔法狗颇与之神似,无论面对多么复杂的局面,人类棋手冥思苦想了多久,它都飞快落子,柯洁坦言此举给自己造成了强大的心理压力。

《春渚纪闻》云,北宋刘仲甫"初自江西入都,行次钱塘,舍于逆旅",住了几天,"每至夜分方扣户而归"。有天晨起,忽在门前扎了一面旗,大书"江南棋客刘仲甫,奉饶天下棋先",并拿出"银盆、酒器等三百星",作为对战胜他的人的奖赏。这就有点儿阿尔法狗公开叫板的意思了。第二天,"数土豪集善棋者会城北紫霄宫,且出银如其数,推一棋品最高者与之对手",执黑先行,"始下至五十余子,众视白势似北;更行百余棋,对手者亦韬手自得,责其夸言",觉得自己肯定赢了。但仲甫玩儿的实际上是猫捉老鼠的游戏,连续十几盘棋都是这样,"某日某局,白本大胜,而失应棋着;某日某局,黑本有筹,而误于应劫,却致败局",令观者无不愕然,"心奇之矣"。刘仲甫复盘讲解,更像极了阿尔法狗的着数,"即于不当敌处下子,众愈不解"。仲甫曰:"此着二十着后方用也。"接着,"果下二十余着正遇此子,局势大变"。不过,刘仲甫尽管"擅名二十余年,无与敌者",但同样"有输时",他输给了祝不疑。《春渚纪闻》另云,哲宗时祝不疑赴京会试,"为里人拉至寺庭观国手棋集",刘仲甫正在,大家就请两人对局。不疑先礼后兵,令仲甫叹服,"后虽数相访,竟不复以棋为言,盖知不敌,恐贻国手之羞也"。

"玉子纹楸一路饶,最宜檐雨竹萧萧。羸形暗去春泉长,拔势横来野火烧。守道还如周伏柱,鏖兵不羡霍嫖姚。得年七十更万日,与子期于局上销。"此杜牧《赠国手王逢》诗。杜诗是说,自己当时四十二三岁,活到七十的话,还有一万多天,希望这些日子能和王逢一起在棋盘上度过。结合他的"樽香轻泛数枝菊,檐影斜侵半局棋"(《题桐叶》),"雨暗残灯棋散后,酒醒孤枕雁来初"(《齐安郡晚秋》),"自怜穷律穷途客,正劫孤灯一局棋"(《寄李起居四韵》),显然杜牧非常嗜好围棋,但不知水平如何而已。按宋人马永卿的解读,该诗旨在表明"棋贪必败,怯又无功。羸形暗去,则不贪也;猛势横来,则不怯也。周伏柱喻不贪,霍嫖姚以喻不怯"。千百年来,由对围棋的认识而引发的哲学思考不绝如缕,见仁见智,对为人、做官无不具有莫大启迪。宋朝"善弈棋"的潘慎修将棋之道概括为"在乎恬默,而取舍为急",认为"仁则能全,义则能守,礼则能变,智则能兼,信则能克,君子知斯五者,庶几可以言棋矣"。

相对于人,阿尔法狗没有丝毫情感,莫说"知斯五",便是其一亦不会。但通过人机大战,人类对围棋的认识势必会再进一步、更深一层,会开辟出新的视角,虽然阿尔法围棋团队已经宣布阿尔法狗将不再参加围棋比赛。

2017 年 5 月 30 日

野游

6月1日起,修订后的《安徽省旅游条例》正式施行。根据该条例的规定,旅游组织者和个人不得在禁止通行、没有道路通行的区域开展风险性较高的活动,一旦被困要求救援,旅游活动组织者以及被救助人不仅需要自掏腰包承担相应费用,还有可能面临罚款。条例很有现实针对性,针对的是所谓"野游"。最近几年,自以为挑战自然实则"无专业水平、无管理、无约束"的野游,在国内颇有大行其道之势,正像上世纪80年代热闹一时的×江×河漂流,没有或极少专业知识,鲁莽地冒险而已。

从前也有这种现象。《资治通鉴》卷第一百二十二载,谢灵运就是"好为山泽之游,穷幽极险"。《宋书》亦说他"寻山陟岭,必造幽峻,岩嶂千重,莫不备尽"。当然了,他不会被困,因为跟着他的有几百人,有次"自始宁南山伐木开径,直至临海",动静太大,至于"百姓惊扰,以为山贼"。徐霞客也喜欢野游,其《游天台山日记》载,尽管"路绝旅人",但他还是"赤足跳草莽中,揉木缘崖,莲舟不能从。暝色四下,始返"。《游雁宕山日记》载他神往雁湖,然"导者告退",因为"湖在西腋一峰,尚须越三尖",而"越一尖,路已绝;再越一尖,而所登顶已在天半"。上去之后,下不来了,"踌躇崖上,不敢复向故道。俯瞰南面石壁下有一级,遂脱奴足布四条,悬崖垂空,先下一奴,余次从之,意可得攀援之路。及下,仅容足,无余地。望岩下斗深百丈,欲谋复上,而上岩亦嵌空三丈余,不能飞陟。持布上试,布为突石所勒,忽中断。复续悬之,竭力腾挽,得复登上岩"。诸如此类的行为,在徐霞客其他日记中也都不难读到。

徐霞客野游是为了探索大自然,遂其"大丈夫当朝碧海而暮苍梧"之志,因此他的游记为后人留下了珍贵的地理考察记录。谢灵运那种则不然。其为永嘉太守,"既不得志,遂肆意游遨,遍历诸县,动逾旬朔,民间听讼,不复关怀。所至辄为诗咏,以致其意焉"。虽然他在客观上发明了若干野游的装备,如李白笔下"上山则去前齿,下山去其后齿"的"谢公屐",但他的行为终究属于不务正业,最后被杀头,与那次伐木开径的野游有很大关系,会稽太守孟顗因此告了他一状,"表其有异志,发兵自防"。当然了,前提也是二人有隙,因为孟顗"事佛精恳,而为灵运所轻",灵运说他"得道应须慧业文人,生天当在灵运前,成佛必在灵运后",令孟"深恨此言"。

关于韩愈是否曾经野游遇险,千百年来成为一件争论不休的公案。公案肇始于李肇《国史补》:"韩愈好奇,与客登华山绝峰,度不可返,乃作遗书,发狂恸哭。华阴令百计取之,乃下。"此段文字即出,一派认为有这回事,如邵博、胡仔、严有翼等;一派认为根本没这回事,如沈颜、谢无逸等。有趣的是,双方依据的都是韩愈《答张彻》诗,"洛邑得休告,华山穷绝陉。倚岩睨海浪,引袖拂天星"云云,尤其是说自己"悔狂已咋指,垂诫仍镌铭"。邵博读了,"可信《国史补》不妄";胡仔读了,"则知肇记为信然,而沈颜为妄辨也";严有翼并非说说而已,他有论证:"谢无逸谓李肇之言,为不合于理。其论韩退之登华山穷绝处,下视不可返,则发狂恸哭,此尤不足信。虽妇人童子,且知爱其身,不忍快一时之欲,以伤其生。呜呼,而谓退之贤者为之邪?观其贻书谏张仆射云:'驰马击球,犹恐颠顿,而至于殒命。'使退之妄人也,则为此言而可;若诚贤者也,则必能践其言,其不肯穷筋力,登高临深,以取危坠之忧,亦明矣。岂肇传之误也?何其信退之之不笃也?"他觉得,谢无逸说这些,"谓之爱退之可也,谓之熟退之之文,则未也。观此,则发狂恸哭,不可谓之无也。肇书此于《国史补》,盖实录耳。岂无逸未尝见退之之诗乎?"说来说去,立论还是那首《答张彻》。

《全唐诗》在《答张彻》中注曰:"沈颜遗李肇书,谓退之托此以悲世人登高而不知止,且示戒焉。"沈颜是不认同派的代表人物,他实际上是跳出《答张彻》看问题。其《聱书》云:"吁!是不谕文公之旨邪?夫仲尼之悲麟,悲不在麟也;墨翟之泣丝,泣不在丝也。且阮籍纵车于途,途穷辄哭,岂始虑不至邪?"在他看来,韩愈该诗"盖假事讽时,致意如此尔。前贤后贤,道岂相远?文公愤趣荣贪位者,若陟悬崖,险不能止,俾至身危蹜蹴,然后叹不知税驾之所,焉可及矣!悲夫!文公之旨,微沈子,几晦乎?"他觉得,只有他才读懂了韩愈的用意。清朝张景州之"君不见华山绝径退之哭,高处须防一失足",算是光大沈颜的见解了。

安徽省旅游局在发布条例时表示,制定该条例的目的是为了震慑,不让驴友轻易进入没有开发的区域,承担一定比例的救援费用而非全部。驴友野游遇险乃至遇难、地方组织大量人力救援的消息,如今此伏彼起,产生的天价救援费用谁来承担的问题,每每引起争议。驴友遇险后进行救援确是政府天经地义的事情,但这种不听规劝而对公共资源造成的浪费,由遇险者适度支付也合情合理。安徽这个条例的出台,很有积极意义。

2017 年 6 月 3 日

赌博

5月29日香港媒体报道，新加坡某赌场一纸诉状将中国乒乓球女队主教练孔令辉告上香港高等法院。大致是说，孔令辉作为该赌场的顾客，在2015年2月19日向原告借取了100万坡元，直到现在孔令辉只还了54.5万多，要求法庭责令孔令辉还清余款。事件爆出后，孔令辉马上通过个人微博表示，欠资事件乃是亲友与赌场的纠纷，自己只是帮忙取筹。真相如何，自然尚需拭目以待。

赌博，是用钱物作注以比输赢的一种娱乐活动。有专业人士研究，赌与博两字连用，是唐宋以后的事，然行其实者历史悠久，光是名堂就五花八门，樗蒲、呼卢、关扑、长行什么的，数不胜数。至于明朝胡应麟所说李清照《打马序》"所举当时搏戏，又有打揭、大小猪窝、族鬼、胡画、数仓、赌快"等等，"今绝不知何状"的就更多了。杨明照先生认为，如樗蒲一类古之博戏，"早已被淘汰，其制其术，无须再为详考也"。不过，了解了解，认识一下古人日常生活的侧面，也不失为一种趣味。

樗蒲与呼卢是一回事，就是掷骰子。李肇《国史补》云其玩法，"三分其子三百六十，限以二关，人执六马，其骰五枚，分上为黑，下为白。黑者刻二为犊，白者刻二为雉。掷之全黑者为卢，其采十六;二雉三黑为雉,其采十四;二犊三白为犊,其采十;全白为白,其采八"云云。掷到五子全黑的叫"卢",属头彩。掷者无不希望能得全黑,加上一般都是且掷且喝,赌博因之又称为"呼卢喝雉"。《晋书·刘毅传》载,刘毅"与刘裕协成大业,而功居其次",很不服气,至于"每览史籍,至蔺相如降屈于廉颇,辄绝叹以为不可能也"。有次"于东府聚樗蒱大掷,一判应至数百万,余人并黑犊以还,唯刘裕及毅在后",刘毅先掷得雉,很高兴,但嘴上说:"非不能卢,不事此耳。"到刘裕了,"四子俱黑,其一子转跃未定",刘裕"厉声喝之,即成卢焉",硬是绝杀了刘毅。这个半真半假的记载,自然是要坐实成为南朝宋开国皇帝刘裕的英明。

赌博中还有一种关扑,比较有趣,那是以商品为诱饵赌掷财物,就是如果看中了某件商品,可以照价付钱,也可以下点儿注来赌,赢了东西拿走,输了把钱留下。宋朝人很爱玩儿关扑。苏轼反对王安石变法,其中一个理由是:"又官吏无状,于给散(青苗钱)之际,必令酒务设鼓乐倡优,或关扑卖酒牌子,农民至有徒手而归者。"《宋刑统》虽然明确"诸博戏财物者各杖一百,赃重者各依已分,准盗论。其停止主人及出九和合者,各如之",然对关扑,却是网开一面。《东京梦华录》云:"正月一日年节,开封府放关扑三日。士庶自早,互相庆贺,坊巷以食物、动使、果实、柴炭之类,歌叫关扑。"届时,举凡"冠梳、珠翠、头面、衣着、花朵、领抹、靴鞋、玩好之类",均可关扑。寒食、冬至时也是这样,"官放关扑,庆祝往来,一如年节"。赵彦卫《云麓漫钞》佐证了《东京梦华录》的说法:"惟元正、冬至、寒食三节,开封府出榜放三日。"赌博嘛,碰运气的成分居多。洪迈《夷坚志》补八"李将仕"条云,有持永嘉黄柑过门者,李将仕"呼而扑之,输万钱,愠形于色",气得他说:"坏了十千,而一柑不得到口。"《能改斋漫录》云,章得象与丁谓两个达官某年寒食节也玩了回关扑,章赢了,"丁翌日封置所负银数百两归公"。第二年寒食节两人又玩儿,这回章输了,丁则马上要钱,章"即出旧物以偿之。而封缄如旧,尘已昏垢",结果丁"大服其量"。为何佩服,不言自明。

赌博之危害人所共知。"呼卢喝雉连暮夜,击兔代狐穷岁年"(陆游),浪费时间还只是一方面,另一方面在于后果:轻的,"胜贵欢悦,负者沈悴"(马融《樗蒲赋》);重的,"有通宵而战者,有破产而输者"(李肇《国史补》),乃至"廉耻之意驰,忿戾之色发"(韦昭《博弈论》)。所以,历来有识之士对赌博都嗤之以鼻。葛洪《抱朴子外篇·百里》谈及"选之者既不为官择人,而求之者又不自谓不任"时列举了几种情况,"或有秽浊骄奢,而困百姓者矣;或有苛虐酷烈,而多怨判者矣;或有暗塞退愦,而庶事乱者矣",接着也说到了"或有围棋樗蒲,而废政务者矣;或有田猎游饮,而忘庶事者矣"。东晋陶侃为官,"终日敛膝危坐,阃外多事,千绪万端,罔有遗漏。远近书疏,莫不手答,笔翰如流,未尝壅滞。引接疏远,门无停客"。他常跟手下人讲这个道理:"大禹圣者,乃惜寸阴,至于众人,当惜分阴,岂可逸游荒醉,生无益于时,死无闻于后,是自弃也。"因此,手下"诸参佐或以谈戏废事者,乃命取其酒器、樗蒲之具,悉投之于江,吏将则加鞭扑"。在陶侃眼里:"樗蒲者,牧猪奴戏耳!"牧猪奴戏,也因此成为对赌博的鄙称。

孔令辉被赌场追债事发之时,其本人正在德国带领中国女队参加第54届世乒赛。中国乒乓球协会旋在官网发布消息,认定孔令辉的相关行为已经严重违反国家公职人员管理相关规定和纪律要求,决定暂停孔令辉中国女乒主教练的工作,立即回国接受调查。这个决定值得为之击掌。

2017 年 6 月 10 日

石榴

上个双休日去珠海待了两天。忽然注意到,自家"倚海苑"小区里的水果树品种不少,黄皮、大蕉、木瓜、石榴等等。所以引起了注意,在于它们都呈现出"丰收"的迹象,果实累累的石榴,表皮已然微红,瘤状突起部分已然全红。

石榴,原名安石榴,外来物种。晋张华《博物志》云:"汉张骞出使西域,得涂林安石国榴种以归,故名安石榴。"《西京杂记》云,"初修上林苑,群臣远方,各献名果异树",其中有"安石榴十株"。张骞出使西域,是武帝建元二年(前139)的事;武帝重修上林苑,是建元三年(前138)的事。时间逻辑上看,自然是成立的。不过,《史记》《汉书》都说得分明,匈奴"留骞十余岁,与妻,有子",困住了,当时回不来,那么种子在第二年便不可能出现在上林苑。然后来者皆沿袭此说。东魏贾思勰《齐民要术》借陆机之口云:"张骞为汉使外国十八年,得涂林。涂林,安石榴也。"唐封演《封氏闻见记》亦云:"汉代张骞自西域得石榴、苜蓿之种,今海内遍有之。"如此等等。看起来,《博物志》与《西京杂记》必有一误,后书的作者是谁至今也并未有定论,或为葛洪整理时添加的内容。

《齐民要术》还有"栽石榴法",说农历三月初,"取枝大如手大指者,斩令长一尺半,八九枝共为一窠",把下方两寸烧一烧,以防汁液流失;挖一个深一尺七寸、径一尺的圆坑,把枝条竖立在坑内,排列均匀,在插入的枝条之间放置枯骨和石子,然后填土,一层土、一层骨石来填满,再"水浇常令润泽。既生,又以骨石布其根下,则科圆滋茂可爱"。《宋史·五行志》还提到一种种法,没这么复杂,说汉阳那里"插榴枝于石罅",即"秀茂成阴,岁有花实"。这是怎么回事呢?原来"郡狱有诬服孝妇杀姑,妇不能自明",她就把"髻上华(花)"交给行刑的人,让他插在石头缝隙:"生则可以验吾冤。"于是,发簪榴花果然就长成了石榴树。这实际上是则神话故事,与窦娥之六月飞雪异曲同工。

石榴是一种水果。用《酉阳杂俎》的话说,"石榴甜者谓之天浆",且举例云:"南诏石榴子大,皮薄如藤纸,味绝于洛中。"《启颜录》里有个笑话:隋朝郑元昌嫁女,"送女入京"。亲家的酒席上摆着石榴,元昌不认得,"取其一颗,并皮食之,觉其味极酢涩",说这东西好像没熟啊,逗得大家哈哈大笑。郑元昌乃山东望族,为什么却不认得石榴,此不细究。婚宴上摆石榴,自然是冀望多子的寓意,这一民俗的历史相当悠久,绵延至今。《北齐书·魏收传》已有记载。安德王高延宗纳李祖收女为妃,"后帝(高洋)幸李宅宴,而妃母宋氏荐二石榴于帝前",高洋问大家给我石榴是什么意思,结果都不知道,就把石榴随手给扔了。还是魏收懂得多,他说:"石榴房中多子,王新婚,妃母欲子孙众多。"高洋听了大喜,赐其"美锦二匹"。

对石榴这种水果的评价,自然也会见仁见智。《西溪丛语》云,"予长兄伯声尝得三十客:牡丹为贵客,梅为清客,兰为幽客,桃为妖客,杏为艳客",其中,视"安石榴为村客",没大看得起。李渔则不然,其《闲情偶寄》云,自己的"芥子园之地不及三亩",但也有四五株石榴,"是点缀吾居,使不落寞者,榴也;盘踞吾地,使不得尽栽他卉者,亦榴也。榴之功罪,不几半乎?"相形之下,李渔的评价算是比较客观了。《陔余丛考》引《涌幢小品》云,以吏员起家、官至尚书的徐晞某次回乡,"郡守率诸生迎之",但那些学生"以其非文学出身,颇偃蹇",徐晞就出一个上联:"劈破石榴,红(黉)门中许多酸子。"学生们对不上来,徐晞就自己对曰:"咬开银杏,白衣里一个大人(仁)。"黉门,学校的代称。白衣,非科甲出身当官的人。这样,徐晞的用意就很明白了,以石榴之酸,来讽刺这些还没走出校门就已是那种味道的文人。

石榴的衍伸,最著名的该是"拜倒在石榴裙下",亦即男人被美色所征服。石榴裙,即红裙。梁元帝《乌栖曲》中有"交龙成锦斗凤纹,芙蓉为带石榴裙",武则天《如意娘》诗中有"不信比来长下泪,开箱验取石榴裙",说的都是这种颜色的裙子。唐朝裙的颜色以红、黄、绿为多,红裙即石榴裙早成了诗词用语中的常客,杨贵妃则喜欢穿黄裙。《新唐书·五行志》载:"天宝初,贵族及士民好为胡服胡帽,妇人则簪步摇钗,衿袖窄小。杨贵妃常以假鬓为首饰,而好服黄裙。近服妖也。"一种观点认为,这和杨贵妃喜欢道教有关系,因为黄色是道教认可的一个颜色。《南部新书》云:"白乐天任杭州刺史,携妓还洛,后却遣回钱唐。故刘禹锡有诗答曰:'其那钱唐苏小小,忆君泪染石榴裙。'"这里的石榴裙,便与"拜倒"庶几近之了。

"风霜历后含苞实,只有丹心老不迷。"陈廷敬《石榴子诗》中的句子,这是他忠心许国的自我表白,移植于一个人专注某项事业,也恰如其分。

2017年6月19日

夏至

今天是夏至。"昼晷已云极,宵漏自此长。未及施政教,所忧变炎凉。"韦应物的《夏至避暑北池》,诗意地道出了夏至是我们所在的北半球一年中白昼最长、黑夜最短的一天。后两句,当然属于借题发挥了。

夏至这天的最显著天象,众所周知是太阳几乎直射北回归线,也就是太阳在一年中所能达到的北半球最高纬度。夏至过后呢,太阳直射点开始逐渐向南移动,北半球白昼于是开始逐渐变短,夜晚开始逐渐变长。到冬至的时候达到极限,套用韦氏话说就是"宵漏自此短"了。到了冬至,太阳则几乎直射南回归线;那之后,太阳直射点又开始逐渐向北移动,昼夜的长短也正好颠之倒之,北半球白昼开始逐渐变长,夜晚开始逐渐变短。夏至、冬至,冬至、夏至,就这样周而复始,循环不已。

北回归线穿越广东,据说广东的北回归线地理标志数量因之拿了世界之最——最多的省份,封开、汕头和从化都有。封开那个又拿了我国大陆之最——最早建成。上世纪80年代末90年代初,我曾在封开县罗董镇"劳动锻炼",记得先在县城江口镇报到,吃完午饭就迫不及待地跑去西江岸边去看那座北回归线标志塔。可惜的是其时近秋,夏至早过,没能领略到"立竿无影"的奇妙感受。成语"立竿见影"是说把竹竿竖在太阳光下可以立刻看到影子,比喻收效迅速;然而在北回归线上,在夏至这一天的某个时刻,这成语则完全不能成立。古人当然也知道这一点。不过,《广志绎》云:"周公测景台在登封五十里村中,旧郜县也,对箕山许由冢,有所遗量天尺存,其所竖小石碑,果夏至日中无影。"又云:"唐颜鲁公又于汝宁城北小阜立天中山碑,亦谓夏至无影。"登封、汝宁,今皆隶属河南,离北回归线有不小的距离,则那两地的夏至无影便颇为费解。

包括夏至在内的二分二至,是二十四节气中最早被确定的节气。研究指出,公元前7世纪,我们的前人采用土圭来测日影,就已确定了夏至。至,按《汉学堂经解》所集崔灵恩《三礼义宗》的说法,有三个意思:"一以明阳气之至极,二以明阴气之始至,三以明日行之北至。故谓之至。"夏至还有个名字叫"日长至",孔颖达说:"长至者,谓此月之时日长之至极。"古人相当重视这一天。《周礼·春官》载:"以冬日至致天神、人鬼,以夏日至致地示物魃。"郑玄说:"百物之神曰魃。"《史记·封禅书》转引《周官》亦云:"夏日至,祭地祇,皆用乐舞。"可见周代在夏至这天还要祭神呢。

与此同时,在不同的朝代、不同的地方,夏至日有着不同的民俗。南朝记录荆楚地区岁时活动的《荆楚岁时记》云:"夏至节日,食粽。"届时,"人并以新竹为筒粽。练叶插五彩系臂,谓为长命缕。是日,取菊为灰,以止小麦蠹。"有意思的是,该书在介绍"端午"的时候只说"是日竞渡",却没有提到要吃粽子。而在隋杜台卿的《玉烛宝典》里,竞渡干脆也是夏至日的娱乐活动。综合其他一些史料,端午节的风俗很可能源自夏至日的风俗,此不展开。《酉阳杂俎》云:"北朝妇人,常以冬至日进履袜及靴……夏至日进扇及粉脂囊,皆有辞。"《辽史·礼志六》讲到大辽"岁时杂仪",可窥这一民俗还在延续:"夏至之日,俗谓之'朝节'。妇女进彩扇,以粉脂囊相赠遗。"《清嘉录》讲到苏州民俗:"夏至日为交时,日头时、二时、末时,谓之'三时',居人慎起居、禁诅咒、戒剃头,多所忌讳。"《土风录》记载的是江南一带民俗,其引卢熊《府志》云:"夏至食李,以解注夏之疾。"又引《南郭志》云:"夏至用蚕豆、小麦煮饭,名'夏至饭'。戒坐户槛,云犯得注夏疾。"注夏,一种说法是"注"为"蛀",即"入夏不健,如树之为虫蛀也",总之是不大舒服的意思吧。《广东新语》顾名思义,关乎广东民俗:"夏至磔犬御蛊毒,农再播种,曰晚禾。"还有句俗谚,叫作"冬至鱼生,夏至犬肉",是说夏至这天要吃狗,现在也还有不少人秉承这种风俗吧。

  《晋书·乐广传》有"杯弓蛇影"的故事。说有个宾客好久不来了,乐广问怎么回事,宾客说上次在你那里喝酒,"方欲饮,见杯中有蛇,意甚恶之,既饮而疾"。乐广想起来了,当时墙壁上"有角,漆画作蛇",恐怕"杯中蛇即角影也",乃"复置酒于前处";再问他在杯里还能看到蛇不,答曰"所见如初"。于是乐广"告其所以,客豁然意解,沈疴顿愈"。杯弓蛇影,后用以比喻因疑虑而引起恐惧。此前,东汉应劭《风俗通》已经说到类似之事,关系到了他的祖父,而喝酒的日子就发生在夏至这天,所谓"予之祖父郴为汲令,以夏至日请见主簿杜宣,赐酒"。接下来的故事,将"宾客"置换成"杜宣"就可以了。不同的是,杜宣喝了之后,"其日便得胸腹痛切,妨损饮食,大用羸露,攻治万端,不为愈"。同一模板的故事,时间有先后,《晋书》应该"借鉴"了《风俗通》吧。

  再看韦应物的那首夏至诗:"公门日多暇,是月农稍忙。高居念田里,苦热安可当。亭午息群物,独游爱方塘。门闭阴寂寂,城高树苍苍。"悲天悯人归悲天悯人,该享受还是享受我的。苟如是,韦氏写出这样的句子便毫无现实意义,流露的只是洋洋自得的心态而已。

2017 年 6 月 21 日

江湖

6月23日晚上,2017国际乒联世界巡回赛中国公开赛男单第二轮比赛在成都继续举行。但是,比赛时间到了,直播的镜头也对准了一号球台,中国乒乓球男队主力队员马龙却并没有出现,按照规则等待了若干分钟之后,裁判宣布日本选手大岛佑哉不战而胜。随后,男乒的另两位大将樊振东和许昕也相继宣布退出比赛。加上之前因伤退赛的张继科,本届中国公开赛已经没有了中国男乒的身影。

为什么退赛?从涉事运动员和教练员不约而同地在微博里怀念赛前被调整了职务的原主教练刘国梁来看,是一种抗议。因而对这种退赛之举,舆论几乎是一边倒地予以赞美,莫不名之以"勇气"乃至"血性"。不过我是不认同的,相反认为倒是暴露了中国乒乓球队里的江湖习气。

关于江湖,王学泰先生归纳过三个层面:一个是大自然中的实指,一个是文人士大夫的隐居之所,再一个是游民的活动所在。第一个江湖,就是《庄子·大宗师》"相濡以沫,不如相忘于江湖"那种,这也是"江湖"概念的最早出处。按照陈鼓应先生的译文,困在陆地上的鱼,与其用口沫互相湿润,倒不如在江湖里彼此相忘。《史记·货殖列传》云"范蠡既雪会稽之耻……乃乘扁舟浮于江湖",范蠡此举虽有超然避世的意味,但这个江湖仍然是地理学意义上的。《国语·越语》直云范蠡"遂乘轻舟以浮于五湖",五湖,彼时即专指太湖或其附近的湖泊。

第二个江湖,如《南史·隐逸传》开篇所云,不得意的文人士大夫,"有入庙堂而不出,徇江湖而永归。隐避纷纭,情迹万品……或仕不求闻,退不讥俗;或全身幽履,服道儒门;或遁迹江湖之上,或藏名岩石之下"。同传中的刘凝之就是这样,"一旦携妻子泛江湖,隐居衡山之阳,登高岭,绝人迹,为小屋居之"。范仲淹名句中的"居庙堂之高则忧其民,处江湖之远则忧其君",说的也是这种江湖。

至于第三种,就是《水浒》的那种,金庸先生"笑傲"的那种。陈平原先生指出,不得意的文人武士都可能"落魄江湖",可"江湖"只是他们出仕前暂时的栖身之处,只有侠客才真正完全属于江湖,也只有武侠小说才将"江湖"的文化意义表现得最为充分。中国乒乓球队如果的确有江湖习气的话,正属于第三种,也是我们提及江湖便本能想到所指的那种,虽然中国乒乓球队组织严明,绝非游民社会。

对游民社会的江湖,李慎之先生如此概括:中国有两个传统,大传统是孔夫子,小传统则是关二爷。大传统是主流社会,核心是"忠";小传统就是江湖社会,核心是"义"。义,是连接江湖小共同体的纽带。江湖讲究义气,因之也形成了一定的江湖习气。儒家倡导的"仁义礼智信"等伦理五常,被他们抛去了排在头一个的"仁",因为他们在许多时候需要心狠手辣,需要杀人越货。当然了,对自己的这类行为,他们用一句"人在江湖,身不由己"便可以轻描淡写地带过。

传统四大名著中的两部都是以"义"为主题,占去了一半。

《三国演义》开篇即刘关张"宴桃园豪杰三结义";《水浒传》更以"义"为纽带,相貌、武艺均不堪一提的宋江,在江湖上最负盛名的就是"义气"。后来的水泊梁山也是"八方共域,异姓一家。……其人则有帝子神孙,富豪将吏,并三教九流,乃至猎户渔人,屠儿刽子,都一般儿哥弟称呼"。虽是文学作品,但均有史事所本,《三国志》云刘关张"寝则同床,恩若兄弟"。《宋史·徽宗本纪》载:"宣和三年(1121)二月……,淮南盗宋江等犯淮阳军,遣将讨捕;又犯京东、江北,入楚、海州界,命知州张叔夜招讨之。"《张叔夜传》载:"宋江起河朔,转略十郡,官军莫敢撄其锋。"又《侯蒙传》载,侯蒙上书"(宋)江以三十六人横行齐魏,官军数万无敢抗者"。那首传承的"去时三十六,归来十八双,若是少一人,誓死不还乡"民谣,更鲜明地道出了"义"的成分。实际上,《西游记》里的孙大圣也颇有些江湖人士派头。他被"招安"到天宫后,"闲时节会友游宫,交朋结义。见三清,称个'老'字;逢四帝,道个'陛下'。与那九曜星、五方将、二十八宿、四大天王、十二元辰、五方五老、普天星相、河汉群神,俱只以弟兄相待,彼此称呼"。

但江湖人所讲的"义",仅仅局限于他们的小圈子里,他们把义气作为判断一个人是否自己人的一个标志,也就是"只讲敌我,不讲是非,只讲兄弟,不讲对错,效忠于小共同体"。所以李逵劫法场的时候,眼里只有宋江,不问官军百姓,"一斧一个,排头儿砍将去",毫无理性,连晁盖都看不过眼,叫道:"不干百姓事,休只管伤人!"

所以说乒乓球队有江湖习气,端在于也是"义气"用事。倘若中国乒乓球机构改革果真存在不可告人的成分,运动员在赛后的采访中完全可以把问题披露出来,这才是"血性"的表现。现在这样,只能说对不起观众,对不起像我这样的正在期待能够欣赏世界顶级赛事的乒乓爱好者。还是王学泰先生的话一语破的:"'义气'实际上是隐性社会的人们对抗主流社会的一种武器,然而现在主流社会的人们也在用。"

2017 年 6 月 27 日

香港

弹指间,香港回归整整 20 年了!1997 年 2 月我入职南方日报社后执笔的第一篇社论,就是当年 6 月 28 日发表的《携手迈向新纪元——热烈祝贺香港回归祖国》。香港回归,如同文中所云:"标志着中国人民结束了百年的屈辱历史。"

从 1842 年《中英南京条约》"准将香港一岛给予大英国君主暨嗣后世袭主位者",到 1860 年《中英北京条约》割让九龙半岛界限街以南地区,再到 1898 年《展拓香港界址专条》的"展扩英界,作为新租之地……以九十九年为限期",香港如何沦为殖民地的步骤相当清晰。法国人德巴赞古记录了《北京条约》签订时的一个场景,英方签约人额尔金对中方签约人恭亲王奕䜣全然一种傲慢态度,目的是"要使中国感到:中国所签订的不是一个和约,而是一个征服的条约"。

像历史上的诸多屈辱一样,香港被割让照例由"奸臣"来背负罪名,代表人物就是琦善。传统观点认为,1841 年 1 月 20 日,正是琦善擅自与人家拟订《穿鼻草约》,才有 26 日英军强占香港。事实上,这个草约中英政府都没有予以认可,这边还因此将琦善革了职,那边将义律革了职。但是,仍不妨碍时人和诸多后人认为香港与祖国骨肉分离是琦善"擅许英逆"的结果。

证据似乎确凿。道光二十一年（1841）二月，广东巡抚怡良《奏英强占香港并出伪示折》云，大鹏协副将赖恩爵告诉他收到了英人照会，"系收香港地方，令内地撤回营汛等情"，他"接阅之下，不胜骇异"，说义律"指称钦差大臣琦善与之说定让给，实为骇人听闻。该大臣到粤如何办理，虽未经知会到臣，然以事理度之，亦万无让给土地人民，听其主掌，如该逆所称已有文据之理。既无从悉其真伪，彷徨夙夜，心急如焚"。梁廷枏《夷氛闻记》道出了怡良奏折的前因后果："正月，义律、伯麦合出新伪示，张于新安赤柱，晓其居民，称：'尔总督琦善将香港地方让给英国，存有文据，是居香港者为英国子民，事须禀英官治理。'复以此语照会大鹏营副将赖恩爵，恩爵以呈怡良。则徐闻而发指，劝怡良实奏，谓：'人民土地皆君职，今未奉旨而私予叛逆之夷，岂宜缄默受过。'"林则徐在日记中也颇多暗示，如道光二十一年正月初五，"闻是日琦爵相在狮子洋边之莲花城大宴英逆……设满汉四宴，逆夷上座……食毕该逆夷等俱至爵相帐前称谢，乃忽大演枪炮，继以鼓吹，始登舟去，义律与马礼逊至爵相舟中私语移时"。正月初七又云："闻昨日爵相又与逆夷相晤移时。"

琦善自己又是怎么说的呢？道光二十年（1840）十二月，身为两广总督的他，在《奏英人强索香港拟准在厦门福州通商折》称，英夷"所垂涎者，一系粤省之大屿山，一系海岛，名为香港，均在老万山以内，距澳门不远。伏查大屿山袤延数百里，地居险要，早经建筑炮台，亦有守备。即香港亦宽至七八十里，环处众山之中，可避风涛，如或给予，必致屯兵聚粮，建台设炮，久之必觊觎广东，流弊不可胜言"。因此，经"再四思维"，琦善建议"于广州之外，再就福建之厦门、福州两处，准令通商……庶使该夷不得逞志"。道光帝朱批："愤恨之外，无可再谕。"次年正月，琦善又奏《英人愿将定海交还沙角献出恳求香港泊舟寄居折》,称英夷"情愿将定海交还……并将粤东之沙角炮台献出",作为回报,求琦善"代为吁恳天恩,自道光二十一年起,准其仍前来粤通商,并请仿照西洋夷人寄居澳门之例,准其就奥东外洋之香港地方泊舟寄居"。在琦善看来,自从我们断了他们的鸦片贸易后,"以懋迁为务"的他们,"举国无以为生,并以该国距此数万里,航海而来,动辄经年越岁,抛撇乡井,隔离骨肉,情可矜悯"。被革职之后,琦善《奏查明香港地势及现在筹办情形折》云,他先前只是"佯允(英之)所请",本着"可缓即缓"的出发点,"仅许其请给寄寓一所,并无全岛字样",而香港"只系全岛中之一隅",具体来说,香港"东西约十里,南北约五里",而"若就全岛而论,东西约长五十里,南北约宽二十里"。关键是,琦善《续筹防堵英船并酌拟章程底稿》的第一条就写着:"既经奏请大皇帝恩旨,准令英吉利国之人仍前来广通商,并准就新安县属之香港地方一处寄居。"归根到底,是英人对香港"先行占据,擅出伪示"。

道光在怡良奏折之后,认定"琦善擅与香港,擅准通商",因有"著即革职锁拿,押解来京严讯,所有家产查抄入官"之谕。但旋即又认为琦善"冒重罪之名,委曲从权,朕已鉴此苦衷",表明已为琦善开脱了罪名。茅海建先生《天朝的崩溃》指出:"近人的研究表明,琦善未与英方达成任何有关香港内容的条约或协定。"他同时认为,中国传统史学、哲学中有一种"奸臣模式",具有掩护君主、掩护道统的功能,就是因为"奸臣"欺蒙君主,滥用职权,才致使国运败落。具体到每一次战役的失败,也无不是"奸臣"作祟的结果。如《李星沅日记》认为"浙事坏于裕谦,粤事坏于琦善,闽事坏于余保纯"。梁章钜则云:"此次开门揖盗,咎在琦善……此后香港一节,尚不知作何收拾。"

作何收拾,1997年7月1日凌晨,答案已经正式揭晓。

2017年7月2日

香港(续)

"香港地方,岂容给与逆夷泊舟寄住,务当极力驱逐,毋为所据,即使该夷将来畏罪交还香港,亦俟届时奏明请旨。此时惟有整我师旅,悉数歼除,是为至要!"从道光帝1841年2月15日令靖逆将军奕山、参赞大臣隆文、杨芳"一意进剿"的上谕中,可以看到,自香港被割让一开始,他就试图收回,然而在积贫积弱的时代,只能是嘴上说说而已。梳理《筹办夷务始末(道光朝)》中的各种奏折、廷寄之类,可以看出他关于香港回归这一未竟梦想的大概。

道光帝的决心,应该来自对大臣们上报的种种基层信息的研判。如梁章钜抄录的《广东义民告英人说帖》,认为广东百姓"现已众志成城,与英夷势不两立",当责成地方大员,"认真团练乡勇,以收复香港为首务"。钦差大臣裕谦说得更详细:"调川、黔劲兵,皆长陆战,守则有余,至于乘夜出洋,烧击夷船及攻剿香港,则究不如本地水勇之得力……以其习水土而熟贼情也。"裕谦还从对方那里找到了依据,说有一本"英商用夷字记载见闻"的《番鬼录》,为"近年粤东通事用汉字译出"(译名《华事夷言》),"系该夷本国自相告语之词,故于鸦片之数目,走私之情节,一一直言不讳",最后说道:"中国之人,柔弱不善战,水师军器皆不中用;惟广东岸上粗工力作之人,及水中营生之人,勇壮有力,欧罗巴人皆不能及,若拣充兵丁,可谓精兵。"因此,他主张悬示赏格,杀了义律赏多少银圆,杀一白夷或黑夷又是多少,明码标价;与此同时,"召募水勇,多多益善",因为香港孤悬洋面,"淡水食物,断不能供赡数千逆夷。该夷船游奕已逾半年,所带粮饷,亦必将告匮,只要我兵严守口岸,不令驶近,不过数旬,不难制其死命"。在其他大臣的奏折中,常有动辄烧毁夷船多少、杀死夷兵多少的"辉煌战绩",仿佛英国人根本就是不堪一击,只是我们没有击,琦善他们贻误战机甚至从中捣乱而已。

1841年3月,靖逆将军奕山尚在南来途中,道光帝即给其下达了"即使香港并非险要亦必设法赶紧收回,断不准给予该夷,致滋后患"的命令。此后,类似的上谕可谓接二连三。5月,有"所有前经该夷占据之香港,并现在寄泊之尖沙嘴穿处地方,均著该将军等于进剿得手后,全将该夷驱逐,各地尽行收回"。7月,有"著奕山等不时密探,该夷在彼有无另蓄诡谋,作何举动,随时防范,无稍疏虞。将来如有可乘之机,必应将该地方设法收复,方成事体"。8月,有"香港地方,系属中国土地,断不准因琦善有准给寄居之说,任其阴图盘踞。至汉奸通夷助逆,最为可恨!……祁𡊮、怡良系该省督抚,尤属责无旁贷,其应如何收复香港,如何解散汉奸,务须和衷商办,斟酌万全,以副委任"。接着,得悉"飓风打碎英人房寮马头并漂没船只"之后,又有"香港一带,该夷无可栖身,著即赶紧收复,暂时派兵看守"。等等。奕山等人也是信心爆棚,在8月的奏折中甚至声称"以现在香港而论,克复尚不甚难"。

但到了1842年2月英国政府机关移往香港,道光帝生气了:"奕山等自派委办夷务以来,已及年余,何于此事竟全无把握?自古用兵之道,无论或战或守,皆必确有把握,乃能迅速奏功。若如奕山所奏,既称香港不能不取,何以又云必须能守而后能战?……似此游移不定,徒以坐拥重兵,每月糜费军需三十余万,毫无裨益,何所底止!"他直接警告奕山:"若再徒托空言,支吾搪塞,自问当得何罪。"地方大员迟迟没有实质动作,他恐怕仍然是认为自己用人不当吧。因而5月,道光帝令耆英仍带钦差大臣关防驰赴广州将军之任时,谕之"查明省河虎门各工并筹办收复香港"。又谕军机大臣等:"至香港地方,岂容逆夷久据,现在广东炮台等工,如已妥为豫备,正可乘机进取,明攻暗袭,收复香港,以伸国威,即著责成该将军一力筹办,毋负委任。"然而7月的廷寄《密谕耆英乘间派陈志刚与英人议和》,道光帝已全然另一种态度,要陈志刚去和英国人谈判,有意思的是要求他"作为己意,谕以大皇帝恩威并重"。叫陈志刚说些什么呢?"如果能将各船全数退回广东,即刻罢兵,我必奏明大皇帝,将香港一处,赏给尔国堆积货物,与中国照常贸易"。

值此,从信誓旦旦地"收复"到无可奈何地"赏给",可以说道光帝默认了英军强占香港的既成事实。纵观整个"收复"乃至两次鸦片战争的全过程,我们那些前线官员的表现要么虚张声势,要么狂妄无知,色厉内荏,到最后都是"卤煮寒鸭子——肉烂嘴不烂"。1842年8月《中英南京条约》签订之时,耆英在奏折中终于承认:"该夷船坚炮猛,初尚得之传闻,今既亲上其船,目睹其炮,益知非兵力所制伏。"

香港终于回归祖国了,当然不是英方"畏罪交还"。20世纪80年代初,中英两国即就香港问题展开谈判。1984年12月19日,两国于北京签署联合声明,明确"中华人民共和国政府决定于1997年7月1日对香港恢复行使主权"。香港顺利回归,一个重要方面还在于我们国力的强大以及政策运用的成功,而这些在道光帝的那个时代,不是侈谈吗?

2017年7月8日

虎门

上周日到东莞虎门镇走了一趟,参观了"海战博物馆"。

虎门,在中国近代史上赫赫有名,它雄踞珠江口,是守护珠江贸易通道、捍卫广东省城的重要门户。虎门发生的事情众多:中英虎门大战,关天培、陈连陞父子壮烈殉国;《中英虎门条约》,清政府被"追加"了《南京条约》丧权辱国的条款;等等。当然,最为世人耳熟能详的事件,当推林则徐的"虎门销烟"。

时任湖广总督林则徐,是以钦差大臣身份来广东查禁鸦片的。在他的日记里,自北京动身的那一天——道光十八年十一月二十三日(1839年1月6日)——起,就简略记载了每天的行程。出发那天,"午刻开用钦差大臣关防,焚香九拜,发传牌,遂起程。由正阳门出彰仪门",规格颇高。十九年正月二十五日(1839年3月10日),抵达天字码头,登岸广州。二月二十日"酌定收缴趸船烟土章程",二十七日"赴虎门验收夷船鸦片"。此后,每日收缴烟土多少箱、多少包的字样就不断出现在日记中。对收缴上来的鸦片,瞿巍《另一只眼看鸦片战争》云,林则徐本想运往北京交给皇上处置,虽然有人算过要把这两百多万斤的东西运到北京运费要花20万两银子,但林则徐坚持要这样做,是道光帝令他就地销毁。

在销烟开始之前,林则徐搞了个仪式,"早晨祭告海神,以日内消化鸦片,放出大洋,令水族先期暂徙,以避其毒也"。道光十九年四月二十日(1839年6月3日),正式拉开销烟的大幕,"未刻消化烟土,至晚共化一百七十箱"。此后,每天销了多少都添几笔,如二十三日,"至烟池监视消化,至晡时计二百三十箱";二十四日,"化烟土一千四百余袋";等等。五月初七,还记下有个美国人先前"见有告示,奉旨销毁烟土,俾夷人共见共闻,伊等请来看视,当即传谕允准"。于是那天上午,美国人带着家眷,"同驾小船,由师船带至虎门,在池上看视化烟,并至厂前,以夷礼摘帽见,令员弁传谕训戒,犒赏食物而去"。资料上说,销烟至6月25日结束,共历时23天,实则不然。或者说,狭义的"虎门销烟"才结束于那个时间点吧。如《林则徐日记》七月初五(8月3日)又记:"晴。早晨出赴(广州)靖海门外东炮台前,同制军、抚军、司、道等煮化烟土。新砌一池,可受二百石,四隅嵌以铁锅,燃薪于外。是日所化皆潮郡解省之烟土,约二万余斤。"

"虎门销烟"无疑是近代史上影响甚巨的一大壮举。作为珠江口的门户,虎门在鸦片战争中举世瞩目,还在于它的军事地位。方濬师《蕉轩杂录》云:"番船初到时,先于虎门口外寄碇,……其在虎门以外寄泊中路各洋者,皆未入口之船。"事实上,嘉庆年间虎门便已开始大规模修建海防炮台。1834年9月英舰首次闯过虎门后,道光帝极为愤慨,朱批:"看来各炮台俱系虚设,两只夷船不能击退,可笑,可恨。武备废弛,一至如是,无怪外夷轻视也。"随后,关天培在虎门建立了三重门户的防御体系。"海战博物馆"有一幅《虎门十台全图》,沙角、威远、大虎等十炮台的方位一览无余,将江面封锁得严严实实。然而,如果敌舰不是急急忙忙地闯过虎门,而是先直接进攻炮台,则三重门户就成了三重互不关联的据点。战争中,英舰正是直接进攻炮台。博物馆"虎门之战"墙上的数字,令人不忍直视:清军兵力10000人,火炮450门;英军2000人,战舰10艘,火炮394门。然而,清军500人阵亡,大批受伤,1300人被俘;英军仅5人受伤。

去今20来年前,茅海建先生有一部《天朝的崩溃》横空出世,更新了我们对鸦片战争的诸多认识。该书旨在探讨,在那场屈辱的战争中,从国家对外方略到地方大臣政治上、军事上的作为,我们错在哪里。比如对英军的认识。像林则徐这位"开眼看世界的第一人",也认为他们至多不过是"和约夷埠一二兵船……未奉国主调遣,擅自粤洋游弈,虚张声势"。在两江总督裕谦看来,"英夷不过奸商,其所纠合,不过贩烟之匪类"。闽浙总督颜伯焘更狂妄自大:"一炮即可以灭贼,何须再装药也。"虎门"海战博物馆"所展示的,则是我们落后在哪里。全馆陈列主要采用中英双方对比的手法,军事上如比对双方战舰、火炮、枪械、炮弹制造原理、工艺技术、实战性能,乃至部队操练方式。具体到火炮差异,举凡材质差异、铸造差异、火药差异、射程差异、射速差异、射击精度差异、机动性差异究竟在哪里,都有非常详细的研究,细致程度令人啧啧称奇。这样一来,他们"船坚炮利"的那个"炮利"就非常具体形象。鸦片战争中的虎门之战,何尝不是佐证中英包括战略战术在内的军事实力差距的典型案例!

如识者所指出,如果没有鸦片,或者中国人像其他国家那样并不喜欢鸦片,中英之间依旧还会有战争。更有学者认为,如果当时有一宗能代替鸦片的有效商品,例如蔗糖浆或者大米,这种冲突就可能要称为蔗糖战争或大米战争,唯一不同处是时间早晚而已。鸦片战争令我们悟出了"落后就要挨打"的道理,但是我们一定要弄明白,我们在哪些方面落后,落后的程度如何。弄清这些并迎头赶上,历史的悲剧才不会重演。

2017 年 7 月 18 日

沙面

因为办理因公护照,周二上午去了广州沙面岛,广东省外事办公室在那里办公。沙面如今已成为著名的旅游区,景点介绍说,岛上欧陆风情建筑形成了独特的露天建筑"博物馆"。然而,围绕这些建筑,同样属于事关鸦片战争的屈辱史。

沙面在从前是租界。所谓租界,名义上其领土仍属出租国,并且自身不具备治外法权的属性,但实际上是一种变相的殖民统治区,租界内的种种特权往往严重侵犯出租国的司法主权。从鸦片战争到八国联军入侵的60年间,英、法、美、德等9国列强,在我国的上海、天津、汉口、广州等12个城市设立了30个租界,沙面是为其一,为英法控制。控制的前提,正因为两次鸦片战争。

在沙面之前,洋人、洋商主要集中在十三行地区。1854年12月,英国公使照会两广总督叶名琛,划定十三行地区外国商人居留地域,"宜限以西壕口为东界,以联兴街为西界,以河(珠江)南为南界,以十三行街为北界。凡此界内,俱属各国商人室宇房栈"。广州十三行地区因之成为继上海之后,中国第二块划界而治的外国人居留地。但1856年12月的一场大火,把这一带的许多建筑化为灰烬;加上"十三行地方不敷栖止",于是,1857年底英法联军占领广州之后,"英吉利夷酋巴夏礼、佛兰西夷酋马殿那"与广州将军穆克德讷等同至巡抚衙署面议,要求"按照和约拣择合意地基,以便商人居住"。经他们的摸底,"查有城外土名西濠及沙面两处,拟即择定一处兴工建造",后"以西濠民产居多,不欲勉强",乃选择沙面。1859年5月,英法官员正式向广东巡抚毕承昭提出租借沙面;7月,两广总督黄宗汉被迫答应了这个要求。

《筹办夷务始末(咸丰朝)》载,咸丰十年(1860)二月,广东巡抚耆龄在《奏探闻英军占据粤城地方情形折》中称,他经过调查了解,"知广东省城夷兵来去无常,现在不过一二千人。省河内添造小船数百只,每只可载数十人,时赴香港,时泊内河;并在省河扼要之沙面地方填海筑房"。填海筑房,是因为沙面这里本来是沙洲,需要填埋。但填埋工程不仅由英法责成广东当局负责,填埋费用也要由中英、中法《天津条约》中规定的600万两"赎城费"(赔偿英国400万两、法国200万两)中扣除,由即将组建的粤海关支付。因此,当年四月耆龄又奏,"英吉利、佛兰西二国共(从海关关税)提去填筑地基银八万八千三百两,即系填筑太平门外沙面地方将来拟盖洋楼之处"。七月,耆龄《奏查明粤海关提给英法各军银两原委折》,再提用关税填筑沙面地基一事,说巴夏礼称"惟填平沙面共约须银二十六万数千元,在应补两国军需项内照数扣抵",因为"该夷自入城各拥重兵,难与力争",只好这么接受了。耆龄还查明,这件事"倡议于前署抚臣毕承昭任内,督臣劳崇光到任未能挽回"。

英法为什么选择沙面?怕不是因为西濠拆迁难易的问题,而是沙面的地理位置问题:从黄埔港进入广州,这里是必经之地。用耆龄的话说,"沙面河道为外郡晋省必由之路,该(英)夷意在以沙面驻兵扼省城之吭,以观音山(今越秀山)驻兵附省城之背,是使我守备全无,得遂其挟制把持之计"。也就是说,英法相中沙面完全是出于战略诉求,与越秀山上的驻兵一道,能够控制住广州城。地基填埋工程完工后,沙面北部又开挖了一条人工河,垒以花岗石河堤,小沙洲因而变成小岛。1861年9月,英法官员分别与两广总督劳崇光正式为期99年的《沙面租借协定》,每亩地租1500钱/年,按年于9月3日缴纳,管理使用期限为99年。但与此同时,"中国政府则需放弃对该地之一切权利",沙面就此"失控"。随着英、法领事馆的搬入,两国各自的租界工部局(管理沙面的治安、行政事务)的设立,沙面俨然成为独立于广州城之外的一个外国城市。

  沙面旁边有条马路,叫作"六二三路",刚来广州的时候我还见过"毋忘此日"的纪念碑。路与碑,关联的是沙面另一段不光彩的历史。1925年6月23日,广州声援上海"五卅"的游行队伍,在路经沙面对面时遭到了英法军队的枪击,酿成了震惊中外的"沙基惨案"。直到1946年10月,广州国民政府颁布"收回沙面租界为本市辖区",并设立特别区、警察局,沙面才从英、法手中正式回归中国。

  正是因为沙面承载了那样一段历史,在早几年这里搞的首批14座城市雕塑中,片面突出了中西文化的对比和融合一面,如洋小姐向中国女子学粤曲、旧式华商捧着算盘与洋人洽谈生意、洋人夫妻注视中国老太太做女红等等,我便有些如鲠在喉,撰了篇《沙面城雕的"品种"欠缺》,指出今天我们利用当年的历史遗存,不能只是单纯地颂扬其建筑的精美与华丽,不知道其所由来,更不能不记得那曾经是自己的屈辱所在,毕竟当时的同胞为我们承受过巨大的灾难。在全国不少地方都是这样,列强的租界亦即沦为殖民者"势力范围"的地方,当年的建筑遗存都变得吃香起来,成了招徕游客的卖点。我们诚然没必要一味地纠缠于历史之中不能自拔,但也不能有意无意地忽略或淡忘历史。

2017 年 7 月 21 日

美术

继在中国美术馆展出之后,《其命惟新——广东美术百年大展》8月4日起移师广东美术馆,包括绘画、雕塑在内的500多件广东美术百年来的精品佳作集结"回家"。这是省内首次举办系统回顾并总结广东美术百年历程的大规模展览,也让人们第一次看到了广东美术百年的大师群像。展题显系出自《诗·大雅·文王》之"周虽旧邦,其命惟新",用朱熹的话说,"周邦虽自后稷始封,千有余年,而其受天命则自今始也",意谓周之使命在于革新。大展以之为主题,自信地展示了广东美术的创新精神。

美术是一种造型艺术,包括绘画、雕塑、设计、建筑等类型。河北兴隆出土过一段旧石器晚期的刻纹鹿角,阴刻了三组图案:第一组由直线、斜线和连弧纹所组成;第二组由互相平行的密集的曲线组成,呈"8"字形状;第三组由四组密集的曲线构成,形成对称性颇强的图案。杨泓先生认为,这件距今万余年的作品,显示出人们已经掌握了简单的图案构图规律和色彩的运用,可以称得上是原始的美术品。1973年在长沙子弹库战国楚墓出土的帛画,则是目前所见经科学考古发掘所得以毛笔在帛上作画年代最早的实物。画面上,中心侧绘一挺立男子,束发高冠,结系于颏下,身穿长衣,衣袖宽肥,腰侧佩剑。

透过前人留下的美术作品,使我们能够形象地认识当时的社会、政治、经济、军事、文化等诸多方面,甚至可以触摸之。如秦始皇陵兵马俑,不仅是秦代国威、军威的再现,而且也更新了对秦王朝历史、文化的认知;又如敦煌壁画、彩塑艺术,忠实记录了中国美术发展史和中西文化交流的历程。美术也可以专指绘画。广东美术百年大展即以绘画作品为主,占了绝大部分。那些传世的古代名画,如东晋顾恺之的《洛神赋图》、唐阎立本的《步辇图》、五代顾闳中的《韩熙载夜宴图》、北宋张择端的《清明上河图》等等,我们都非常熟悉了,非著名的,以及仅仅留下文字记载的更多更多。

从前的绘画,某种程度上有一种教化功能。《汉书·金日䃅传》载:"日䃅母教诲两子,甚有法度,上闻而嘉之。"其母病死之后,武帝"诏图画于甘泉宫,署曰'休屠王阏氏'"。《后汉书·蔡邕传》载蔡邕疏奏,认为"孝武之世,郡举孝廉,又有贤良、文学之选,于是名臣辈出,文武并兴",为灵帝采纳,光和元年(178),"遂置鸿都门学,画孔子及七十二弟子像",结果"有封侯赐爵者,士君子皆耻与为列焉"。两者的教化导向就极为显著。

古代君王表彰有功之臣的方式之一,也是把他们的形象画下来,此举构成中国古代史上一个独特的政治文化现象。唐朝有著名的凌烟阁图画功臣(参见拙作《男儿当自强》,载《历史如此年轻》),实际上前面的西汉、东汉都已经这样做过,前者图画于麒麟阁,后者图画于南宫云台。《汉书·李广苏建传》载,武帝甘露三年(前51),"上思股肱之美,乃图画其人于麒麟阁,法其形貌,署其官爵、姓名",画的是霍光、张安世、韩增、赵充国、萧望之、苏武等11人,"皆有功德,知名当世,是以表而扬之,明著中兴辅佐"。

《后汉书》卷二十二载,明帝"追感前世功臣,乃图画二十八将于南宫云台,其外又有王常、李通、窦融、卓茂,合三十二人"。唐朝之后的宋朝也是,北宋在景灵宫也搞过好几次图画功臣,第一次是真宗时,画的是开国七十二文武功臣。清朝更有紫光阁功臣像。当然了,那些画像也是政治的晴雨表。凌烟阁那里,侯君集因为谋反就被抹去了。宋哲宗为司马光、吕公著等元祐臣僚画的像,徽宗崇宁二年(1103)有人说话了:"景灵西宫二殿绘像臣僚有元祐之臣尝得罪于二圣者,欲望令有司删削。"次年,徽宗图画熙宁、元丰功臣的时候,王安石、吕惠卿、章惇等人又名列其中,表明新旧党争延伸到了美术领域。

关于画工,有一个著名的问答和一个著名的故事,即《韩非子》中的"画孰最难"和《西京杂记》中的"画工弃市"。前者是"客有为齐王画者",王问客答。"画孰最难?""犬马最难。""孰易者?""鬼魅最易。"为什么?犬马谁都见过,稍稍画得不像大家都知道,所以难。鬼魅谁都没见过,也不在眼前晃悠,画成什么样都行,所以容易。后面这个故事大约为昭君何以出塞传说的源头,所谓"元帝后宫既多,不得常见,乃使画工图形,案图召幸之。诸宫人皆赂画工,多者十万,少者亦不减五万。独王嫱不肯,遂不得见",结果匈奴来"求美人为阏氏",就按画像上的美丑把昭君派出去了,等到发现昭君"貌为后宫第一,善应付,举止优雅",已经晚了,"乃穷案其事,画工皆弃市",全部杀掉。倘有个"赂"字掺杂其中,就算技艺上"丑好老少必得其真"的毛延寿,现实中也难免跑偏。

"周虽旧邦,其命惟新"早已成名言警句,蕴含着深厚的哲理。广东近百年来美术的发展是中国美术发展的缩影,前辈大师们数度引领了中国近现代的美术转型,以创造性和思想性标举出了时代的高度,承继之并超越之,不是拍拍胸脯便可了事,然大展对后辈鞭策的意义显然不可低估。

2017年8月8日

琥珀

8月20日,随广东新闻媒体交流团抵达立陶宛首都维尔纽斯。

立陶宛所处的波罗的海沿岸是世界琥珀的主产地,这里的琥珀品质上乘,被称为"波罗的海黄金"。有数据表明,波罗的海地区琥珀产量占全世界总产量的80%。徜徉于维尔纽斯的商铺、流动小摊之中,便不难印证这一点。老街上还有个琥珀博物馆,地下层为貌似原址发掘保护的所在。语言不通,导游又不懂,无从探知真相。有家店铺用大玻璃柜陈列各种名贵琥珀作为"镇店之宝",柜子一角贴着的相机打叉图案,表明不准拍照,并且旁边还站着一条虎视眈眈的大汉。

今天对琥珀的认识已经相当清楚。它是一种有机似矿物,由史前植物的树脂状沉淀物经地质作用埋藏、石化而成,主要产于白垩纪或第三纪的沙砾岩或煤层的沉积物中。我们的前人对此有一定认知,"岁久松肪成琥珀,夜深丹气出芙蓉"(元贡师泰句)嘛,但想当然的成分还是居多。晋张华《博物志》有"松柏脂入地千年化为茯苓,茯苓化琥珀",唐段成式《酉阳杂俎》有"枫脂入地为琥珀"。清屈大均《广东新语》说得更多也更玄乎:"琥珀者,龙阳而虎阴,龙为魂而虎为魄。盖得松液之阴精,因己土而结者也。"此外，还有什么"夏月时太阳气盛，松以金水之精，受大火之蒸炙，于是通体融液，肤理有疏，皆渗泄而遗漏。而是时火在天上，地下之气寒而敛。以地下寒敛之气，而受松热液之精，二者相抱，遂凝而为琥珀"，完全出于他的"三观"推理。实际上，李时珍早就指出："松脂千年作茯苓，茯苓千年作琥珀，大抵皆神异之说，未可深凭。"但他确信："松脂则为树之津液精华也，在土不腐，流脂日久变为琥珀。"

在我们古时候，琥珀已归入奢侈品之列。《西京杂记》"（赵）飞燕昭仪赠遗之侈"条，列举的一个物品就是"琥珀枕"。琥珀枕未必是琥珀制成，但显然具有相应的质地、色彩、外观或手感等等。南朝齐废帝东昏侯萧宝卷那个"步步生莲花"的潘妃，不仅居室"涂壁皆以麝香，锦幔珠帘，穷极绮丽"，而且服饰亦极尽奢华，"库物不周，贵市人间金宝，价皆数倍，琥珀钏一只直百七十万"。这个琥珀钏应该不虚了。《朝野佥载》云洛州昭成佛寺有安乐公主造百宝香炉，"高三尺，开四门，绛桥勾栏，花草、飞禽、走兽，诸天妓乐、麒麟、鸾凤、白鹤、飞仙，丝来线去，鬼出神入，隐起钑镂，窈窕便娟。珍珠、玛瑙、琉璃、琥珀、玻璃、珊瑚、砗磲、琬琰，一切宝贝，用钱三万"，至于"府库之物，尽于是矣"。王士禛《分甘馀话》亦云，康熙年间他奉使广州，"见六榕寺一立佛像，皆以珠玉、珊瑚、玛瑙、琥珀、蜜蜡"等装饰，视之为"奇技淫巧"。诸如此类，奢侈品中均有"琥珀"的踪影。

《池北偶谈》中还有一例。明朝王延喆"性豪侈"，有人卖的琥珀中有个蜘蛛，"形状如生，索直百金"。延喆问那蜘蛛是活的吗，要是活的，我"即偿百金，否则一钱不直"。那人说是活的，"手碎之，果有生蛛自内跃出"，只是"行几上数巡，见风化为水"。延喆也毫不含糊，"乃立以百金偿之"。这故事当然有荒诞不经的成分,蜘蛛被树脂包裹而固定,断无生的道理,栩栩如生而已。含有昆虫的琥珀属于虫珀,我先前一直以为唯此才是琥珀。虫珀是树脂慢慢流淌或滴落过程中吞没猝不及防的昆虫而形成,打个可能不大确切的比方,与维苏威火山突然吞没庞贝城大抵有一比吧。

许是颜色相近的缘故,琥珀在前人文字中也指美酒。李白诗曰:"兰陵美酒郁金香,玉碗盛来琥珀光。但使主人能醉客,不知何处是他乡。"陆游《老学庵笔记》云:"唐人喜赤酒、甜酒、灰酒,皆不可解。李长吉云:'琉璃钟,琥珀浓,小槽酒滴真珠红。'"白居易诗曰:"荔枝新熟鸡冠色,烧酒初开琥珀香。"《能改斋漫录》有一首曲,道是:"醉醒醒醉,凭君会取些滋味。浓斟琥珀香浮蚁。一入愁肠,便有阳春意。须将幕席为天地,歌前起舞花前睡。从他兀兀陶陶里,犹胜惺惺,惹得闲憔悴。"其中的琥珀均为酒的代名词,至少具有色彩、价值的暗示。同样的道理吧,琥珀也可以指糖饧。《齐民要术》有制作"琥珀饧法",云"小饼如碁石,内外明彻,色如琥珀。用大麦蘖末一斗,杀米一石"。这是说用大麦芽熬成的饧,颜色褐黄就像琥珀。而岁旦嚼琥珀饧,是从前许多地方的民俗,旨在"以验齿之坚脱"。然昭梿《啸亭杂录》将乾隆高寿,归功于这种"色如琥珀"的酒,真贻笑后人。他说:"张照献松苓酒方。于山中觅古松,伐其本根,将酒瓮开坛埋其下,使松之精液吸入酒中,逾年后掘之,其色如琥珀,名曰松苓酒。上偶饮之,故寿跻九旬。"

在亚洲,缅甸也是琥珀的盛产地。不过,明朝王士性《广志绎》就说过:"琥珀、宝石旧出猛广井中,今宝井为缅所得,滇人采取为难,而入滇者必欲得之,大为永昌之累。"他说他听到有两个巡视官员甚至"取琥珀为茶盏,动辄数十,永民疲于应命,可恨也"。余曾作文《特产之"害"》(载《历史如此年轻》),以为"某地拥有某种特产,已然分不清是上天的眷顾,还是贻害",斯又添一例证。

2017 年 8 月 30 日

粥

今日午餐在外面喝粥。粥,倘若文绉绉地表述,是用粮食或粮食加其他东西煮成的半流质食物。

《礼记》有"馆粥之食"的说法,孔颖达疏曰:"厚曰馆,稀曰粥。"馆,稠一点儿,也是粥类。有学者研究指出,"粥"之为物,很可能是谷物与人类接触过程中,一种比较早期出现的"食物形态"。无论起源如何,发明者是黄帝还是别的什么人吧,粥作为食品自问世后,便与人们的生活须臾不可或分。《梦粱录》载,南宋都城临安,冬天卖五味肉粥、七宝素粥,夏月卖义粥、徽子、豆子粥,名目繁多。

应当看到,历史上形形色色的喝粥,往往因家庭的际遇与背景而有很大差异,进而影响到粥的形象:它可能是贫穷的象征,也可能是富裕的折射。

"煮黄当之草莱,作汪洋之羹馆;釜迟钝而难沸,薪郁绌而不然。"束皙赋里的句子。"日典春衣非为酒,家贫食粥已多时。"秦少游诗中的句子。归结为一点,说的都是自家那一段穷苦生活。粥之所以与贫穷为伍,大抵是因为家里没那么多粮食,熬粥的时候与水的比例谈不上正常乃至悬殊,亦即水过多而粮食过少。明朝张谊《宦游记闻》所记《白粥诗》说:"水旱年来稻不收,至今煮粥未曾稠。人言箸插东西倒,我道匙挑两岸流。捧出堂前风起浪,将来庭下月沉钩。早间不用青铜照,眉目分明在里头。"明人李诩的《戒庵老人漫笔》另收有一首《煮粥诗》,诗云:"煮饭何如煮粥强,好同儿女熟商量。一升可作二升用,两日堪为六日粮。有客只须添水火,无钱不必问羹汤。莫言淡泊少滋味,淡泊之中滋味长。"可见,粥如若"汪洋"、若"铜镜",几同于水,正是无米下锅的典型写照。

相形之下,西晋"何不食肉糜"的惠帝脑子里的粥,还有那个竞奢斗富的石崇家的粥,都没有任何理由和穷字有染。《世说新语》云,"石崇为客作豆粥,咄嗟便办",以此力压了与之竞奢的王恺一头。豆子是很难煮的,石崇怎么能做到马上就端上桌呢?王恺从石家的内线打听到了:"唯豫作熟末,客至,作白粥以投之。"这样来看,石崇该是生滚粥的先驱了。作为广州的传统名点之一,生滚粥就是把白粥预先煮好,再加上新鲜食材,滚熟而成。余午间所食之粥,正属生滚粥一类,果腹的同时也有满足口福的意味,虽没到白居易"粥美尝新米、袍温换故棉"那种惬意程度。此外,《老学庵笔记》引他人语曰:"平旦粥后就枕,粥在腹中,暖而宜睡,天下第一乐也。"陆游对此极其认同,"虽未之试,然觉其言之有味"。清人黄云鹄《粥谱》云:"顾都邑豪贵人会饮,必继以粥。索粥不得,主客皆不怪。"诸如此类的粥,都是美食队伍中的一员了。

粥,还有社会功能的一面,通过施粥得到体现。那是昔日赈灾之时的标志性举动,举凡官府、慈善团体或人士大抵均操此道,概效果实在而显著。如《明史·袁应泰传》云,万历年间山东大饥,"设粥厂哺流民,缮城浚濠,修先圣庙,饥者尽得食"。又如《履园丛话》云,康熙年间江苏大饥,"偕弟公逊设粥厂于南翔甫里,日计粟五十石,罄家赈济"。该书又载:"乾隆五十年,江南旱。其次年三月,米至石五千文,饥民载道。吾乡斗山田中,忽生一种黑土,其色微黄而带白星,可以做饼煮粥,颇清香,食之亦饱。一时哄动,近乡居民来取土者,日以万计。"百姓饿得吃土,呈现出的实乃万般无奈,所谓"颇清香"之类,就纯粹自欺欺人了。

因为粥之与人的生活如此密切,有识之士不免生发出许多人生感悟。唐朝"李勣既贵,其姊病,必亲为煮粥,火焫其须",他说他也老了,"虽欲长为姊煮粥,其可得乎?"煮粥在这里成了表达人伦之情的载体。陆游说他爷爷陆佃辅政时对天下大势打过一个比方:"政如久病羸瘵、气息仅属之人,但当以糜粥养之于茵席间耳,若遽使驰骋骑射,岂复有全人哉!"杨万里说:"人皆以饥寒为患,不知所患者,正在于不饥不寒尔。"罗大经认为很有道理,举例说明就是"乞食于野人,晋重耳之所以霸。燎衣破灶而啜豆粥,汉光武之所以兴"。清朝有个定例:"坤宁宫祭神胙肉,皆赐侍卫分食,以代朝餐,盖古散福之意。"有个新官因训其属曰:"居家以俭为要,君等朝餐既食胙肉,归家慎勿奢华,晚间惟以糟鱼酱鸭啜粥可也。"某侍卫回答,我家穷,买不起糟鱼酱鸭。昭梿认为那当官的,"其生长富贵不知闾巷之艰难若此,可知何不食肉糜之言,洵非虚也"。清朝还有个叫张衎的,"通籍后,不与当道往还,樵苏不继,萧然自得",其堂联曰:"相对半床书,冀渐臻圣域;但啜一瓯粥,誓不入公门。"表明自己天天宁愿喝粥,也不跟权贵往来。这个粥,自然又是水米比例不合理那种了。

余在东北生活时,大碴子粥每为家庭晚间主食。广东早年也是这样,田野调查时得知,村民每于清晨煮上一大锅粥,干活回来随时吃一碗。粥,如今在粤人饮食中占有重要地位,且一直以品种繁多著称,若以材料划分,有鱼片粥、水蛇粥、皮蛋瘦肉粥、菜心粥、滑鸡粥、猪肝粥等；若以承载的文化内涵划分，有及第粥、艇仔粥等。诸如此类的粥虽然历史上已经存在，《清稗类钞》即云"粤人制粥尤精"，但成为大众口福消费，恐怕还是后来的事情。

2017年9月3日

马戏

8月30日,广州动物园发布声明称,动物园内长期进行动物马戏表演的"动物行为展示馆"合同8月31日到期,将于9月1日停止营业。媒体的跟进报道显示,根据广州动物园的规划要求和功能布局,园内现有的马戏表演关停后,将不再有马戏表演,动物行为展示馆将改造为非经营性的科普教育场馆,面向市民免费开放。

放弃马戏表演,此举备受市民赞许。

马戏古已有之,专指驯马和马术表演。该词初见于西汉桓宽的《盐铁论·散不足篇》:"古者,衣服不中制,器械不中用,不粥(鬻)于市。今民间雕琢不中之物,刻画玩好无用之器。玄黄杂青,五色绣衣,戏弄蒲人杂妇,百兽马戏斗虎。"就是说,从前属于残次品的、没用的东西根本不会拿到市面上去卖,现在则完全不是那么回事了。《三国志·魏书·后妃传》裴松之注有:"(文昭甄皇)后年八岁,外有立骑马戏者,家人诸姊皆上阁观之,后独不行。诸姊怪问之,后答言:'此岂女人之所观邪?'"彼时马戏内涵不得其详,然统而观之,显见有负能量的意味。

至少从唐朝开始便不是这样了。唐玄宗时的舞马,无疑即马戏之列。《新唐书·礼乐志》载:"玄宗又尝以马百匹,盛饰分左右,施三重榻,舞《倾杯》数十曲,壮士举榻,马不动。乐工少年姿秀者十数人,衣黄衫、文玉带,立左右。"每到玄宗生日,这些马都是参与庆典的一部分,要"舞于勤政楼下"。马是怎么舞的呢?用晚唐段安节的话说:"马舞者,栊马人著彩衣,执鞭,于床上舞蹀躞(往来徘徊),蹄皆应节奏也。"马的这些动作,明显是训练出来的结果。"安史之乱"后,其中一些舞马沦落到安禄山不识货的部下手上,"杂之战马"。某一天,军中音乐响起,这几匹"舞不能已",吓得士兵们以为遇到了妖怪。

《东京梦华录》对宋朝皇帝"驾登宝津楼"时看的马戏,描述甚详:"先一人空手出马,谓之引马。次一人磨旗出马,谓之开道旗。……又有执旗挺立鞍上,谓之立马。或以身下马,以手攀鞍而复上,谓之鹞马。或用手握定镫袴,以身从后鞦来往,谓之跳马。忽以身离鞍,屈右脚挂马鬃,左脚在镫,左手把鬃,谓之献鞍,又曰弃鬃。背坐或以两手握镫袴,以肩著鞍桥,双脚直上,谓之倒立。忽掷脚着地,倒拖顺马而走,复跳上马,谓之拖马。或留左脚着镫,右脚出镫,离鞍横身,在鞍一边,右手捉鞍,左手把鬃存身,直一脚顺马而走,谓之飞仙膊马。又存身拳曲在鞍一边,谓之镫里藏身。或右臂挟鞍,足着地顺马而走,谓之赶马。或出一镫,坠身着鞦,以手向下绰地,谓之绰尘。或放令马先走,以身追及,握马尾而上,谓之豹子马。"这一大段,跟我们今天看马戏时的"马戏"部分,基本上已经一模一样了。

马上的技艺表演还有个别称,叫走解。彭时《彭文宪公笔记》云:"(明)英宗天顺三年(1459)五月五日,赐文武官走骠骑于后苑。其制:一人骑马执旗引于前,二人驰马继出,呈艺于马上,或上或下,或左或右,腾掷跷捷,人马相得。如此者数百骑,后乃为胡服臂鹰走犬围猎状,终场,俗名曰走解。"刘侗、于奕正《帝京景物略》和刘廷玑《在园杂志》对此均有具体阐发。前书云,当其时也,"人马并而驰,方驰,忽跃而上,立焉,倒卓焉,鬣悬,跃而左右焉,掷鞭忽下,拾而登焉,镫而腹藏焉,鞦而尾赘焉,观者岌岌,愁将落而践也"。后书中可见动作的诸多名目,"秦王大撒马、小撒马、单鞭势、左右插花、蹬里藏身、童子拜观音、秦王大立碑"等等,骑手"或马首或马尾,坐卧偃仰,变态百出。抑且倒竖踢星,名朝天一炷香。疾驰不稍欹侧,两马对面相交,能于马上互换相坐"。马戏之外,还有"弄猴为戏者,教习极熟,登场跳舞,皆合拍。或更挈一犬,猴乘犬背,若人驰马",这就更有包括各种驯兽在内的如今马戏的味道了。早在唐朝,忠武将军辛承嗣也能"一手捉鞍桥,双足直上捺蜻蜓,走马二十里",但那显然属于奇人奇能,不具可复制性。

从前也曾取消马戏,有意思的是,原因竟是易于作奸犯科。刘廷玑说:"当作戏术时,虽众目环视,在在眩乱,何难乘机一作掏摸伎俩乎。"擅长马戏的人,更有便利条件,他们去大户人家表演,"窥探门户出入之路,日所经行,夜如熟径矣。何况鞍马之上,便捷轻利,抢夺剽掠,无不可为,亦谁得而御之?"这种依靠逻辑推理阐发的诛心之论,加上确实又发生了若干案件,因有"康熙五十一年部覆陕西提督潘育龙因陈四等一案,题奉谕旨,将走马卖解蹹(踩)索之人,尽行查拏安插,并定文武失察处分之例甚严,而游手之徒并为敛迹矣"。对马戏从业者,完全是歧视的态度。

今天取消马戏表演得到称赞,是因为动物保护意识的上升。在越来越多的人看来,动物因为马戏表演而接受人类的驯服,违背了动物的天性。我赞成一种观点:"让动物有尊严地活着",就是要让动物享有不受痛苦伤害的自由、生活无恐惧感和悲伤感的自由以及表达天性的自由。早些年我们的动物园将"肉可食,皮毛可利用"一类的字眼从动物介绍中删除,是一种进步;从动物角度出发取消马戏表演,无疑又是一种进步。

2017 年 9 月 7 日

猫头鹰

母校中山大学校园最近重现了猫头鹰,摄影发烧友告知的。一时间,微信朋友圈里猫头鹰成了主角,或单只,或一双,站在树上似乎好奇地瞪着眼睛。所以说重现,是因为早两年也有,"没到马岗顶看过猫头鹰",甚至被视为白在这里学习生活过的一个"例证"。不知道是不是给那些"长枪短炮"吓着了,猫头鹰们消失了好一阵,此番重现,并不是"故地重游",远离马岗顶至少有一公里的距离,应该有害怕的因素吧。

猫头鹰,从前的别号不少,鸮、鸱鸺、夜猫子等等。它的脑袋、眼睛和猫很像,喙和爪则都弯曲呈钩状,非常锐利,像鹰。猫头鹰的习性是昼伏夜出,"鸮鸣犬吠霜烟昏,开囊拂巾对盘飧",孟郊的句子,说猫头鹰叫了,夜幕降临了,该吃晚饭了。猫头鹰的夜视能力不得了,视角膜上极其丰富的柱状细胞使它能够察觉到极微缩的光亮,科学家正据此而发明了夜视仪。《淮南子·主术训》云:"鸱夜撮蚤蚊,察分秋毫,昼日颠越,不能见邱山,形性诡也。"在前人眼里,猫头鹰晚上连跳蚤、虱子都看得清楚,白天却连大山也看不见,夜无所不见而昼无所见,是其诡异的一个表征。倒是庄子比较客观,其《徐无鬼》云:"鸱目有所适,鹤胫有所节。"成玄英疏曰:"鸱目昼阇而夜开,则适夜不适昼;鹤胫禀分而长,则能长不能短。"所谓"各适一时之用,不能靡所不可",跟猫头鹰的生理构造有关,无关性情诡异与否。《淮南子》的说法也表明,前人对猫头鹰是抱有偏见的。在传统文化里,猫头鹰甚至被视为"不祥之鸟",因其又有逐魂鸟、报丧鸟之谓。

我的故乡有句俗谚:"夜猫子进宅——没事不来。"潜台词就是,猫头鹰到了谁家,谁家里就会发生不幸事件。这当然是文化"传承"的结果。猫头鹰的叫声,很早就被视为不祥之音。《诗·鲁颂·泮水》有"翩彼飞鸮,集于泮林。食我桑黮,怀我好音"。泮林,泮水旁的树林;好音,好听的声音,此指善言。按程俊英、蒋见元先生的理解,这几句是以鸮来比拟淮夷:"集于泮林"比淮夷来朝于鲁,以猫头鹰吃桑葚比淮夷使者受鲁的招待,以"怀我好音"比淮夷使者说投降于鲁的好话。但刘勰表示不同意《诗》中的说法,认为"且夫鸮音之丑,岂有泮林而变好",有点儿"血统论"的味道,一棍子把猫头鹰就打死了,连"改正"的机会都不给。蒲松龄《聊斋志异·辛十四娘》描写一个姓冯的小哥路遇靓女,结果追到她家栖居的禅院去了,径直表白,却被人家爸爸给扔了出来,当时的情景就是"夜色迷闷,误入涧谷,狼奔鸱叫,竖毛寒心",弄得冯小哥"踟蹰四顾,并不知其何所"。

因为偏见,猫头鹰的声音被引申为恶人的恶习,猫头鹰也连带着被比喻成贪恶之人。岳珂《桯史》云,后金完颜亮"颇知书,好文辞",如咏竹:"孤驿潇潇竹一丛,不同凡卉媚春风。我心正与君相似,只待云梢拂碧空。"岳珂说"观其所存,寓一二于十百,其桀骜之气,已溢于辞表,它盖可知也",然而又十分瞧不起,以为"犬猰鸮鸣,要充其性,不足乎议",流露出十分矛盾的心态。陆容《菽园杂记》云:"南京国子监,日有鸺鹠鸣于林间,祭酒周先生洪谟恶之,令监生能捕者,予假三日。一时跅弛之士多得假",大家因此送给周洪谟一个雅号叫"鸱鸮公",目的是"以讥之"。趺弛,放荡不循规矩。就是说,周洪谟的做法便宜了那些无心向学的家伙。周洪谟,明正统十年(1445)进士及第,修过《英宗实录》《宪宗实录》。《明史》赞曰:"周洪谟等以词臣历卿贰。或职事拳拳,或侃侃建白,进讲以启沃为心,守官以献替自效。于文学侍从之选,均无愧诸。"评价还是相当不错的,"鸱鸮公"云云,算是其人生的花边吧。

《诗·豳风·鸱鸮》云:"鸱鸮鸱鸮,既取我子,无毁我室。恩斯勤斯,鬻子之闵斯。"周振甫先生译为:猫头鹰啊猫头鹰,"既经抓取我的小鸟,不要再毁坏我的巢。辛勤地保护小鸟,养育它我已病倒"。猫头鹰是坏角色无疑,然末二句我觉得程、蒋译文更合逻辑:我辛辛苦苦地养育孩子,可这孩子还是遭到病困(被猫头鹰抓走)。在庄子寓言里,猫头鹰"得腐鼠"而担心路过的鹓雏抢去,发出怒声,形象也相当负面,因为人家鹓雏"非梧桐不止,非练实不食,非醴泉不饮",哪里就看得上死老鼠而且还是腐烂了的呢?曹植《赠白马王彪诗·其三》有"鸱枭鸣衡轭,豺狼当路衢",唐朝李善注曰:"鸱枭、豺狼以喻小人也。"王士禛《分甘馀话》云:"唐中宗时,群臣多应制赋诗,如崔湜、郑愔、宋之问辈,皆人头畜鸣,张柬之等五王皆死此三人之手。盖将以拥戴武三思,危唐社稷,与宗楚客厥罪维均。乃鸱枭之音,亦溷风雅。每观唐诗至此,未尝不发指也。"人头畜鸣、鸱枭之音,迭而用之,对崔某等的作为无疑愤恨到了极点。

显而易见,对猫头鹰的种种恶谥是没有任何科学根据的传统观念在作祟,人的好运或者厄运岂会由鸟来决定?猫头鹰是益鸟,以捕鼠见长,今天已众所周知。了解到猫头鹰昼伏夜出的习性,还是不要去打搅它,猫头鹰那个样子大家都熟悉,为什么非要由你拍到、发朋友圈才感到满足呢?

2017年9月9日

潮白河

前几天在北京接受新媒体培训,整整一周。期间曾经想回到自幼成长的那个村子——顺义县李桥镇南庄头村去看看,终因课表排得太满而未能成行。村东的潮白河,一直是我魂牵梦绕的所在,每次来或路过北京,但有机会,都会去河边站一站。

潮白河由潮河与白河汇合而成,源头均在河北,汇合点在北京。面对地图的话,潮河在右,白河在左。潮河的得名,据说是因其"水性猛,亦善崩,时作响如潮",白河则是"河两岸皆白沙,不生青草"。因为流域广泛,在顾祖禹《读史方舆纪要》中,道及顺义、宝坻、平谷、怀柔、密云等县的时候,都要提到潮河或白河。比如在"顺义县·白河"条下说到:"又南经牛栏山东麓,潮河流合焉。"一江春水向东流,由我国西高东低的地貌所决定,那是广义上的说法。潮白河作为海河水系的五大河之一,大方向则是自北而南,自密云、怀柔、顺义而下,至通县、三河、天津流进海河,最后汇入渤海。流经我的第二故乡的这一段,已经进入尾声了。在这里,河西是北京顺义,河东是河北三河——我的籍贯故乡。

有人认为,《后汉书·张堪传》中,赞美张堪的"桑无附枝,麦穗两岐。张君为政,乐不可支",是最早的关于潮白河的歌谣,虽然其中并无直接言及,但是可以间接推论出来。张堪为渔阳太守,"匈奴尝以万骑入渔阳,堪率数千骑奔击,大破之,郡界以静。乃于狐奴(今顺义,按顾祖禹说法,顺义迄晋仍为狐奴县,魏始废)开稻田八千余顷,劝民耕种,以致殷富"。开稻田那么多,灌溉是重要前提,而顺义境内,只有潮白河这样一条河流,非其莫属。上世纪70年代中,我们村在河边就还有一大片稻田。人们赞美张堪,是因为他不仅文治武功,而且清正廉洁,"昔在蜀,其仁以惠下,威能讨奸。前公孙述破时,珍宝山积,卷握之物,足富十世,而堪去职之日,乘折辕车,布被囊而已"。

像许多悠久绵延的河流一样,潮白河也必然承载了历史的若干片段。顾氏《读史》列举了若干:其一,东汉建武二年(57),"遣将邓隆讨彭宠于渔阳,隆军潞水南,为宠所败"。其二,北周宣帝宣政时(578),"幽州人卢昌期起兵据范阳,高宝宁时据和龙,引兵声援,至潞水,昌期已为周军所平,乃还"。其三,唐朝武则天万岁通天二年(697),"契丹孙万荣作乱,寇掠河北诸州,既而败走潞水东,为其下所杀"。其四,北宋徽宗宣和六年(1124),"金斡离不自平州破檀、蓟,至三河,郭药师迎战于白河,败还,遂以燕山一路降金"。其五,明朝嘉靖二十九年(1550),"虏自古北口阑入近境,都御史王忬驰至通州,收艚舟舣潞河西,勿使为寇用。俺答屯河东二十里孤山、泇口诸处,阻水不得渡是也"。其中的潞水、潞河,皆潮白河古称。

潮白河最有名的一个片段,当推见证了乾隆五十八年(1793)英使马戛尔尼到访中国。马戛尔尼来访是一件具有历史意义的大事,英国方面以为乾隆祝寿的名义,行接触之实,但因为双方"三观"的巨大差别以及中西礼仪的冲突,最终闹得不欢而散。马戛尔尼之行是先抵澳门,然后沿海岸航行抵天津,从大沽到通州向这一段,就是在潮白河上航行,时间是1793年8月11日至16日。佩雷菲特《停滞的帝国——两个世界的撞击》对此有比较详细的描述,如使者们眼中白河两岸的夜间:"无法计数的纸糊彩灯点亮了。灯笼有白的,有蓝的,也有红的。加上挂在船桅上的灯笼以及船舱窗口上的灯,倒映在河面上,真是光彩夺目。"声光之外,目击者还说:"河岸上站着的每个哨兵都拿着一段空心竹子,他们有规律地用木槌敲打,表示自己并没有睡觉,并且每隔二小时敲打一次,以表示换更的时间。"(引文据王国卿等译本)如果不是船上被插了"英吉利贡使"的长幡,使者们一定更加心旷神怡了。这里的白河,实际上已是交汇之后的潮白河。同样,《清稗类钞·名胜类》中的"白河风景",也应该是潮白河风景:"自通州至天津,水程三日可达,河身甚广,宽处约五十余丈,古所称白河者是也。河两岸植杨柳,蜿蜒逶迤,经数百里不绝。当三四月时,舟行其中,篷窗闲眺,千丝万缕,笼雾含烟,水天皆成碧色,间有竹篱茅舍,隐现于桃柳之间,为状至丽。"

前面说了,潮河"水性猛,亦善崩",单股如此,合流亦然。顾氏《读史》援引《元志》云:"卢沟河与白河合流,溃决为害。至大二年决县境皇甫村,延祐初决刘家庄,皆兴役修塞。"在我童年的时候,常听长辈心有余悸地将"二十八年长大水"挂在嘴边,彼时自己并无民国概念,以为发生在28年前的事。后来便忍不住问过,说了好几年了,怎么还是28年呢?后来看到,1939年6月,潮白河暴发了大洪水,离我们南庄头上游不远的苏庄大闸,30孔被冲毁了21孔。公社制的时候,我们村是一个大队,下辖四个生产队,其中以贾姓为主的第四生产队,都是因为潮白河水毁掉家园而移居于此的。

在潮白河边,我度过了童年和少年时代。从前只看见她从北边流过来,又向南边流过去,待到弄明白了"前世"以及"经历",她的"形象"更加真切起来。

2017 年 9 月 19 日

龙脉

不知为什么,广州全城忽地开始大规模重铺人行道:由原本红色有些麻质的烧制砖块,换成光滑的石质材料,虽然被更换的好多地面还是簇新。事发突然,更换不仅同时而且全方位,造成市民的极大不便。在抱怨的同时,调侃派说话了:广州这是在寻找龙脉吗?

龙脉,堪舆家的用语,指那些山峦连绵起伏的好风水。风水好得不得了的,意味着要出大人物乃至皇帝。前人主流观点认为,大人物的出现都有"征兆"。比如汉高祖刘邦,《史记》说他妈妈"尝息大泽之陂,梦与神遇。是时雷电晦冥,父太公往视,则见交龙于上。已而有娠,遂产高祖"。比如宋太祖赵匡胤,《宋史》说他出生时,"赤光绕室,异香经宿不散。体有金色,三日不变"。明太祖朱元璋问世时也是这样,《明史》说,好家伙,那一刻"红光满室。自是夜数有光起,邻里望见,惊以为火,辄奔救"。龙脉作为"征兆",较史书那些更具说服力,概头脑正常的人都知道纯属扯淡。

秦朝已有地脉的说法。《史记·蒙恬列传》载,秦二世派使者要蒙恬自我了断,蒙恬喟然太息曰:"我何罪于天,无过而死乎?"想了半天,自己找了一条理由:"恬罪固当死矣。起临洮属之辽东,城万余里,此其中不能无绝地脉哉?"司马迁对蒙恬并不予以同情,他说看过他修的长城亭障,"堑山堙谷,通直道,固轻百姓力矣",而"夫秦之初灭诸侯,天下之心未定,痍伤者未瘳,而恬为名将,不以此时强谏,振百姓之急,养老存孤,务修众庶之和,而阿意兴功,此其兄弟遇诛,不亦宜乎!何乃罪地脉哉?"二世昏不昏,蒙恬冤不冤,此处不论,龙脉,大抵正由地脉发展而来。《南村辍耕录》云,有个会看风水的,觉得江阴州兵马司所在"宜帝王居之",人家问他怎么知道的,他说:"君山龙脉正结于此,是以知其然也。"成语"来龙去脉"正与龙脉相关,概风水术称主山为来龙,即龙脉的来源。《宾退录》云,大儒朱熹"尝与客谈世俗风水之说",在他看来,"冀州好一风水:云中诸山,来龙也"。

龙脉既有如此明白无误的未来昭示,为了将潜在的被替代的危险扼杀于萌芽,在位的权势者就有了"挖龙脉"的做法,所谓"埋金更名建寺庙,挖断龙脉泄王气"。拙作《风水》(载《青山依旧》)、《曹操墓》(载《无雨无风春亦归》),对此均有涉及,今再拈出新例若干。

如秦始皇,至少干过三回"挖龙脉"的事。其一,挖的是金陵。张敦颐《六朝事迹编类》"石碇山"条引《舆地志》云:"秦始皇时,望气者云'江东有天子气',乃东游以厌之。又凿金陵,以断其势。今方山石碇,是其所断之地也。"到宋朝的时候,"方山西九里有大垄枕淮,合垄悉是石,名石碇。京师沟塘累石,悉凿此垄取之",因为挖龙脉并非象征性地比画一下,而是真挖。其二,挖的是嘉兴。乐史《太平寰宇记》介绍嘉兴县本秦由拳县地,由拳如何得名?"秦始皇见其山上出王气,使诸囚合死者来凿此山,其囚倦并逃走,因号为囚倦山,因置囚倦县,后人语讹,便名为由拳山"。其三,挖的是广州。屈大均《广东新语·天语》云,广州"城北五里马鞍岗,秦时常有紫云黄气之异,占者以为天子气。始皇遣人衣绣衣,凿破是冈"。始皇挖金陵的时候,刘邦吓坏了,以为是针对他,"隐于芒、砀山泽间",然"吕后与人俱求,常得之",刘邦奇怪,吕后说:"季(邦字)所居上常有云气,故从往常得季。"就是说,刘邦身上散发着吕后能识别的"天子气"。挖嘉兴,后世似无实例予以"验证";挖广州,"其后卒有尉佗称制之事"。"一片紫云南海起,秦皇频凿马鞍山"之举,虽然没能阻止赵佗在南越自成独立王国,但按《广东新语·水语》的说法,把番禺的照镜湖给挖没了。那个湖很神奇,"每旦,湖中有一轮,光明如月,大四五尺,朝日射之,摇荡照耀,土人以为古镜,因名湖曰照镜"。入水淘之呢,却又什么也没有,但"自掘断后山龙脉,镜光遂隐"。像挖龙脉保平安一样,姑妄听之吧。

  元人也挖过龙脉。刘献廷《广阳杂记》讲到南岳衡山支脉朱明峰,就被元人挖了一回,具体地点在接龙桥。为什么要挖?他们觉得"朱明"二字是谶文。这就更经不住半点儿推敲了。倘说是朱元璋起兵之后凿的,则有"朱"而无"明";倘说是大明建立后凿的,元朝固未彻底灭亡,则其残余势力能否顾及于此还是个疑问。因此,即便真的凿了的话,起因当不是在"朱明"问题上。至于什么"太祖龙飞,已应'朱明'之谶",如同其他"验证"了的往事,都是借现实结果而恍然当初的事后诸葛亮。

  古代城市布局大抵是风水的产物,有条龙脉自然而然。当下关于找龙脉的调侃,与龙脉的内涵本身却完全是两回事:龙脉不是挖地"找"出来的,而是所谓懂风水的人就山势走向"看"出来的。且广州的龙脉,堪舆家们早已"见仁见智"。网友的此种调侃,实际上间接表达了对市政建设全然出自长官意志的不满。记得2010年广州亚运会召开前夕,广州忽然全城更换马路牙子,由水泥的换成石头的。在媒体的强烈质疑之下,更换不得不中止。可叹的是,如今媒体鸦雀无声了。

2017 年 9 月 23 日

广寒宫

中秋节又要到了。月亮是中秋节最鲜明的主题,在前人的奇想中,月亮上面有座宫殿叫广寒宫,里面住着嫦娥。

这奇想众所周知关联唐明皇,唐人说他到月亮上去过,看见了。如柳宗元《龙城录》说是在开元六年(718)八月十五,明皇与申天师及道士赏月之时,"因天师作术,三人同在云上游月中,过一大门,在月光中飞浮,宫殿往来无定,寒气逼人,露濡衣袖皆湿。顷见一大宫府,榜曰:'广寒清虚之府',其守门兵卫甚严,白刃粲然,望之如凝雪"。明皇"见有素娥十余人,皆皓衣乘白鸾,往来笑舞于广陵大桂树之下,又听乐音嘈杂亦甚清丽",因其"素解音律",默记了下来。第二天夜里他又要上去,"天师但笑谢不允",于是他"因想素娥风中飞舞袖被编律成音,制霓裳羽衣舞曲"。又如卢肇《逸史》云:"罗公远中秋侍明皇宫中玩月,以拄杖向空掷之,化为银桥,与帝升桥,寒气侵人,遂至月宫。女仙数百,素练霓衣,舞于广庭。上问曲名,曰霓裳羽衣。上记其音,归作霓裳羽衣曲。"这次月亮之行,明皇"看到"了广寒宫尚在其次,重要的是他那部名曲是个真实存在,并且"自古洎今清丽无复加于是矣"。

这是见之于文字的广寒宫,见之于图像的,钱泳在《履园丛话》里说过,那是他在别人家中看到的五代时卫贤所画《广寒宫图》。但见"楼台殿阁,细逾毛发,中有一宫门,上书'广寒清虚之府'六字。离宫别馆,用笔若丝,刻划精整,几无剩意。其款两字在一石隙之间,恐小李将军亦不能过之也"。钱泳推测,此乃"南宋故府之物"。小李将军,即唐高宗时宗室画家李思训的儿子李昭道,曾任扬州大都督府参军,李思训因受封为右武卫将军,人称大李将军,父子二人开创了唐代"青绿山水画派"。小李将军的《明皇幸蜀图》今藏台北故宫博物院,苏东坡评此画时尤其欣赏"帝马见小桥,作徘徊不进状"的细节,以为表现了明皇斯时的矛盾心态。卫贤的《广寒宫图》今已不存,北京故宫博物院藏其《高士图》,画的是汉梁鸿孟光"相敬如宾,举案齐眉"的故事。钱泳云卫贤的水准不让小李将军,无非是要说明《广寒宫图》绘制之精。

明皇游月宫的传说影响甚广,神往者不乏。南宋淳熙八年(1181)中秋节,"孝宗诣德寿宫,太上留宴香远堂。堂东有万岁桥,以白玉石为之,雕阑莹彻,上作四面亭,皆用新罗白木,与桥一色。大池十余亩,植千叶白莲,御榻、屏几、酒器皆用水晶,独召小刘妃吹白玉笙,作《霓裳中序》"。斯情斯景,令后人王士禛觉得"不啻明皇梦游广寒也"。并且,这传说在一些地方还形成了民俗。如清时扬州,城内小秦淮河"中秋最盛,临水开轩,供养太阴,绘缦亭彩幄为广寒清虚之府,谓之月宫纸。又以纸绢为神具冠带,列素娥于饼上,谓之月宫人"。太阴,月亮;素娥,此专指嫦娥。不过,也至少自南宋始,质疑之声便不绝如缕。王灼《碧鸡漫志》引《鹿革事类》又给出了"八月望夜,叶法善与明皇游月宫"的说法,进而认为不论与申天师、与罗公远,还是与叶法善同游,"虽大同小异,要皆荒诞无可稽据"。周密来了句"要之皆荒唐之说,不足问也"。明人谢肇淛更一棍抡去:"世间第一诞妄可笑者,莫如日中之乌,月中之兔,而古今诗文沿袭相用,若以为实然者。"质疑归质疑,动怒大可不必。除了天真无邪的儿童,以及走火入魔的成人,大抵不会有人把这类奇想当真,但是保留奇想的能力十分必要。当代国人的想象力日趋贫乏,至于科幻电影成为缺项,科幻小说这两年因为《三体》等才稍有起色。

《万历野获编》云,徽王朱载埨"尝于八月十五日凝坐望天际,忽有一鹤从月中飞下殿亭,鹤载一羽士,真神仙中人也"。徽王很高兴,畅谈之余问人家有没什么要求,对曰:"广寒宫年久颓敝,将更新之。他材已备,惟少一梁,愿王留意。"并且说:"不必具材,但需银皮傅梁上,约万金足矣。"不用真弄根梁来,出钱就行,"因示广袤长短之数,姑令制就,明年此日来取,复乘鹤飞去。王果如言,琢就龙凤花纹甚工。至明年中秋,则羽衣者从月飞下,添鹤一只,顶礼为谢,身跨一鹤,以一鹤衔银梁返月宫"。看到这里,大家一定以为这又是个奇想故事,然则此番却是团伙行骗。有一天,有司捉了个嫖娼的道士,"疑其为盗,盖以龙文银作夜合资",拷问之下,"则对以诱骗徽府所得"。至于骗子如何做到从月中飞下飞返,不得而知,总之骗术十分高明就是。

清朝道光年间的汪焜,秋试后"潜入贡院观填榜,见己名在十三",高兴之余赋诗一首:"广寒宫阙异人间,防卫森严昼掩关。亲见上真注名姓,居然身到列仙班。"应当说,这个比喻殊不贴切。母校康乐园内也有座"广寒宫",校史上说,1933 年 9 月落成之际名"新女学",专为女生宿舍。概岭南大学 20 世纪初就开始招收女学生,是近代中国较早实行男女同校的大学,随着女生日益增多,遂由岭南大学美国基金会向美国友人,以及锺荣光校长发动广东华人妇女认捐了这座更大的宿舍。这个"广寒宫"的功能,较之汪焜笔下的才更接近本意。

2017 年 10 月 2 日

寒露

今日寒露。二十四节气中的第 17 个。

"转瞬光阴节序移,又逢露冷欲霜时。天高夜月苍凉映,野旷秋风惨淡吹。"清朝恭亲王奕䜣的诗。其句中自注云:"本月十一日寒露,二十六日霜降。"则诗中的"露"即寒露,"霜"即霜降。寒露过后,节气的顺序是霜降。

二十四节气是前人依据太阳运行周期而订立的一种用来指导农事的补充历法,所谓不以人的意志为转移,奕䜣云"苍凉"云"惨淡",显然赋予了人文色彩,有其特定的含义。实际上也正是如此。其诗题已有交代:"乙亥九月十八日辰刻,穆宗毅皇帝梓宫由观德殿、孝哲毅皇后梓宫由永思殿同时奉移东陵隆福寺行宫暂安殿。恭理一切礼仪,敬谨送往,仍随扈军机处入直",穆宗,同治皇帝。时间,1875 年。护送皇帝皇后的灵柩去下葬,必须要悲从中来,这且不够,还要有"海噬山陬同爱戴"一类的口号,代表百姓高呼一回。再往前看,奕䜣虽然贵为清朝的铁帽子王,但终不及差点儿接了道光皇帝的班更为风光,给同父异母的哥哥(咸丰)抢去宝座,斯时令他有些触景生情也说不定。

闲话休说,回到节气。"袅袅凉风动,凄凄寒露冷。兰衰花始白,荷破叶犹青。"白居易的句子,道出了寒露节气的特征。露,前人一般将之作为天气转凉乃至变冷的用字。比如"白露",标志着由炎热向凉爽的过渡,但暑气尚未完全消尽,早晨尚可见到露珠晶莹闪光。"寒露"呢,作为二十四节气中第一个带"寒"字的节气,则标志天气由凉爽转而向寒冷过渡。因此,就"露"本身的形态而言,如果说仲秋时白露节气还是"露凝而白",那么季秋时寒露节气便是"露气寒冷,将凝结为霜"。王安石"空庭得秋长漫漫,寒露入暮愁衣单"句,与白诗说的是同一个问题:天冷了,得想办法保暖了。用俗谚来更直截了当:"白露身不露,寒露脚不露。"

寒露的三候,前人明确为:"一候鸿雁来宾;二候雀入大水为蛤;三候菊有黄华。"一候的意思是说,这个时节鸿雁排成一字或人字形的队列继续大举南迁,而"雁以仲秋先至者为主,季秋后至者为宾",表明这是南迁的最后一波了。二候的意思是说,这个时节雀鸟都不见了,海边却突然出现了很多蛤蜊,因为蛤蜊的条纹及颜色与雀鸟很相似,前人便以为雀鸟都成了蛤蜊。三候的意思是说,这个时节菊花已普遍开放。一般来说寒露是在农历九月,该月因此被称为菊月,今年是闰六月,所以寒露尚在八月。菊花为寒露时节最具代表性的花卉。不闰月的话,马上就该"遥知兄弟登高处,遍插茱萸少一人"了。寒露与重阳每相邻近,文化特质因而基本相同,黄巢之"冲天香阵透长安,满城尽带黄金甲",宋江之"头上尽教添白发,鬓边不可无黄菊",描写的都是重阳时的情景,都把菊花挂在嘴边。

《西厢记》第四本第三折,莺莺送张生赴京赶考,有一段著名的《端正好》唱词:"碧云天,黄花地,西风紧,北雁南飞。晓来谁染霜林醉,总是离人泪。"研究者指出,"碧云天,黄花地",本自范仲淹《苏幕遮》之"碧云天,黄叶地,秋色连波,波上寒烟翠"。范氏填词的时间不大明朗,而莺莺送别张生,大抵正发生在寒露时节,因为比照寒露的三候,至少应了大雁南飞、菊花正黄这两候嘛。《西厢记》故事发生地在山西蒲州(今山西永济),1997年夏天我曾到过一回,见普救寺西厢小院的院墙上,故意凌乱了几块瓦片,显示"张生逾垣处",不免发出一噱。登临莺莺塔顶,近前的黄河尚需极目,更不要说看见大海了,因而如"雀入大水为蛤"这种"飞物化为潜物"的所谓现象,是不可能进入莺莺眼帘并且超出了她的想象范围。但这曲《端正好》,借寒露时节的萧瑟景致,尽情地抒发了二人即将别离的凄苦。

即使是在广东,到了寒露之后,也可以感受到阵阵凉意了。客家谚语便有"寒露过三朝,过水要寻桥",指的就是天气变凉,不能再像以前那样赤脚趟水过河或者下田了。但对岭南而言,寒露也是收获的季节。屈大均《广东新语·食语》"谷"条云:"广州之稻,每十月获终,即起土犁晒,根萎霜凝,则田可以不粪。"早稻什么节气"浸种",什么节气"尽熟",什么节气"有新米",一一娓娓道来。在讲到晚稻的时候他说:"晚谷每亩所收,少于早稻三之一。是为两熟。其一熟者为潮田,秋分而获,寒露而获,至霜降而毕获。谚云:好禾不过降也。"说完稻谷之后,屈大均又说到了茶,云:"曹溪茶气味清甜,岁凡四采,采于清明、寒露者佳。"曹溪茶,说的是粤北那里的茶。

另一位岭南先贤张九龄,寒露时《晨坐斋中偶而成咏》诗作一首,开篇便道"寒露洁秋空,遥山纷在瞩"。然而,在看到"孤顶乍修耸,微云复相续"的同时,九龄想到了"人兹赏地遍,鸟亦爱林旭"。林旭,旭日照耀的树林。进而九龄又有了反躬自问,感叹"仰霄谢逸翰,临路嗟疲足"。仰望碧霄,叹自己不如自由飞翔的鸟儿;低头看路,叹自己但见疲惫不堪的马匹。加上"徂岁方暌携,归心亟踯躅。休闲倘有素,岂负南山曲",全诗的调子相当灰暗,似有归隐之意。寒露之时,张九龄何有此感,想来可以成为一个有意思的研究课题。

2017 年 10 月 8 日

兔儿爷·玉兔

中秋民俗中还有一个重要的文化特质：玉兔。"月中何有？玉兔捣药。"傅咸《拟〈天问〉》中的句子。"白兔捣药成，问言谁与餐？"李白《古朗月行》中的句子。在前人的大胆奇想中，月亮上面除了有嫦娥、有吴刚、有桂树、有广寒宫，还有只捣药的兔子，就是白兔，或称玉兔。此中白兔，自非寻常白色的兔子，而属于神兔。在前人的"三观"中，若干白毛动物均属于上瑞，白虎、白猿、白狼等等之外，正有白兔。

研究指出，玉兔捣药故事始见于宋郭茂倩编纂《乐府诗集》中的《相和歌辞·董逃行》，"吾欲上谒从高山，山头危险道路难"云云。那么难还上去干什么呢？可以"采取神药若木端"，因那神药形同"白兔长跪捣药虾蟆丸。奉上陛下一玉柈，服此药可得神仙"。董逃行，西晋崔豹《古今注》以为乃"后汉游童所作也。终有董卓作乱，卒以逃亡。后人习之为歌章，乐府奏之以为儆诫焉"。按这说法，逃的该是百姓。而《后汉书·五行志》载："灵帝中平中，京都歌曰：'承乐世董逃，游四郭董逃，蒙天恩董逃，带金紫董逃……'"意谓董卓跋扈，"纵有残暴，终归逃窜，至于灭族也"。按这说法，逃的又该是董卓。不过，不管这个"逃"的主语究竟为谁，玉兔捣药的意象是很明确的，那药可以长生不老，可以成仙，其中的"陛下"大约要关联汉武帝了。

在《西游记》里,吴承恩令玉兔顽皮了一下,以反面角色登场亮相,当了回妖怪,事在第九十三到九十五回。在那里,玉兔"缺唇尖齿,长耳稀须",形象和家兔差不太多,但它的本事在于摄藏了天竺国王的公主,然后摇身一变,"假合真形",目的是"欲招唐僧为偶,采取元阳真气,以成太乙上仙"。当然了,玉兔的本相也有动人的一面,"直鼻垂酥,果赛霜华填粉腻;双睛红映,犹欺雪上点胭脂"嘛。被悟空识破这是个假公主后,玉兔"解剥了衣裳,拽拽头,摇落了钗环首饰。跑到御花园土地庙里,取出一条碓嘴样的短棍,急转身来乱打行者"。悟空不认识那根短棍,喝道:"孽畜!你拿的是甚么器械,敢与老孙抵敌?"玉兔便从历史讲起,"仙根是段羊脂玉,磨琢成形不计年。混沌开时吾已得,洪蒙判处我当先"云云。它正告悟空:"这般器械名头大,在你金箍棒子前。广寒宫里捣药杵,打人一下命归泉。"在玉兔眼里,捣药杵比金箍棒的历史要早多了,名气要大多了,用起来也厉害多了。如果比照其他打唐僧主意的妖怪,这玉兔"头顶上微露出一点妖氛,却也不十分凶恶",不仅如此,还有几分可爱。它解释自己的假冒,实在是"与君共乐无他意,欲配唐僧了宿缘",因而嗔怪悟空"你怎欺心破佳偶,死寻赶战逞凶顽?"

老北京中秋夜有小儿祭拜"兔儿爷"的民俗,大约就是由玉兔故事衍生而出吧。明人纪坤《花王阁剩稿》云:"京中秋节多以泥抟兔形,衣冠踞坐如人状,儿女祀而拜之。"清人潘荣陛《帝京岁时纪胜》云:"京师以黄沙土作白玉兔,饰以五彩妆颜,千奇百状,集聚天街月下,市而易之。"也正是在清代,兔儿爷从兔神演变成了儿童的中秋节玩具。富察敦崇《燕京岁时记》云:"每届中秋,市人之巧者用黄土抟成蟾兔之像以出售,谓之兔儿爷。有衣冠而张盖者,有甲胄而带纛旗者,有骑虎者,有默坐者。大者三尺,小者尺余。其余匠艺工人无美不备,盖亦谑而虐矣。"坐则有坐狮、坐象、坐虎、坐豹的,各有不同寓意。还有的是兔首人身之商贩、剃头师父、缝鞋、卖馄饨、茶汤的,不一而足。由此想到早几年我在韩国济州岛泰迪熊博物馆看到,泰迪熊一概扮演着重大历史事件中的角色,比如诺曼底登陆作战中的双方士兵、拆毁柏林墙,以及我们的兵马俑阵容,等等。此外,微笑的蒙娜丽莎、叼烟斗包耳朵的梵高等等我们熟悉的世界名作,画中人物也都换成了泰迪熊。感觉上貌似不敬,效果上却非常可爱。作为北京市非物质文化遗产的兔儿爷倘若有振兴打算的话,不妨借鉴一下这种做法,进一步扩大兔儿爷人格化的想象力。

"团圆佳节庆家家,笑语中庭荐果瓜。药窃羿妻偏称寡,金涂狡兔竟呼爷。秋风月窟萦天上,凉夜蟾光映水涯。惯与儿童为戏具,印泥糊纸又搏沙。"清人栎翁诗,可窥兔儿爷在老北京中秋时节的重要地位。有报道云,2004 年 3 月,启功先生得知北京准备评选奥运吉祥物,毫不犹豫地说,如果要他投票他就投兔儿爷。老舍先生先前则有一篇《兔儿爷》,写于 1938 年。"中秋又到了,北平等处的兔儿爷怎样呢? 我可以想象到:那些粉脸彩衣,插旗打伞的泥人们一定还是一行行的摆在街头,为暴敌粉饰升平啊!"进而想到了那些汉奸,"到时候,他们就必出来……他们的脸很体面,油光水滑的,只可惜鼻下有个三瓣子嘴,而头上有一对长耳朵。他们的身上也花花绿绿,足下登起粉底高靴。身腔里可是空空的,脊背有个泥团儿,为插旗伞之用;旗伞都是纸作的。他们多体面,多空虚,多没有心肝呢! 他们唯一的好处似乎只在有两个泥膝,跪下很方便。"老舍先生借题发挥,给兔儿爷真正赋予了妖怪的举止,只是这一回不仅毫不可爱,而且令人憎恶。

2017 年 10 月 13 日

霜降

今日霜降。秋季的最后一个节气。

白乐天诗曰:"昨夜霜一降,杀君庭中槐。干叶不待黄,索索飞下来。"明白易懂,而《国语·周语》就很费解:"驷见而陨霜,火见而清风戒寒。"幸而三国韦昭有注释:"谓霜降以后,清风先至,所以戒人为寒备也。"即是说,霜降过后要正式入冬了。这些气候变化于广州照例毫不适用,多数人今日还是短袖衣着,前两天"入秋失败"的嚼馍用语又频频出现。

当代气象学对"霜"给出的概念是:若有较强的冷空气南下,地表面温度降到0℃或以下,近地面空气中的水汽达到饱和,便会在地面或近地面物体上直接凝华形成细小的冰晶。这就是霜。前人的认识自然没有这么科学,但是年复一年,周而复始,他们发现这个时候"气肃而凝,露结为霜矣",因而提醒大家注意调整生产生活。江晓原先生指出,李冰父子在公元前3世纪建成了都江堰这一大型水利工程,其背后的理论支撑不可能是流体力学等现代科学理论,"更容易也更有把握猜想到的是,李冰父子熟悉并运用了阴阳五行、周易八卦等理论体系"。自然科学如此,社会科学亦然。前人的经验之谈,虽然没有遵照今天的某些原理,但不妨碍其对自然认知的精准程度。见之于二十四节气,每一节气的

"三候"归纳,不仅使之具有图像化的意味,形象且易于接受,而且容易入脑入心。时间界限未必过了五天就这样过了五天就那样那么分明,但大体上差不了多少。

霜降的三候:一候豺乃祭兽;二候草木黄落;三候蜇虫咸俯,就都是举首低头可见的身边情形,有的为我们今天不再熟悉而已。如"豺乃祭兽",清人朱右曾校释曰:"豺似狗,高前广后,黄色群行,其牙如锥,杀兽而陈之若祭。"这是说豺狼在霜降后的头五天开始大量捕获猎物,吃不完的就储之过冬,好像人类在准备祭祀用品一样。"草木黄落"呢,顾名思义,是说此时万物凋零,生机全无,所谓"霜降杀百草"。自宋玉"萧瑟兮,草木摇落而变衰"之后,文人骚客每于此一时节便不免以肃杀、悲凉切入来发些人生感悟,汉武帝刘彻也不例外地弄了几句,"秋风起兮白云飞,草木黄落兮雁南归。兰有秀兮菊有芳,怀佳人兮不能忘"云云。"蜇虫咸俯",则说的是霜降第十天后,虫类将全部进入洞中,不动不食,进入冬眠状态。在这三候中,除了前一候今日已成奢望,后两候在孕育二十四节气的黄河中下游地区,不是习见的景观和现象吗?我自幼在京郊顺义县农村生活的时候,长辈们虽不识字或识字不多,但对二十四节气如数家珍,说起来一套一套的,并且完全照此行事,无论日常生活还是农业生产。

洪迈《容斋五笔》有"风灾霜旱"条,云宋宁宗"庆元四年(1198),饶州(今江西鄱阳)盛夏中,时雨频降,六七月之间未尝请祷,农家水车龙具,倚之于壁,父老以为所未见,指期西成有秋,当倍常岁,而低下之田,遂以潦告"。不料,"九月十四日,严霜连降,晚稻未实者,皆为所薄,不能复生,诸县多然"。面对不期而至的自然灾害,"有常产者,诉于郡县",请求减免租税。不过郡县的多数官吏都不同意。他们说遭遇霜灾要免,法律上没这么规定,跟着的说法更欠缺了人性:"九月正是霜降节,不足为异。"洪迈因而翻出白乐天的另一首诗——"九月霜降秋早寒,禾穗未熟皆青干。长吏明知不申破,急敛暴征求考课",认为白氏真是所言不虚。他又记起苏东坡为杭州太守时,与宰相吕汲公书论浙西灾伤的一段话:"八月之末,秀州数千人诉风灾,吏以为法有诉水旱而无诉风灾,闭拒不纳,老幼相腾践,死者十一人。由此言之,吏不喜言灾者,盖十人而九,不可不察也。"洪迈认为"苏公及此,可谓仁人之言",昔人立法之初怎么考虑的不去深究,"今日之计,固难添创条式。但凡有灾伤,出于水旱之外者,专委良守令推而行之,则实惠及民,可以救其流亡之祸,仁政之上也"。

赵与时《宾退录》转引了《容斋五笔》的这一段,并发表了自己的一番感慨。他说《北史·卢勇传》有"山西霜俭,运山东租输,皆令实载,违者罪之",照样不减;而唐马周奏疏云,"往贞观初,率土霜俭,一匹绢才易斗米,而天下帖然者,百姓知陛下忧怜之,故人人自安",没有怨言。由是推之,唐初以前霜降带来的灾害,"必皆有蠲租故事,中世方不然",但"有能援以言上,圣明之朝,当无不从也"。关键在于,一直以来鲜有人挺身而出,便是"鼓咙胡"(不敢公言,私咽语)者亦凤毛麟角。现实之中,多的是东坡笔下的一类官员,为了自己的仕途而无视百姓疾苦,"揣(上司)所乐闻与所忌讳,争言无灾,或有灾而不甚损"。后世"三年自然灾害"的时候,这种景象尤其突出。

在前人看来,节气当天的天象都是有兆头的,因此总结出许多谚语。如《清嘉录》载:霜降日如有霜,来岁可能会丰稔,所谓"霜降见霜,米烂陈仓";如果没有呢,来年可能要歉收,所谓"未霜见霜,粜米人像霸王"。这类民谚的唯心成分居多,与"寒露没青稻,霜降一起倒",明确霜降时必须收割那种实用性的民谚,完全是两个性质。

2017 年 10 月 23 日

道路洒水

北方已经入冬,广州的大街上还穿梭着洒水车,既浇淋两旁的绿化带,也洒在沥青路面上,防止尘土扬起来。

从前都是土路,灰尘就更很大了。《诗·小雅》有"无将大车,祇自尘兮",周振甫先生译曰:"不要推大车,只是自己吃灰尘。"杜甫《兵车行》有"车辚辚,马萧萧,行人弓箭各在腰。爷娘妻子走相送,尘埃不见咸阳桥",更厉害了,开赴前线的人马扬起的灰尘遮天蔽日,连咸阳边上横跨渭水的大桥都被遮住了。杜诗纪实,小雅则比兴,目的是为真正的表达进行铺垫,因此一种观点认为该诗是后悔推荐了小人,有"所树非人"之意,概"幽王之时,小人众多,贤者与之从事,反见僭,自悔与小人并";还有一种观点认为此乃"感时伤乱之作"。无论哪一种吧,后面推车则要吃土,是客观存在。

有两个常用的贬义词语,也与道路扬尘有关,一个是甚嚣尘上,一个是拜尘。前者见于《左传·成公十六年》,晋楚鄢陵之战时,"楚子登巢车以望晋军"。巢车,杨伯峻先生认为乃兵车之一种,高如鸟巢,用以瞭望敌人。因此,楚子能够观察到敌方的一举一动:"召军吏也""皆聚于军中矣""合谋也""张幕矣",后来又发现"甚嚣,且尘上矣!"大家都在嚷嚷,尘土飞扬。那是在干什么呢?"将塞井夷灶而为行也""皆乘矣,左右执兵而下矣""听誓也"……"甚嚣尘上"成为成语来形容议论喧腾,属于引申出来的含义。后者见于《晋书·潘岳传》云,潘岳"性轻躁,趋世利,与石崇等谄事贾谧,每候其出,与崇辄望尘而拜"。《石崇传》对此相互印证:石崇"与潘岳谄事贾谧。谧与之亲善,号曰'二十四友'。广城君每出,崇降车路左,望尘而拜,其卑佞如此"。这里的"尘",就是贾谧车过之后扬起的灰尘,"拜尘"因而用于表示谄媚权贵。陆游诗曰"小雨迎藜杖,微风入葛巾。宁甘结袜系,不作拜车尘",似乎颇有气节,然不知其何时所作,因为他自己谄媚韩侂胄是出了名的,与拜车尘并无异样。相形之下,刘禹锡云"不作渭滨垂钓臣,羞为洛阳拜尘友",综其一生的表现,倒是真正有践行的意味。

如何治理道路扬尘?今天的方法之一尚是洒水,更不要说从前了。今天用洒水车,从前呢?《后汉书·张让传》载,灵帝时令人"作翻车渴乌,施于桥西,用洒南北郊路,以省百姓洒道之费"。李贤注曰:"翻车,设机车以引水。渴乌,为曲筒,以气引水上也。"但翻车,中学课本上已说是一种抽水工具,三国时马钧将之改良,即后世的龙骨水车。晋傅玄《马钧传》说得很清楚:"(钧)居京师,都城内有地可以为园,患无水以溉。先生乃作翻车,令童儿转之,而灌水自覆,更入更出,其功百倍于常。"不过,从《后汉书》那一段来推断,翻车问世的出发点当在于道路洒水,但应是抽上水来便于使用吧。

洒水车的出现大抵在宋朝。《清波杂志·凉衫》载:"旧见说汴都细车,前列数人持水罐子,旋洒路过车,以免埃塕蓬勃。"《清波别志·风埃》又讲到:"北地风埃,凡贵游出,令一二十人持镀金水罐子前导,旋洒路过车,都人名曰'水路'。"细车,就有洒水车的影子了,不过半机械半人力就是。水路,《东京梦华录·公主出降》条可以印证,"凡亲王、公主出则有之"。届时,"街道司兵级数十人,各执扫具、镀金银水桶,前导洒之"。《师友谈记》云,东坡讲其伯父要升官了,人家问祖父怎么还不给儿子准备当官用的东西呢,祖父说:"儿子书云,作官器用亦寄来。"果然,"一日,方大醉中,封官至,并外缨、公服、笏、交椅、水罐子、衣版等物"。刘永翔先生认为,由此可见为道路洒水的水罐并非亲王、公主所专用,官吏亦得而用之也。但无论如何,百姓是不可以用的。《宋史·舆服志》载,仁宗景祐三年(1036)颁布了一系列禁令,"非品官毋得起门屋;非宫室、寺观毋得彩绘栋宇及朱黝漆梁柱窗牖、雕镂柱础"等等,还有一条就是"民间毋得乘檐子,及以银骨朵、水罐引喝随行"。扬就扬,"祇自尘兮"吧。看起来,彼时出行配个"洒水车",是件讲究身份的事情,是件很摆谱的事情。

1901年,进一步丧权辱国的《辛丑条约》签订后,八国联军攻打北京时仓皇出逃西安的慈禧开始回銮之行,沿途所经的河南、直隶两省都专门制定了接待章程,临潼县令夏良才之外,各级官员大抵都极尽谄媚之能事。章程中的一项就是"跸路多设水缸"。河南卫辉府知府于澜沧提前许多天就下令沿途开辟三丈六尺宽的御道,黄土垫地,道旁每隔十步设一水缸,内储清水。御道上洒清水,深层寓意是"龙不行干道",直接功效也还是防尘。慈禧回銮之行相当扰民,时人感慨"无限苍生膏与血,可怜只博片时欢",一语破的。

1980年代末我在肇庆市封开县"劳动锻炼"的时候,乡村之间的主要道路虽非土路,但也只是碎石子路面,每过一车,还是尘土飞扬。印象中,彼时道路只是偶尔洒水,而所以洒水,大抵是上面比较大的官员来考察或调研了。就这点来看,古今也有相像之处。

2017年10月29日

市井之声

"蟑螂药、老鼠药、蚂蚁药……"不知道从什么时候开始,广州的大街小巷不断传出这种叫卖声。声音是录音机放出来的,因而在五羊新城听到的,和在大塘村听到的,全都一模一样,仿佛卖药者已然连锁一般。

小贩沿街叫卖,是从前的一个传统,构成市井之声的组成部分。潘荣陛《帝京岁时纪胜》对京师元旦有一个比较全面的描写:"除夕之次,夜子初交,门外宝炬争辉,玉珂竞响。肩舆簇簇,车马辚辚。百官趋朝,贺元旦也。闻爆竹声如击浪轰雷,遍乎朝野,彻夜无停。更间有下庙之博浪鼓声,卖瓜子解闷声,卖江米白酒击冰盏声,卖桂花头油摇唤娇娘声,卖合菜细粉声,与爆竹之声,相为上下,良可听也。"后面这些,说的就是叫卖之声。我们向来有"坐贾行商"的说法,行商,即走街串巷去叫卖的那种。《韩非子》中有著名的"自相矛盾"寓言,那个楚国小贩用"物莫能陷也"夸其盾,又用"吾矛之利,无物不陷也"誉其矛,结果旁人让他"以子之矛,陷子之盾",他没话说了。撇开寓言所要表达的喻义,就小贩而言,为了推销东西,除了"说"就是"吆喝"。借用明人史玄《旧京遗事》的话说:"京城五月,辐凑佳蔬名果,随声唱卖,听唱一声而辨其何物品者。"

卖水果之外也是一样。《红灯记》里,一声"磨剪子哩,戗菜刀"响起,大家就知道磨刀人来了。再借用高承《事物纪原》的话说:"京师凡卖一物,必有声韵,其吟哦俱不同。"当其时也,北宋都城汴京的市井之声定然此起彼伏,徽宗也被感染了,笔下流出"娇云溶漾作春晴,绣毂清风出凤城。帝底红妆方笑语,通衢争听卖花声"云云。武大郎卖炊饼时想来也是吆喝的,可惜《水浒传》中没有添上一笔,否则会比较有趣。南宋都城临安亦然。吴自牧《梦粱录》"天晓诸人出市"条云,那些"侵晨行贩"叫卖"异品果蔬""时新果子""海鲜品件"等等,"吟叫百端,如汴京气象,殊可人意"。杭州夜市上的小贩,干脆"皆效京师叫声"。这样来看,陆游之"小楼一夜听春雨,深巷明朝卖杏花",其友王季夷之"小窗人静,春在卖花声里"等等,都属于诗意地反映现实了。

清朝的京师也是这样。悠长悦耳、抑扬顿挫的京韵叫卖声,形成了自己的独特风格,成为京味儿文化的重要组成部分。富察敦崇《燕京岁时记》载,二月下旬,"有贩乳鸡、乳鸭者,沿街吆卖,生意畅然"。四月,玫瑰"花开时,沿街唤卖,其韵悠扬。晨起听之,最为有味"。五月,"玉米初结子时,沿街吆卖,曰五月先儿"。京师暑伏以后,则"寒贱之子担冰吆卖,曰冰胡儿。胡者核也"。七月中旬,"菱芡已登,沿街吆卖,曰:'老鸡头才上河。'盖皆御河中物也"。七月下旬,"枣实垂红,葡萄缀紫,担负者往往同卖。秋声入耳,音韵凄凉,抑郁多愁者不禁有岁时之感矣"。十月,"颁历以后,大小书肆出售宪书,衢巷之间亦有负箱唱卖者"。《帝京岁时纪胜》亦载:"腊月朔,街前卖粥果者成市。更有卖核桃、柿饼、枣、栗、干菱角米者,肩挑筐贮,叫而卖之。"有趣的是,刘成禺在《世载堂杂忆》中说,唐绍仪告诉过他,"袁世凯小站练兵,一日静坐幕中,闻外有肩布走售者,呼卖声甚洪壮,异之,使人呼入,即曹锟也。貌亦雄伟厚重,劝其入小站投军,成绩甚佳,屡蒙不次之擢"。曹锟即以贿选闻名的那位民国总统,这段轶事未知是否唐绍仪在行揶揄之能事。

对叫卖这种市井之声,吴自牧以为"殊可人意",潘荣陛以为"良可听也",富察敦崇以为"最为有味",当然了,也有人很听不惯。《清稗类钞》云:"上海民居鳞次栉比,一衖之中,衡宇相望,而衖中之声最可厌者为各种卖物叫唤之声。每日自日高舂至日下舂时,纷至沓来,几于震耳,而腕车之辘辘声,马车之得得声,犹不计也。"是书乃徐珂所辑,是语不知出自谁人,然其深表认同吧。徐氏还说,龚自珍特别"恶闻饧箫声",至于"每于日斜时闻卖饧声则病",他搞不清这是怎么回事。饧,古"糖"字,后特指用麦芽或谷芽熬成的糖。对《诗·周颂·有瞽》之"箫管备举",郑玄笺曰:"箫,编小竹管,如今卖饧者所吹也。"孔颖达再疏曰:"其时卖饧之人吹箫以自表也。"可见这种饧箫之声的历史相当悠久,至于历代诗人咏之,成为一种文化意象。北宋宋祁有"草色引开盘马地,箫声催暖卖饧天",梅尧臣有"千门走马快开榜,广市吹箫尚卖饧",秦观有"懒读夜书搔短发,隔垣时听卖饧箫",南宋陆游有"陌上箫声正卖饧,篮舆兀兀雨冥冥"等等,龚自珍自己也有"饧箫咽穷巷,沉沉止复吹"。弄清楚龚之"恶闻"的究竟,可能会很有意思。

笔者少时生活在京郊顺义县,"豆腐丝儿哩""(以草木灰)换洋取灯儿哩",诸如此类的叫卖声记忆尤深。上世纪 80 年代中刚来广州那会儿,"收买烂嘢"(废品回收)也不绝于耳。世易时移,如今的叫卖声某种程度上成了噪音,但这种文化传统还是应当加以保护,成为非遗也不为过。在南宋,不是已经"以市井诸色歌叫卖物之声,采合宫商成其词"了吗?

2017 年 11 月 5 日

素食

中午徒步,每每路过若干家素食馆。这种餐馆这些年在广州很流行。本人也吃过几次,广州之外,还在厦门南普陀寺、韶关别传寺、佛山西樵山大佛脚下等地"从众"过。素食馆,在全国应当是个全方位的存在吧。不管是出于何种考虑,宗教或者养生,年纪大一点儿的人如今以之为风尚,就像年纪轻一点儿的圣诞时就钻进教堂一样。

素食的历史很早。《左传》中有"肉食者鄙""肉食者谋之",其中的"肉食者"逻辑上对应的正是"素食者",但这里有消费能力的因素。《汉书·王莽传》中的"每有水旱,莽辄素食",才是刻意为之。太后知道后叫人传话:"闻公菜食,忧民深矣。今秋幸熟,公勤于职,以时食肉,爱身为国。"菜食,无疑即素食。太后觉得王莽这样身体扛不住,还是得吃肉,吃肉也是为国家着想。王莽为什么要素食呢?《礼记》有"岁凶,年谷不登,君膳不祭肺",郑玄注曰:"礼食杀牲则祭先,有虞氏以首,夏后氏以心,殷人以肝,周人以肺。不祭肺,则不杀也。"王莽以尚古闻名,用意在于"深自贬损以救民急"(司马光语)。

素食后来才成为宗教人士重视心灵虔诚与纯洁的戒规。鲁迅先生的《祝福》里,鲁四老爷家过新年时雇了男短工,还是忙不过来,便"另叫柳妈做帮手,杀鸡,宰鹅;然而柳妈是善女人,吃素,不杀生的,只肯洗器皿"。这种戒规据说始自梁武帝,其《断酒肉文》列举了九条"不及外道"的行为,所谓外道,即"各信其师,师所言是,弟子言是,师所言非,弟子言非",也就是为师的先要身体力行。否则呢?"今出家人,或为师长,或为寺官,自开酒禁,啖食鱼肉,不复能得施其教戒,裁欲发言,他即讥刺云,师向亦尔,寺官亦尔",这个时候难免"心怀内热,默然低头,面赤汗出,不复得言,身既有瑕,不能伏物"。当然了,如钱锺书先生所云:"王法助佛法张目,而人定难胜天性。"对那些"出家比于就业,事佛即为谋生"之辈,偷偷去吃就是。像《水浒》里的鲁智深,"甚么浑清白酒、牛肉狗肉,但有便吃"。

不过王法终究是有些作用的。《宋书·袁粲传》载,南朝宋孝建元年(454),孝武帝刘骏"率群臣并于中兴寺八关斋,中食竟,愍孙(袁粲)别与黄门郎张淹更进鱼肉食"。结果给人家告密了,袁粲因此被免官。八关斋,即在家信徒一昼夜当受持的八条戒律,胡三省注《资治通鉴》:"释氏之戒:一,不杀生;二,不偷盗;三,不邪淫;四,不妄语;五,不饮酒食肉;六,不著花鬘璎珞、香油涂身、歌舞倡伎故往观听;七,不得坐高广大床;八,不得过斋后吃食。以上八戒,故为八关。"《西游记》第十九回,孙悟空降服了云栈洞中使九齿钉钯的妖怪,押到唐僧面前,他说他叫猪悟能,已经"断了五荤三厌,在我丈人家持斋把素,更不曾动荤",等着跟师父去取经呢。唐僧就给他起个别名,"唤为八戒"。猪八戒,正出自八关斋。

在素食馆吃过的人都知道,菜品中少不了素鸡、素鹅、素火腿、素肘子等等。总之,对应"荤"的什么,都有"素"的一套,所谓"有时故仿豚鱼样,质不相混色乱真"(清王文治句)。自然,比清朝更早的前人也这么干了。

五代孙光宪《北梦琐言》云,唐崔安潜"崇奉释氏,鲜茹荤血",其"镇西川三年,唯多蔬食。宴诸司,以面及蒟蒻(即魔芋)之类染作颜色,用象豚肩(即猪腿)、羊臑(即羊腿)、脍炙之属,皆逼真也"。宋林洪《山家清供》有"素蒸鸭",道是"郑余庆有亲朋晨至,敕令家人曰:烂蒸去毛,勿拗折项。客意鹅鸭也。良久,乃蒸葫芦一枚耳"。还有"假煎肉",就是把葫芦和面筋都切成薄片,分别加料后用油煎,然后加葱、花椒油、酒,放一起炒,"不惟如肉,其味亦无辩者",不但炒得像肉,味道也非常之像。宋吴自牧《梦粱录》"面食店"条,前提有"专卖素食分茶,不误斋戒",所以里面说到的蒸果子鳖、蒸羊,钱锺书先生认为"皆实为素而号称荤者",而另外的三鲜夺真鸡、假炙鸭干、假羊事件、假驴事件、假煎白肠等等,更是"顾名思义,皎然可晓"。

文学作品里也有这类情节。《西游记》第七十二回,唐僧在盘丝洞化斋,蜘蛛精们准备了什么呢?"原来是人油炒炼,人肉煎熬:熬得黑糊充作面觔样子,剜的人脑煎作豆腐块片"。唐僧一闻就闻出来了:"贫僧是胎里素。""长老,此是素的。""阿弥陀佛!若像这等素的啊,我和尚吃了,莫想见得世尊,取得经卷。"《女仙外史》第三十一回,月君感叹"独是缺少美酝佳肴",鲍师道:"也有个法儿,只勉强些。把那上好的素菜,其性滋润者,蒸熟捣烂,干燥者,炙炒磨粉,加以酥油、酒酿、白蜜、苏合、沉香之类,搜和调匀,做成熊掌、驼峰、象鼻、猩唇,各顶珍馐样式。"诸如此类。

"以豆腐面筋,煎充猪羊鸡鸭",再用钱先生的话说:"奉佛者而嗜此,难免赵翼'心未必净'之讥。"当年,精制素庖的王文治作《素食歌》,赵翼看了之后开他的玩笑:"有如寡妇虽不嫁,偏从淡雅矜素妆。吾知其心未必净,招之仍可入洞房。"素食中的荤相,满足了食客意淫而不犯戒的心理,然以"心未必净"名之,真是一针见血。

2017 年 11 月 11 日

甘蔗

街上见到,甘蔗已经上市了。在我住的大塘村一带,满载甘蔗的小货车,但得空隙就安营扎寨。那些甘蔗都"有头有尾",买了之后倘若马上要开嚼,摊主便给你掐头去尾、去皮斩节;倘若是过年时节,广州人则往往要买一根完整的,拿回家摆上,寓意生活从年头甜到年尾。

甘蔗,辞书上说是多年生草本植物,茎似竹,实心,多汁而甜,为制糖原料,亦可生食。生食,就是前面刚说的这种了。《楚辞·招魂》中已有"胹鳖炮羔,有柘浆些",识者指出,两汉之前"柘"指的就是甘蔗,柘浆即甘蔗汁。这或可说明,战国末期的楚国,甘蔗汁已成一种饮料,同时表明,楚地局部地区可以栽培甘蔗。司马相如《子虚赋》讲到云梦大泽(今湖北境内)东面,有"诸柘巴苴",似可相互印证。《楚辞》里的甘蔗汁,是作为祭祀用的祭礼出现的。而《汉书·礼乐志》载:"百末旨酒布兰生,泰尊柘浆析朝酲。"颜师古注引应劭曰:"柘浆,取甘柘汁以为饮也。酲,病酒也。析,解也。言柘浆可以解朝酲也。"这里的甘蔗汁,功能则为解酒了。

甘蔗产于热带和亚热带。汉杨孚《异物志》云:"甘蔗,远近皆有。交趾所产特醇好,本末无薄厚,其味至均。围数寸,长丈余,颇似竹。"交趾,秦始皇征服南越时纳入中原版图,隶属象郡。北魏贾思勰《齐民要术》载:"雩都(今江西于都)县土壤肥沃,偏宜甘蔗,味及采色,余县所无,一节数寸长。郡以献御。"明宋应星《天工开物》载:"凡甘蔗有二种,产繁闽、广间,他方合并得其什一而已。"诸如此类,都表明了甘蔗的热带和亚热带属性。《三辅黄图》云"汉武帝元鼎六年,破南越起扶荔宫,以植所得奇草异木",对其中的"甘蕉十二本",何清谷先生"疑为甘蔗与香蕉之合",因为二者"俱生长于南越"。不过,甘蕉更可能是香蕉的一种。晋嵇含《南方草木状》云:"甘蕉,望之如树,株大者一围余,叶长一丈或七八尺,广尺余二尺许,花大如酒杯,形色如芙蓉。"这一描述,与甘蔗比较无疑判若两物。

生食的甘蔗,像《异物志》说的,"斩而食之,既甘;迮取汁如饴饧,名之曰糖。益复珍也"。清朝广东人屈大均说:"蔗之珍者曰雪蔗,大径二寸,长丈,质甚脆,必持以木,否则摧折。……其节疏而多汁,味特醇好,食之润泽人,不可多得。"此种口福,宋朝的京城百姓已可享受,《东京梦华录》"饮食果子"条,就罗列了龙眼、荔枝和甘蔗。彼时物流想来即便不畅,但也断不会有"颠坑仆谷相枕藉,知是荔枝龙眼来"那般惨烈。无须前人说明我们也知道,甘蔗"首甜而坚实难食,尾淡不可食"。但我们都知道,西晋那个大画家顾恺之偏偏逆反。《晋书》载,顾恺之每次吃甘蔗都是从尾巴吃起,人家觉得奇怪,他说这是"渐入佳境",从而催生了一种"蔗境"心得。

甘蔗的最主要用途还是作为制糖原料。再用屈大均《广东新语》对家乡竹蔗的描述:"连冈接阜,一望丛若芦苇,然皮坚节促不可食,惟以榨糖。糖上利甚溥,粤人开糖房者多以致富,盖番禺、东莞、增城糖居十之四,阳春糖居十之六,而蔗田几与禾田等矣。"

并且他认为:"增城白蔗尤美,冬至而榨,榨至清明而毕。"怎么榨呢?"以荔支木为两辘,辘辘相比若磨然,长大各三四尺,辘中余一空隙,投蔗其中,驾以三牛之牿,辘旋转则蔗汁洋溢。辘在盘上,汁流槽中,然后煮炼成饴。"如果还不明白,可以看看《天工开物》中的前人插图,那些插图图解了这一原理。

广东的蔗糖产量,一度无疑在全国举足轻重。清叶梦珠《阅世编》云:"康熙十五年(1676)丙辰春二月,广东兵叛(即总兵官苗之秀等叛清事),江西吉安道梗,糖价骤贵。"没办法,叶的家乡上海,至于"有人携得蔗种,归植成林,依法轧浆,煎成白糖,甚获其利",只是品质不佳,叶氏认为"乃地气使然"。不过,虽"其后平藩归正,广糖大至,然种蔗煎于此地,价犹贱于贩卖,故至今种者不辍"。对中国生产蔗糖的历史,《天工开物》说"唐大历间,西僧邹和尚游蜀中遂宁始传其法",未知确否。季羡林先生有一部著名的《糖史》,想来会有相关的答案吧,可惜还不曾拜读。

《南史》载,齐高帝萧道成的儿子萧铿"弥善射"。善到什么程度呢,他总嫌练习用的箭靶子太大,"终日射侯,何难之有?"作为演示,他"取甘蔗插地,百步射之,十发十中"。玩笑来说,这该算是生食、造糖之外,甘蔗的另一功能了。当然,萧铿的这一本领要是给后世的"卖油翁"看见,估计也是"但微颔之"而已。因为卖油翁认为善射的陈尧咨,跟他把"孔方兄"放在葫芦口,然后往葫芦里倒油,油"自钱孔入,而钱不湿"一样,属于"但手熟尔"的事情。方濬师《蕉轩续录》附有朱彝尊的十二首《读书》诗,其一谈到作诗,以为"诗篇虽小技,其源本经史。必也万卷储,始足供驱使",尤其要注意"良由陈言众,蹈袭乃深耻"。而当下的情形呢,"譬诸芳蔗(蔗之一种)甘,舍浆啖渣滓"。按照方濬师的理解,前人诗风的有益成分固然要师承,但如果邯郸学步,就跟吃甘蔗时不吸收汁液而专嚼渣滓没什么两样了。

2017 年 11 月 17 日

换头术

这几天,有一则关于"换头"手术成功的消息很是轰动。意大利神经学家塞尔焦·卡纳韦罗宣布,世界第一例"人类头部移植手术"已经在一具遗体上成功实施,"手术"地点在中国,哈尔滨医科大学教授任晓平参与指导了这次"手术"。消息引发舆论广泛关注后,任教授回应,媒体用"人类第一例头移植""换头术"等说法并不妥当,是过度解读,严格来说,团队只是完成了第一例头移植外科实验模型。

"换头术"的说法可能失之医学上的严谨,但比较形象,也通俗易懂。对多数读者而言,"头移植外科实验模型"与换了个脑袋并无本质区别。像许多今天听来不可思议的事情一样,在古人的奇想里,"换头术"也早就"实现"过。换的方式并没有任何技术成分可言,完全可以随时随地,随心所欲。当然了,有识之士当时就认为纯属扯淡。

《太平广记》卷三百六十"妖怪二"载,河东贾弼之"夜梦一人,面查丑甚,多须大鼻",那人对他说:"爱君之貌,欲易头可乎?"弼之觉得不可思议:"人各有头面,岂容此理?"第二天白天又梦到这件事,"意甚恶之,乃于梦中许之",应付了一下。早晨起来,自己并没觉得什么,"而人见悉惊走",照镜子一瞧,才知道自己的头真给人家换了。回到家,"家人悉惊,入内,妇女走藏",结果"自陈说良久,并遣至府检阅,方信"。此次换头,贾弼之是受益的,自此他"能半面笑,两手各执一笔俱书,辞意皆美"。在南朝刘义庆《幽明录》的原作中,贾弼之不仅"能半面笑",还能"半面啼";不仅能"两手各执一笔",还能"两足、口各捉一笔",五管齐下。

洪迈《夷坚丙志》"孙鬼脑"条讲到,孙抃有个靓仔曾孙叫斯文,谒成都灵显王庙时,看到"夫人塑象端丽,心慕之",然后就想歪了:"得妻如是,乐哉!"不料夜里即梦到有人"持锯截其头,别以一头缀项上"。吓坏了,"取烛自照,呼妻视之",结果老婆给吓死了!洪迈说,绍兴二十八年(1158)他在临安见过孙斯文,"丑状骇人,面绝大,深目倨鼻,厚唇广舌,鬓发鬅鬙如蝱。每啖物时,伸舌卷取,咀嚼如风雨声,赫然一土偶判官也。画工图其形,鬻于市廛以为笑"。就是说,换头人来了个恶作剧,你不是想漂亮老婆吗,先把你弄得奇丑无比再说。

贾弼之、孙抃,史上皆确有其人。贾系中国家谱学重要奠基人,《南齐书·贾渊传》载:"先是谱学未有名家,渊祖弼之广集百氏谱记,专心治业。晋太元中,朝廷给弼之令史书吏,撰定缮写,藏秘阁及左民曹。"家谱学也成了贾家的传世之学,贾渊爸爸和贾渊撰"凡十八州士族谱,合百帙七百余卷,该究精悉,当世莫比"。孙抃,《宋史》有传,进士出身,但官当得不怎么样,年纪大了后更凡事"无所可否。又善忘,语言举止多可笑"。以"换头术"来傍依具体人物甚至名人,用意无疑在于使人愈信其真。

《聊斋志异》有著名的陆判故事,属于文学作品的经典形象。"素钝"的朱尔旦因为被陆判换了颗心,"自是文思大进,过眼不忘",未几还弄了个科试冠军、秋闱经元。得寸进尺的他,觉得"心肠可易,面目想亦可更",于是也想到了自己不够漂亮的老婆。他对陆判说:"山荆,予结发人,下体颇亦不恶,但头面不甚佳丽。尚欲烦君刀斧,如何?"过几天,陆判半夜来到朱家,"襟裹一物",什么东西呢,"适得一美人首,敬报君命"。然后朱尔旦把陆判"引至卧室,见夫人侧身眠",两人便开始了彼时的"换头术":陆以头授朱抱之;自于靴中出白刃如匕首,按夫人项,着力如切腐状,迎刃而解,首落枕畔。急于生怀,取美人头合项上,详审端正,而后按捺。无须重新连接完全分离的脊髓、血管和神经。朱妻醒来之后,"觉颈间微麻……引镜自照,错愕不能自解",朱尔旦便把经过讲给她听。这次换头术是非常成功的,朱尔旦"反复细视"老婆,但见"长眉掩鬓,笑靥承颧,画中人也",只是"解领验之,有红线一周,上下肉色,判然而异"。看过这故事的人都知道,此次换头术引发了一桩谋杀案,朱尔旦差点儿被当作凶手抓起来,赖陆判采用托梦法,让被谋杀后"丢"了脑袋的美女托梦给告官了的父亲:"儿为苏溪杨大年所贼,无与朱孝廉。彼不艳于其妻,陆判官取儿头与之易之,是儿身死而头生也。"朱尔旦才算过了关。

由孙斯文、朱尔旦的故事不难看出,古人津津乐道所谓"换头术",颇有借此教育并警示世人的意味:心存非分之想,很可能带来严重后果。前人的志怪类作品,大抵都有这种用意。如鲁迅先生所言:"其叙述异事,与记载人间常事,自视固无诚妄之别矣。"因此,志怪类作品的功能之一,未尝不是对背离社会伦理的一种纠偏。对现代"换头术",技术层面之外,质疑的声音主要来自伦理层面。在这个问题上,还是让技术的归技术、伦理的归伦理好些。伦理作为上层建筑并非一成不变,与经济社会发展相适应,从前的诸多伦理如"三纲五常"之类,在现代社会中就早已成为人伦关系的羁绊。"换头术"能够实现,标志着人类技术手段所达到的新高度,难道不会催生新的伦理准则吗?

2017 年 11 月 25 日

魔芋·蒟蒻

周五到贵阳走了一趟，与当地一家媒体搞个评论交流。岳丈家在此，因而记不清来过多少趟了，算得上稔熟。

贵阳小吃多是相当知名的，光是豆腐的吃法就有不少：发酵后在平底锅先煎熟再切成小块蘸辣椒面的、本身就是一寸见方的小片放在炭火上烤的、圆球状开炸然后撕开塞进折耳根的……目不暇接。酸辣魔芋豆腐是为小吃之一。但魔芋豆腐却不是豆腐，魔芋是主要食材，豆腐是形象说法。辞书介绍，魔芋是天南星科磨芋属多年生草本植物，每年夏秋采挖，除去地上茎叶及须根，洗净，阴凉处风干。制作魔芋豆腐，是先将魔芋块茎磨成浆液，凝固成型，形状与质地于是皆貌似豆腐。老实说，我不大喜欢这种小吃，只是魔芋的古称引起了一些兴趣。

魔芋，像猕猴桃从前叫苌楚一样，也有个文绉绉的名字，叫蒟蒻。《酉阳杂俎》这么描述的："蒟蒻，根大如椀，至秋叶滴露，随滴生苗。"《本草纲目·草六·蒟蒻》要相对详细得多，先明确了出产地域："蒟蒻出蜀中，施州亦有之，呼为鬼头，闽中人亦种之。"又介绍了栽种方法和特性："宜树阴下掘坑积粪。春时生苗，至五月移之。长一二尺，与南星苗相似，但多斑点，宿根亦自生苗。……经二年者，根大如碗及芋魁，其外理白，味亦麻人。"再讲了收获与食用:"秋后采根,须净擦,或捣或片段,以酽灰汁煮十余沸,以水淘洗,换水更煮五六遍,即成冻子,切片,以苦酒五味淹食,不以灰汁则不成也",其"切作细丝,沸汤汋过,五味调食,状如水母丝"云云,大抵就跟贵阳吃到的魔芋豆腐并无二致了。

蒟蒻,也可以拆开成蒟和蒻,分指蒟酱和蒻草。左思名篇《蜀都赋》讲到巴蜀富饶,说"家有盐泉之井,户有橘柚之园",园内不仅有"林檎枇杷,橙柿榛樗",还有"蒟蒻茱萸,瓜畴芋区"。这里的蒟蒻,唐朝刘良在注《文选》时就指出了:"蒟,蒟酱也。缘树而生,其子如桑椹,熟时正青,长二三寸,以蜜藏而食之,辛香温调五脏。蒻,草也,其根名蒻,头大者如斗,其肌正白,可以灰汁,煮则凝成,可以苦酒淹食之,蜀人珍焉。"如刘良所言,蒟酱本身首先是一种植物,也可以是蒟子制成的酱。《本草纲目》也设了"蒟酱"条,援引苏恭的话说:"蒟酱生巴蜀中,《蜀都赋》所谓流味于番禺者。蔓生,叶似王瓜而厚大光泽,味辛香,实似桑椹,而皮黑肉白。"他自己则认为:"蒟酱,今两广、滇南及川南、渝、泸、威、茂、施诸州皆有之。其苗谓之蒌叶,蔓生依树,根大如筯。彼人食槟榔者,以此叶及蚌灰少许同嚼食之,云辟瘴疠,去胸中恶气。故谚曰:槟榔浮留,可以忘忧。其花实即蒟子也。"

屈大均《广东新语·草语》继承了李时珍的说法:"(粤)俗聘妇,必以二物及山辣、椰子、天竺、桂皮、蒟子为庭实。"这里的蒟子,即"蒌之实也,状如桑椹,熟时色正青,以作酱,能和五味,见珍于尉佗、唐蒙"。他认为"潮阳所产蒟尤美,辛而微甜,以火炙干其叶,或蜜藏之,可行远"。后面他也发挥了《蜀都赋》中"邛杖传节于大夏之邑,蒟酱流味于番禺之乡"那一句,"以蒟酱出自牂牁,故云流味也",概"吾粤产蒟,而不知为酱。然今为滋味者,多以蒟叶调之,亦酱之义"。孤立地看尉(赵)佗、唐蒙、牂牁、蒟酱等等没有什么,组合在一起,则可以窥知关联到了南越国的生死。

《史记·西南夷列传》载,汉武帝建元六年(前135),唐蒙出使南越,南越招待他的食物里有蜀枸酱,引起他的兴趣。人家告诉他:"道西北牂柯,牂柯江广数里,出番禺城下。"唐蒙回到长安,咨询巴蜀商人,商人说:"独蜀出枸酱,多持窃出市夜郎。夜郎者,临牂柯江,江广百余步,足以行船。"在坐实了南越的说法后,唐蒙料定巴蜀有条商道通夜郎国,于是建议从夜郎浮船牂柯江(今西江),"出其不意",直取南越国都番禺(今广州)。武帝采纳了他的建议,准备充分后以吕嘉叛乱为由,分兵五路进攻南越,其中一路正是"使驰义侯因巴蜀罪人,发夜郎兵,下牂柯江",五路大军最终"咸会番禺",南越国灭亡。当然也有学者认为,蒟酱与枸酱并不是一回事,聊备一说吧。

至于蒟蒻的现实功用,则远远超出了小吃范畴。王祯《农书》即云:"救荒之法,山有粉葛、蒟蒻、橡栗之利,则此物亦有益于民者也。"在李时珍那里,自然是万物皆有疗效:"有人患瘵(多指痨病),百物不忌,见邻家修蒟蒻,求食之美,遂多食而瘵愈。又有病腮痛者数人,多食之,亦皆愈。"按五代孙光宪的说法,魔芋还有个妙用,就是"鱼目混珠"。说唐朝崔安潜信佛,"鲜茹荤血",但是执法毫不含糊,"虽僧人犯罪,未尝屈法",法律面前人人平等。他"镇西川三年,唯多蔬食",如果是"宴诸司"的时候呢,就"以面及蒟蒻之类染作颜色",假装是"象豚肩(即猪腿)、羊臑(即羊腿)、脍炙之属",可以做到"皆逼真也"。

魔芋成为小吃,一定是后来的发明。小吃之类在问世之时,出发点或都在于弥补食物之不足,其完成华丽转身,逻辑上当是在生活相对富足之后。

2017年12月4日

傩戏

12月2日游青岩古镇。记不清这是第几次,来了总有十次之多了吧。青岩隶属贵阳市花溪区,不过十来公里的路,很方便。起初来时,青岩还只是带有特色建筑、街道的寻常小镇,或许因为特色之故,渐渐地围起来收门票,规模也在不断扩大,前不久更成了5A景区。但每一次来青岩,也都有不同的收获,此一番是看到了花溪地戏。旁边牌子上的说明文字写道:花溪地戏源自安顺傩戏。

傩戏,有"中国戏剧活化石"之称。傩,在上古被认为是主瘟疫之鬼,所以每逢腊月都有驱逐疫鬼的仪式。用《事物纪原》的说法:"高阳有三子,生而亡去为疫鬼,二居江水中为疟,一居人宫室区隅中,善惊小儿,于是以正岁十二月,命祀官持傩以索室中而驱疫鬼。"《论语·乡党》载:"乡人傩,朝服而立于阼阶。"阼阶,东阶也。在前人看来,傩虽古礼,而近于戏,亦必朝服而临之者,无所不用其诚敬也。《吕氏春秋·季冬纪》《后汉书·礼仪志》均有相应记载,前者云,届时"命有司大傩,旁磔,出土牛,以送寒气"。后者云:"先腊一日,大傩,谓之逐疫。"并对仪式本身有个介绍,"选中黄门子弟年十岁以上、十二岁以下,百二十人为侲子(逐鬼童子),皆赤帻皂制,执大鼗(拨浪鼓)";其中"方相氏(逐鬼执行者)黄金四目,蒙熊皮,玄衣朱裳,执戈扬眉,十二兽有衣毛角……因作方相与十二兽傩。欢呼,周遍前后省三过,持炬火,送疫出端门;门外骖骑传炬出宫,司马阙门门外五营骑士传火弃傩水中"。

唐朝的"大傩之礼"本质上予以完全承袭,只是稍有量变。《新唐书·礼乐志》这么说的:"选人年十二以上、十六以下为侲子,假面,赤布袴褶。二十四人为一队,六人为列。执事十二人,赤帻、赤衣,麻鞭。工人二十二人,其一人方相氏,假面,黄金四目,蒙熊皮,黑衣、朱裳,右执楯;其一人为唱帅,假面,皮衣,执棒;鼓、角各十,合为一队。队别鼓吹令一人、太卜令一人,各监所部;巫师二人。以逐恶鬼于禁中……"对仪式的具体环节、步骤,谁说什么,谁唱什么,记载均不厌其详。

两宋也是这样。孟元老《东京梦华录》云,除夕这天,"禁中呈大傩仪,并用皇城亲事官、诸班直戴假面,绣画色衣,执金枪龙旗。教坊使孟景初身品魁伟,贯全副金镀铜甲,装将军。用镇殿将军二人,亦介胄装门神。教坊南河炭丑恶魁肥,装判官,又装锺馗小妹、土地、灶神之类,共千余人。自禁中'驱祟',出南薰门外转龙弯,谓之'埋祟'而罢"。《武林旧事》则云:"市井迎傩,以锣鼓遍至人家,乞求利是。"李弥逊《观傩》诗曰:"威容曾许云中见,又对彤墀得细看。"表明皇帝对傩仪也饶有兴趣。

正是诸如此类的傩仪,渐渐发展而成了傩戏。一种观点认为,傩戏初是以歌舞演绎故事,待到锺馗形象在傩仪中出现,傩戏才应运而生。锺馗,众所周知是打鬼和驱除邪祟的代表性人物。

傩仪及傩戏中的一个重要文化特质,就是假面(面具)。前面的文字之外,陈元靓《岁时广记》引《岁时杂记》亦云:"除日作面目或作鬼神,或作儿女形,或旋于门楣,驱傩者以蔽其面,或小儿以为戏。"陆游《老学庵笔记》云:"(徽宗)政和中大傩,下桂府进面具,比进到,称'一副'。初讶其少,乃是以八百枚为一副,老少妍陋无一相似者,乃大惊。"范成大《桂海虞衡志》云:"桂林人以木刻人面,穷极工巧,一枚或值万钱。"二者相互对照,似可印证桂林制造的傩戏面具,曾是一个著名品牌。在平时,面具已成了玩具的一种。洪迈《夷坚志》云:"德兴县上乡建村居民程氏,累世以弋猎为业,家业颇丰。因输租入郡,适逢尘市有摇小鼓而售戏面具者,买六枚以归,分与诸小孙。诸孙喜,正各戴之,群戏堂下。"我疑心,鲁迅先生《女吊》中的一段描写也是指傩戏:"在薄暮中,十几匹马,站在台下了;戏子扮好一个鬼王,蓝面鳞纹,手执钢叉,还得有十几名鬼卒,则普通的孩子都可以应募。我在十余岁时候,就曾经充过这样的义勇鬼,爬上台去,说明志愿,他们就给在脸上涂上几笔彩色,交付一柄钢叉。待到有十多人了,即一拥上马,疾驰到野外的许多无主孤坟之处,环绕三匝,下马大叫,将钢叉用力的连连刺在坟墓上,然后拔叉驰回,上了前台,一同大叫一声,将钢叉一掷,钉在台板上。"比照前引《后汉书》《新唐书》的记载,不是很有些神似吗?

"鼓声渊渊管声脆,鬼神变化供剧戏。金洼玉注始浟溑,眼前倏已非人间。"(刘镗《观傩》诗)这次在青岩看花溪地戏,看了半天,咿呀呀地不知唱些什么,动作又只是转圈或蹲或跳那几个,未几便形同鲁迅先生小时候在赵庄看社戏,没了期待时的那种兴致勃勃。地戏演员们一律黑布遮面,像关云长的胡须那么长,完全看不清面孔;额头部位正有一个略略上仰的木质面具。从没有遮面的击鼓老人来推断,演员的年纪应该都比较大了。像许多地方剧种一样,必欲传承和普及,便不能单纯地表演了事,立块说明牌子了事,还应当详加解释或说明:念白是什么,唱词是什么。让观众知其然,才能调动起相应的兴趣。

2017 年 12 月 9 日

狗尾草

在众多野草中,我最喜欢的是狗尾草。前些年自家出版了一册时评集子,取名《前庭草》之时,大脑里已晃动了它的影子,因此封面设计要求绘上狗尾草的图案。

我比较喜欢狗尾草肥嘟嘟的样子,有风的时候摇摇摆摆,颇有些怡然自得;更喜欢它那种坚毅的品格。狗尾草举国应该随处可见,生命力极其旺盛,适应各种气候、土壤。在富拉尔基生活的那几年,每到严冬时节,我都喜欢踏过冰冻的嫩江江面到东岸去,那里是一片旷野,没有人烟,唯有大片大片枯黄的狗尾草,寒风中仍然屹立不倒。

然而,狗尾草有个恶谥:莠。成语"良莠不齐"中的那个"莠",就是它了。不知从什么时候起,莠,便被视为恶草。至少在《诗》的时代,已然如此。《诗》之《齐风·甫田》《小雅·大田》等等,都这么说它。《甫田》前两章云:"无田甫田,维莠骄骄。无思远人,劳心忉忉。　　无田甫田,维莠桀桀。无思远人,劳心怛怛。"这两章采用重叠形式,只换了四个字,表达的意思完全相同。因为丈夫去了远方,家中没有劳力,本来该长着绿油油庄稼的大田,如今全长着野草。按朱熹的说法:"比也。言无田(不要耕种)甫田(大块的田地)也,田甫田而力不给,则草盛矣;思远人而人不至,则心劳矣。"《大田》说完了选种子、修农具、事耦耕,把作物种上等若干事项之后,接着就说:"既方既皁,既坚既好,不稂不莠。"意谓谷子抽穗了,结实、坚硬了,没有空壳和有害的草类,表达了即将丰收的喜悦。再按朱熹的说法:"稂,童粱;莠,似苗。皆害苗之草也。"稂,一说即狼尾草。

莠,以及稂,在此中便完全是负面形象。不稂不莠,更引申比喻为人不成才,没出息。《红楼梦》第八十四回,贾母和贾政商量宝玉的婚事。贾母的条件是"也别论远近亲戚,什么穷啊富的,只要深知那姑娘的脾性儿好,模样儿周正的就好",但贾政没看得起自己儿子:"第一要他自己学好才好;不然,不稂不莠的,反耽误了人家女孩儿,岂不可惜。"《儒林外史》第二回,金有余规劝"苦读了几十年的书,秀才也不曾做得一个"的周进:"老舅,莫怪我说你。这读书求功名的事,料想也是难了。人生世上,难得的是这碗现成饭,只管'稂不稂莠不莠'的到几时?"《啸亭杂录》"理藩院"条对"凡诸侯有袭封者"有个规定,就是"先许以辨其嫡庶,考其德行,然后授以印绶。其弱小者,择族人之忠正者护其印,既冠而后纳之";并且,要每三年修一次谱牒,"勿许冒贱为贵,以良为莠",为了保证"袭封者"当下的身份没那么"低贱"。

由莠的"恶""害"含义,又引申出了将之比喻为坏人、恶人。《左传·襄公三十年》载,公孙挥与裨灶"晨会事焉,过伯有氏,其门上生莠"。挥曰:"其莠犹在乎?"杜预注曰:"以莠喻伯有,伯有侈,知其不能久存。"这里的侈,大约不仅是浪费或夸大,还有邪行的意思。郑伯嗜酒如命在历史上相当有名,动辄喝个通宵,"朝至,未已",大家都上朝了,等他了,他还在喝呢。朝者问:"公焉在?"家臣回:"吾公在壑谷。"壑谷,指的是他为喝酒而专门建造的房子。草草处理些政事,伯有又"归而饮酒"。作为郑国的主政者,伯有的此类行为能不被公孙挥们嗤之以鼻吗?到后来莠的命运也是这样,如《榆巢杂识》之"庆远莠民蓝耀青以天地会结众敛钱"。在纪晓岚的笔下,"狐界"也概莫能外。《阅微草堂笔记》说得有鼻子有眼:刘师退慕名请教狐仙:"闻君豁达不自讳,故请祛所惑。"狐笑曰:"狐名狐,正如人名人耳。呼狐为狐,正如呼人为人耳。何讳之有?至我辈之中,好丑不一,亦如人类之内,良莠不齐。人不讳人之恶,狐何必讳狐之恶乎?"纪晓岚显然又是在指桑骂槐。

莠言呢,无疑属于秽言了。再以《诗》为例,《小雅·正月》之"好言自口,莠言自口",意谓好话坏话都是从人的嘴里说出来的。毛传:"莠,丑也。"孔颖达疏:"丑恶之言。"顾炎武《日知录》有"莠言自口"条:"莠言,秽言也。若郑享赵孟,而伯有赋《鹑奔》之诗是也。臧孙纥见卫侯于郏,退而告其人曰:'卫侯其不得入矣,其言粪土也。亡而不变,何以复国?'"顾氏认为:"以粪土喻其言,犹《诗》之莠言也。"《鄘风·鹑奔》诗不长,"鹑之奔奔,鹊之彊彊。人之无良,我以为兄。　鹊之彊彊,鹑之奔奔。人之无良,我以为君",寥寥四句,一种观点认为刺宣姜与公子顽之淫乱事。则莠言,实淫乱之时所言,非指伯有之诗,虽伯有其人莠。

李时珍《本草纲目》对狗尾草另眼相待,言"其茎治目痛,故方士称为光明草、阿罗汉草",算是增添了不少正能量。细思之,狗尾草所以赢得恶谥,在于它长得太像谷子,有鱼目混珠之嫌。在夺肥争水方面,狗尾草也确实有导致作物减产的一面。然而,就"外貌"而言,狗尾草并无可以挑剔之处,毕竟它生来如此,并不是非要刻意模仿什么作物,是人的鉴别出了问题,或者是沦为了人来进行借题发挥的牺牲品。冤哉枉也。

2017 年 12 月 17 日

驿道

自 2016 年起,广东开展了南粤古驿道保护利用工作,重点打造了包括南雄梅关古道、饶平西片古驿道、郁南南江古水道、从化钱岗古驿道等 8 处示范段,修复完成了近 300 公里古驿道本体。值 2017 年岁末之际,各个示范段都相继晒出了自己的成绩单。

驿道,乃古代为传车、驿马通行的道路。驿道沿途设置驿站,作为供传递文书、官员来往及运输等中途暂息、住宿的地方。因此与驿道"配套"的还有驿丞——掌邮传迎送之事,驿使——传送文书的人,驿亭或驿馆——旅舍,等等。《汉书·高帝纪》载,刘邦"遣使者赦田横",许诺"横来,大者王,小者侯;不来,且发兵加诛"。但田横还是有不妙的预感,"乘传诣雒阳,未至三十里,自杀"。颜师古注曰:"传者,若今之驿。古者以车,谓之传车,其后又单置马,谓之驿骑。"驿道与前人的生活不可或分。《水浒传》第五十四回,李逵到二仙山九宫县请公孙胜出山,"两个行了三日,来到一个去处,地名唤做武冈镇。只见街市人烟辏集",公孙胜提出"买碗素酒素面吃了行",李逵道:"也好。"看见驿道旁边一个小酒店,两个人于是来店里坐下。

至少在汉代,驿道已经相当发达和规范。《后汉书·舆服志》载:"驿马三十里一置,卒皆赤帻绛褠云。"就是说,驿卒都戴着红头巾和绛红色的皮质臂套,整齐划一。南朝刘昭注曰:"东晋犹有邮驿共置,承受傍郡县文书。有邮有驿,行传以相付。县置屋二区。有承驿吏,皆条所受书,每月言上州郡。"唐代就更不用说了。《新唐书·百官志》载:"凡驿马,给地四顷,莳以苜蓿。凡三十里有驿,驿有长,举天下四方之所达,为驿千六百三十九;阻险无水草镇戍者,视路要隙置官马。水驿有舟。凡传驿马驴,每岁上其死损、肥瘠之数。"《唐六典·兵部》的记载与此略有出入:"凡三十里一驿。天下凡一千六百二十有九所,二百六十所水驿,一千二百九十七所陆驿,八十所水陆相兼。"

史上诸多重要事件,均与驿道、驿站关联。杨贵妃吃的荔枝就是动用驿道以驿马快递过来的,其香消玉殒则发生在马嵬驿。北宋的陶穀以及南宋的陆游,在驿站都还有过艳遇,不过,前者是韩熙载使诈,使一名妓"为驿卒女,每日敝衣持帚扫地",目的是让陶穀上当。陆游著名的《卜算子·咏梅》,我疑心就写于艳遇之时,"驿外断桥边"起兴的嘛。

驿站备有车马,直到清朝还是这样。《清史稿·兵志十二》载:"驿置肇自前汉,历代因之。清沿明制,设驿马,为额四万三千三百有奇。"驿马,算是彼时的"公车"。既曰"公车",就难免有人——当然是官动其脑筋。《宋史》说种放"于长安广置良田,岁利甚博",后来"徙居嵩山天封观侧"了,"犹往来终南,按视田亩",且"每行必给驿乘,在道或亲诉驿吏,规算粮具之直。时议浸薄之",念念不忘占公家便宜的人,难免让大家戳脊梁骨。实际上,征发驿马驿车,从唐朝起就要凭驿券。《青箱杂记》云:"唐以前馆驿并给传往来,开元中,务从简便,方给驿券,驿之给券,自此始也。"又举例云,龚国隆上京应举,其伯父郎中龚纪"恤其乏路费,以驿券赠之"。开玩笑说,规范使用"公车"之难,斯时已见一斑。唐律还规定,驿长"私借人马驴者",要"杖一百",打屁股。并且,"应乘驿驴而乘马者减一等。主司知情与同罪,不知情者勿论"。什么级别的人、什么事情该乘马或该骑驴,也都有明确规定。与此同时,让驿马走冤枉路也不行,"诸乘驿马辄枉道者,一里杖一百,五里加一等"。

为了禁止占公家的便宜,唐朝还有其他制约官员使用驿站的措施。如《唐会要》载,德宗贞元二年(786)三月,薛珏奏,官员"无故不得于馆驿淹留。纵然有事,经三日以上,即于主人安置,馆存其供限。如有家口相随,及自须于村店安置,不得令馆驿将什物、饭食、草料,就等彼供给者拟者"。这个规定非常明确,官员享受的待遇归官员,家属没份;且官员不准在路上磨磨蹭蹭。十一年(795)十二月。门下省奏:"事非急切者,不得乘驿马。"然而,如种放之类,力图突破限制且能得手的,亦大有人在。明朝宣宗洪熙元年(1425),户部给事中沈宁"以赍诏往直隶各府索贿,为巡按御史所劾,谪为驿夫"。倘若这样的惩治结果具有必然性,法律的严肃性也就有了保障。在驿站里,驿夫的地位是低微的,但也不可小觑。《明史》载,李自成就曾是"银川驿卒",他"善骑射,斗很无赖,数犯法。知县晏子宾捕之,将置诸死,脱去为屠"。后来,因为朝廷不由分说地"裁驿站",使"山、陕游民仰驿糈者,无所得食俱从贼",因而导致了"贼转盛"。

"折花逢驿使,寄与陇头人。江南无所有,聊赠一枝春。"在前人眼中,驿道每为充满浪漫色彩的文化意象。南粤古驿道是历史上中原汉人入粤和岭南商贸活动的主要路径。1991年冬,我在粤东北平远县从事田野调查的时候,见到了不少保存完好的"原生态"古驿道,蜿蜒于田间山脚。驿道作为前人留下的珍贵物质文化遗产,在今天理应得到相应的保护,即使不用从乡村振兴战略的高度着眼,不必刻意去活化利用,便是发些思古之幽情,也是极佳的载体吧。

2017 年 12 月 24 日

舞蹈

昨天看了冯小刚的新片《芳华》，拍得如何不去说它，见仁见智。里面文工团员们的舞蹈，相信给观众留下了深刻印象，未必出于怀旧心态，大抵应了洪昇《长生殿》里唐明皇的赞叹："妙哉，舞也！逸态横生，浓姿百出。"

1973年，青海大通县出土过一件属于马家窑文化的"舞蹈纹盆"，盆内绘有剪影形式的三组五人联臂舞蹈形象。马家窑文化为新石器晚期，距今5700多年了，舞蹈的悠久历史可窥一斑。在文献史料中，《周礼》已有"舞师"一职，"掌教兵舞，帅而舞山川之祭祀；教帗舞，帅而舞社稷之祭祀；教羽舞，帅而舞四方之祭祀；教皇舞，帅而舞旱暵之事。凡野舞，则皆教之"。当然了，那些都是大的活动，"凡小祭祀，则不兴舞"。对仪礼舞蹈，前人相当重视，《论语·八佾》里孔子谓季氏："八佾舞于庭，是可忍也，孰不可忍也。"佾，乐舞的行列，舞佾即多人纵横排列的舞蹈。礼法规定："天子八，诸侯六，大夫四，士二。每佾人数如其佾数。"因此，"八佾舞"即每行八人，共八行六十四人；"六佾舞"即每行六人，共六行三十六人。季氏，大夫而已，理当四佾，僭越了礼法，所以孔子很生气。

提起宫廷舞蹈，想必多数人马上会想到唐朝，尤其李杨那两位。《长生殿》明皇的那声赞叹,正发生在杨贵妃率众舞罢《霓裳羽衣曲》后。当其时也,"轻扬,彩袖张,向翡翠盘中显伎长""飘然来又往,宛迎风菡萏""翩翻叶上。举袂向空如欲去,乍回身侧度无方""盘旋跌宕,花枝招展柳枝扬,凤影高骞鸾影翔"……令"妃子妙舞,寡人从未得见"的明皇大开眼界,立刻掷去一顶最高级的帽子:"宛若翾风回雪,恍如飞燕游龙,真独擅千秋矣。"贵妃侍女张云容,也善为此舞。《全唐诗》载有贵妃的一首诗,"轻云岭上乍摇风,嫩柳池边初拂水"云云,表达了她对云容舞姿的欣赏。题下原注曰:"云容,妃侍儿,善为霓裳舞。妃从幸绣岭宫时,赠此诗。"明皇自己也会舞蹈,《明皇杂录》云:"武惠妃生日,上与诸公主按舞于万岁楼下。"按舞,即按乐起舞。跳舞是件高兴的事,不过明皇这次不仅生了气,还想杀人,因为他在步辇上"从复道窥见卫士食毕,以饼相弃水窦中",于是怒命"高力士杖杀之"。赖其大哥——宁王李宪的谏诤乃止:"从复道窥见护卫之士有过而杀之,恐人臣不能自安,又失大体。陛下志在勤俭爱物,恶弃于地,奈何性命至重,反轻于残飧乎?"

实际上,唐太宗便已经非常重视舞蹈。《旧唐书·音乐志》载:"贞观元年(627),宴群臣,始奏秦王破阵之曲。"为什么要奏这个呢?太宗有他的想法:"朕昔在藩,屡有征讨,世间遂有此乐,岂意今日登于雅乐。然其发扬蹈厉,虽异文容,功业由之,致有今日,所以被于乐章,示不忘于本也。"并且,"朕虽以武功定天下,终当以文德绥海内。文武之道,各随其时"。贞观七年(633),太宗又制《破阵舞图》,使我们可以通过文字来想象舞蹈画面:"左圆右方,先偏后伍,鱼丽鹅贯,箕张翼舒,交错屈伸,首尾回互,以象战阵之形。"这个舞蹈,太宗"令吕才依图教乐工百二十人,被甲执戟而习之。凡为三变,每变为四阵,有来往疾徐击刺之象,以应歌节,数日而就",并将之更名《七德舞》,与《九功舞》《上元舞》一道,构成唐朝自制乐舞的"三部曲"。《九功舞》亦太宗所制,"以童儿六十四人,冠进德冠,紫袴褶,长袖,漆髻,屣履而舞"。本名《功成庆善乐》,盖世民生于庆善宫——当然是李渊登基之后才得名的,太宗曾多次临幸。这样来看,两舞的编排,实为艺术地再现世民的奋斗史,本身也堪称精品吧,所以太宗满意至极。某日演出之后,"观者见其抑扬蹈厉,莫不扼腕踊跃,凛然震竦"。武臣列将纷纷到太宗面前敬酒:"此舞皆是陛下百战百胜之形容。"

前人跳舞是什么样子?在我们外行来说通过文字来想象,在专业人士则根据"舞谱"来再现也说不定。如果说新旧《唐书》的那些记载比较笼统,周密《癸辛杂识》从"故都德寿宫"得到的"舞谱二大帙"所载,什么"左右垂手""大小转搉""打鸳鸯场",细分又有"双拂、抱肘、合蝉、小转、虚影、横影、称里""盘转、叉腰、棒心、叉手、打场、搀手、鼓儿""分颈、回头、海眼、收尾、豁头、舒手、布过"等等。结合其他记载,转换成相关舞蹈动作想来并非难事。有趣的是,从前的"舞蹈"也是臣下朝见君上的礼节。《大唐新语》中就有一反一正两件事。其一,"初,炀帝之被戮也,隋官贺(宇文)化及,善心独不至。化及以其人望而释之,善心又不舞蹈,由是见害"。其二,高宗与魏元忠交谈,"无所屈挠,慰喻遣之。忠不舞蹈而出",高宗没有生气,反而谓中书令薛元超曰:"此书生虽未解朝庭礼仪,名以定体,真宰相也。"

尤其不可望文生义的是,"舞法"不是舞谱,而是指歪曲法律条文以营私作弊。比如北朝时的薛琡,虽"形貌环伟",但"受纳货贿,曲理舞法,深文刻薄,多所伤害",就是说:仪表堂堂却坏事做尽。

2017 年 12 月 31 日

后记

"叠鼓夜寒,垂灯春浅,匆匆时事如许。倦游欢意少,俯仰悲今古……"南宋姜夔的句子。厘定本集书名之时,"匆匆时事如许"六个字,兀地映入眼帘,觉得真是浑然天成。

自1998年1月在《南方日报》发表第一篇读史札记,迄于本集所截止的2017年12月,时间流淌了整整20年。时间匆匆,时事匆匆,"静止"的是每周琢磨一篇此类文字,成为日常生活的组成部分。徜徉于"陈年流水簿子"之中,未觉枯燥、乏味,相反,倒有些怡然自得。其间,夫人骆腾助力良多。

本集由中山大学哲学系教授、《开放时代》特约主编吴重庆作序。说来惭愧,我虽年龄稍长于重庆,但读大一本科之时,重庆已经在读硕士研究生了。康乐园里张贴的学术海报中,每见其开设讲座的消息,当真风云叱咤。彼时当然不会料到,多年之后大家成为好友,且因为都比较崇尚小津营造的那种生活方式,偶尔小酌一番,或孟浩然之"话桑麻",或苏东坡之"杂今古"。鉴于前面六集之序均出自师长辈,本集拟请友朋辈,重庆当即慨然应允。不胜惊喜。

学力所限,饮河之鼠不免鲁鱼亥豕,赖大泉将颇多硬伤一一拎将出来,书名用字同样由其集自出土帛书。本集出版得到广东

"特支计划"资助,连同母校出版社,一并表示感谢!

2018 年 7 月 10 日于南方报业传媒集团